Werner Krag

Power Aging

Werner Krag

Power Aging

Länger leben, später altern – jetzt handeln!

mvg Verlag

Bibliografische Information der Deutschen Bibliothek
Die Deutsche Bibliothek verzeichnet diese Publikation in der Deutschen Nationalbibliografie; detaillierte bibliografische Daten sind im Internet über http://dnb.ddb.de abrufbar.

Umschlaggestaltung: Atelier Seidel, Neuötting
Redaktion: Andrea Voß, Olching/Esting
Satz: Redline GmbH, Jürgen Echter
Druck und Bindearbeiten: Ebner & Spiegel, Ulm
Printed in Germany 07074/090502
ISBN 3-636-07074-6

Inhaltsverzeichnis

1 Das gute Alter ist möglich

Herr Tanaka steht hoch oben auf der schwankenden Leiter. Der Papayabaum ist alt und knorrig, vielen Unwettern hat er getrotzt, vielen Stürmen standgehalten. Die Papayas, auf die es Herr Tanaka abgesehen hat, sind gelb, fleischig, voller Saft und duften verführerisch. Richtig zum Reinbeißen. Da kann auch er nicht widerstehen. So wie jedes Jahr im Juni, wenn die Saison hier beginnt. Es ist heiß und schwül in Okinawa. Wir sind rund tausend Kilometer vom japanischen Festland entfernt, mitten im Pazifik. Heute wird es wohl wieder ein Gewitter geben. Dann dampft die Luft und das Arbeiten wird noch mühsamer. Deswegen legt Herr Tanaka noch einen Zahn zu. Er will seine mitgebrachten vier Säcke ordentlich voll machen, denn er hat seinen Freunden Versprechungen gemacht: Heute bringe ich euch wunderbare, frische Papayas. Die Freunde warten schon ungeduldig. Die Ehefrauen wollen Papaya-Mus zubereiten, da braucht es Nachschub. Ein prüfender Blick zum Himmel: Da braut sich was zusammen, „aber die vier Säcke kriege ich noch locker voll", sagt er zu mir. So ein Sack wiegt gut und gerne seine 15 Kilo. Den zweiten hat Herr Tanaka gerade gefüllt.

Flink steigt er jetzt von der Leiter, die zwei Säcke verstaut er sorgfältig auf einem mitgebrachten Handkarren. Er sucht sich eine neue Stelle, die Leiter wird versetzt, behände klettert er wieder nach oben. Der Baum schwankt etwas. Das nahende Gewitter bringt unberechenbare, böige Winde mit sich. Das stört Herrn Tanaka aber nicht. Die Unbill des Wetters nimmt er gelassen hin. Da hat er doch schon ganz andere Stürme im Laufe seines Lebens überstanden. Als Inselbewohner sind Stürme für ihn etwas ganz Alltägliches. Von weitem sieht Herr Tanaka aus wie 50 und von nahem auch nur wie 60. Man mag unwillkürlich denken: „Dieser ältere Herr ist aber noch fit, wie macht er das bloß?"

Herr Tanaka ist allerdings nicht 60, auch nicht 70, auch nicht 80. Er ist sage und schreibe 88. Seine wachen Augen und die Lachfalten des sonnengegerbten Gesichtes geben ihm etwas Jugendlich schalkhaftes und seine positive Ausstrahlung ist ansteckend. „Letztes Jahr habe ich an einem Tag noch drei Papayabäume abgeerntet", sagt er. „Aber dieses Jahr bin ich ja schon etwas älter. Da lasse ich es etwas ruhiger angehen. Da genügen mir zwei Bäume pro Tag." Sagt's und hat den nächsten Sack schon wieder gefüllt. „Halten Sie mal den Sack", spannt er mich gleich ein und nur mühsam kann ich den Sack, nur auf halber Höhe der schwankenden Leiter stehend, erreichen. „Verdammt", murmele ich in mich hinein, „der ist fast vier Jahrzehnte älter als du und macht dir noch locker etwas vor." Den Sack halte ich mit der linken Hand und klammere mich mit der rechten fest an die Leiter. Das Ganze schaukelt für mein Gefühl etwas zu stark, nach unten wage ich nicht zu sehen. Über mir steht Herr Tanaka und lacht. Er scheint sich köstlich zu amüsieren. Sein Hobby ist es offensichtlich, auf Bäume zu klettern.

Mir ist gar nicht nach Lachen zu Mute. Mehr schlecht als recht klettere ich mühsam mit leicht schlotternden Knien hinab. „15 Kilo sind ganz schön schwer", denke ich und wuchte den Sack in den Handkarren. Ehe ich mich ausruhen kann, ist Herr Tanaka schon wieder unten und hat auch gleich einen Vorschlag für mich: „Wir beide schieben den Karren jetzt zurück zum Dorf“, meint er wie selbstverständlich. Die Säcke mit den Papayas liegen jetzt fein säuberlich verstaut in dem Handkarren. Jetzt sind etwa drei Kilometer über Stock und Stein zu bewältigen, auch kurze schlammige Stellen, die die Regenzeit hinterlassen hat. „Auf geht's, bevor es dunkel wird“, sagt er. Gemeinsam drücken und schieben wir den Karren vorwärts. Ich schnaufe etwas, will mir aber nicht anmerken lassen, dass ich mich anstrengen muss, um mit ihm Schritt zu halten. Ich kann ja wohl jetzt nicht aufgeben, denn dann wäre die Blamage zu groß und alle Vorurteile gegenüber den schlappen Fremden, den „Gaijin“, wären wieder einmal bestätigt. Herr Tanaka sieht mich von Zeit zu Zeit aus den Augenwinkeln an. Er lächelt.

Ich habe auf Okinawa überraschend viele Männer und Frauen von der Art des Herrn Tanaka getroffen. Sie scheinen mit einer Art ansteckendem Optimismus und einer geradezu unverwüstlichen Gesundheit ausgestattet zu sein. Nichts scheint ihnen zu schwer, nichts zu mühsam. Viele sehen locker 30 Jahre jünger aus, als sie sind. Diesem Geheimnis auf die Spur zu kommen, davon handelt dieses Buch. Wir reisen dabei gemeinsam nach Japan, um im fernen Okinawa ein wenig Licht in dieses Mysterium zu bringen. Auch in Europa gibt es Menschen, die ein hohes Alter erreicht haben, dabei körperlich gesund und geistig fit sind und von denen wir eine Menge lernen können. Wir holen uns dort Ideen für ein besseres Leben im Alter, kurz für ein „gutes Alter“. Die

Zahl der Lebensjahre ist in diesem Zusammenhang von untergeordneter Bedeutung.

Es kommt nicht darauf an, wie alt man wird, sondern wie man alt wird.

Mir geht es nicht um Quantität, sondern um Qualität. Ich kenne Dreißigjährige, die körperlich und geistig vergreist sind. Auf der anderen Seite gibt es Siebzig- oder Achtzigjährige, die noch einen jugendlichen Eindruck machen und vor Lebenslust und Energie strotzen. Die sind interessant, die wollen wir uns näher ansehen.

Vor ein paar Monaten war ich auf einem Klassentreffen. Da sagte einer der anwesenden „Ehemaligen“ zu mir: „Weißt du was, guck’ dir doch mal diese Gestalten hier an: die einen sehen alt aus wie ihre eigenen Eltern. Ein paar wenige aber auch jung wie ihre eigenen Kinder.“ „Tatsächlich“, dachte ich. Nachdenklich geworden, ließ ich meine Blicke schweifen. „Er hat Recht“, dachte ich. Ein Riesenunterschied in Aussehen, Verhalten und Körpersprache. Die einen alt, fett, krummrückig, steif und mit einem unverkennbaren Anflug von Senilität. Ein paar aber auch schlank, drahtig, jugendlich, geistig agil und schlagfertig. Der Unterschied war unübersehbar, obwohl wir alle doch etwa im gleichen Alter waren. Ich erkannte die Brisanz der eben wie zufällig gemachten Beobachtung meines ehemaligen Klassenkameraden und musste an meine Erlebnisse in Okinawa denken. Da war es wieder, dieses Gefühl, dass es etwas im Leben der fitten älteren Menschen geben muss, was es zu entdecken und zu systematisieren gilt. Diese Frage elektrisierte mich und ließ mich nicht mehr los. Von da ab war mir klar: Das gute Alter ist möglich. Sicher nicht für jeden, aber vielleicht für viel mehr Menschen, als bisher angenommen.

Die alles entscheidende Frage lautet: Wie macht man das? Gibt es irgendwo den viel beschworenen Jungbrunnen? Hat die Pharmaindustrie in ihren geheimen Labors eine Wunderpille zusammengebraut oder bergen vielleicht die Schätze der Natur noch ein Geheimnis, das darauf wartet, entdeckt zu werden? Welche psychischen Charakteristika haben geistig und körperlich gesunde, energiegeladene ältere Menschen? Wie leben und wie lieben sie? Welche Lebensmittel essen sie? Wie haben sie sich Optimismus, Gesundheit, eine positive Ausstrahlung und persönliches Glück bewahrt? In welchen Regionen dieser Erde sind diese „Super-Alten" anzutreffen und was können wir von denen lernen? Was würden die Menschen heute essen, wenn sie noch einmal jung wären? Würden sie mehr Sport treiben?

Alles Fragen, die in diesem Buch behandelt werden. Aus den Antworten können Sie auch für Ihr persönliches Leben entsprechende Schlüsse ziehen und die so gewonnenen Erkenntnisse umsetzen. Je jünger Sie sind, desto stärker werden Sie von diesem Buch profitieren, denn Sie können dann noch rechtzeitig gute Lebensgewohnheiten einüben und schlechte ändern, neue Weichen stellen und sich umorientieren. Doch all das ist auch im fortgeschrittenen Alter möglich. So ist es nie zu früh, aber auch nie zu spät. Vielleicht beginnt für viele die beste Zeit des Lebens erst im Alter. Vielleicht ist das „gute Alter" ganz anders und die Reise dorthin spannender und angenehmer, als wir glauben. Reisen wir als Erstes in ein fernes Land im Osten Asiens.

1.1 Japan und Okinawa, magische Orte für Gesundheit, Glück und ein langes Leben?

Japan ist weit weg. Nur wenige Deutsche sind hierher gekommen, noch weniger haben Land und Leute und deren Lebensgewohnheiten studiert. Zu hoch scheint die Sprachbarriere: Der Durchschnittseuropäer sieht gleich nach seiner Ankunft am Flughafen in Tokio die ersten japanischen Schriftzeichen und ist schier am Verzweifeln. Nichts, aber auch gar nichts kann man lesen. Die japanischen Durchsagen sind natürlich auch nicht zu verstehen. Am Flughafen findet man zum Glück noch freundlich lächelnde Hostessen, die schicke Uniformen tragen, leidlich Englisch sprechen und dem verwirrten Europäer gerne weiterhelfen. Ein bisschen leichter wird es, wenn man glücklich seinen Koffer gefunden, ohne Probleme durch den Zoll gekommen und endlich im Bus sitzend auf dem Weg ins Hotel ist. Wer es schafft, dort auch noch sein reserviertes Zimmer zu bekommen, hat schon viel erreicht.

Ist man nicht in einem der anonymen Glaspaläste einer großen Hotelkette abgestiegen, sondern in einem typisch japanischen Hotel – was ich nur empfehlen kann –, kann man sich jetzt auf eine besondere Wohltat vorbereiten: das japanische Bad. Auch das ist anfangs gewöhnungsbedürftig: Man wäscht sich – befremdlich für uns – außerhalb der Wanne und steigt erst dann in das recht heiße Wasser, um dort alle Strapazen der Reise und auch alle Sorgen und Nöte dieser Welt für eine Weile zu vergessen. Das funktioniert erstaunlich gut, wenn man sich auf die neue Umgebung einlassen und die europäischen Konventionen – wie man die Dinge „richtig" macht – auch mal vergessen kann.

Nach dem Bad wird eine freundliche Stimme am Telefon dem schon deutlich weniger gestressten Europäer bedeuten, dass das Essen angerichtet ist. Das Englisch der Dame am Telefon klingt wahrscheinlich etwas seltsam, aber das eigene ist ja auch nicht fehlerfrei. Außerdem spricht sie wesentlich besser Englisch als der Gast Japanisch! Nach einer so langen Reise hat man doch auch Hunger. Im Restaurant wartet ein köstliches Essen. Die Vorfreude wird nur durch die Tatsache getrübt, dass da Stäbchen auf dem Tisch liegen. Damit soll man nun also klarkommen. Da macht es sich gut, wenn man es zu Hause schon mal probiert hat. Wenn nicht, erscheint wieder ein freundlich lächelnder guter Geist und bringt Messer und Gabel. Man seufzt erleichtert, trotzdem ist es auch etwas blamabel, dass hier kleine Kinder schon mit Stäbchen essen können und man selbst noch üben muss. Aber jetzt ist diese Hürde geschafft und das Essen soll ja nicht kalt werden.

So oder ähnlich ist es mir beim ersten Mal in Japan ebenfalls ergangen. Ich möchte Ihnen aber auch deshalb aus Japan berichten, weil ich dort als Student drei wundervolle Jahre meines Lebens verbringen und die Sprache erlernen durfte. Land und Leute sind nur auf den ersten Blick „komisch“, wie alles im Leben, was man nicht kennt. Hat man aber erst einmal den richtigen Zugang gefunden – vor allem über die Sprache –, fällt es einem leicht, Kontakt zu finden und das Land schätzen und lieben zu lernen.

Doch was hat es auf sich mit diesem Land, das zu Unrecht hier so wenig Beachtung findet? Meist sind es nur Wirtschaftsnachrichten, die verbreitet werden. Die interessieren uns aber hier nicht. Uns geht es um andere Dinge, z. B. um Informationen wie die folgende:

Japan ist das Land mit der längsten Lebenserwartung dieser Erde.

Es muss also vieles geben, was die Japaner richtig machen, sonst würden sie nicht so lange leben. Das ist spannend, da sollte man näher hinschauen. Wir wollen sehen, was man von den Japanern lernen kann und wie sie es schaffen, so alt zu werden, und das bei insgesamt besserer körperlicher Gesundheit und weit weniger psychischem Leid als hierzulande. Interessanterweise gibt es innerhalb Japans nochmals eine beachtliche Steigerung der Lebenserwartung in manchen Regionen. Dabei ragt eine heraus: Okinawa.

Auf der subtropischen Insel mitten im Pazifik gehen die Uhren noch anders. Wenn man sich auf die Reise nach Okinawa begibt und von Kagoshima, an der südlichen Küste Japans, die Übernacht-Fähre nimmt, hat man Gelegenheit, sich schon langsam an die freundliche und eher geruhsame Art der Insulaner zu gewöhnen. Wer sich als Besucher dort mit offenen Augen bewegt, wird feststellen, dass die Menschen noch entgegenkommender sind als auf dem Festland, dass sie jederzeit für einen Schwatz zu haben sind und einem Ausländer bereitwillig Auskunft geben. Mir ist es mehr als einmal passiert, dass mich ein freundlicher Insulaner fast sprichwörtlich an die Hand genommen hat, um mich dahin zu bringen, wo ich hinwollte. Die Menschen nahmen dabei bis zu halbstündige Umwege in Kauf, klärten mich währenddessen über Sitten und Gebräuche auf und beantworteten geduldig meine Fragen.

Natürlich besuchte ich das sagenumwobene Dorf Ogimi-Son im Norden Okinawas. Das Dorf liegt idyllisch zwischen dem Meer und üppigen grünen Hügeln.

Die Menschen hier waren traditionell sehr arm und mussten nicht nur den ständig drohenden Naturgewalten wie Taifunen und Tsunamis trotzen, sondern dabei auch irgendwie ihren Lebensunterhalt verdienen. Die meisten leben hier von der Landwirtschaft oder vom Fischfang. Jeder arbeitet bis ins hohe Alter. In Ogimi leben knapp 4000 Menschen, rund 8 % sind über 85 Jahre alt und die meisten erfreuen sich bester Gesundheit. Eine solch hohe Zahl an gesunden Alten gibt es nirgendwo sonst auf der Welt. Natürlich wollte ich wissen, warum das so ist und ob es vielleicht ein Geheimnis auf Okinawa gibt, das ich mit nach Hause nehmen und Ihnen verraten kann.

Da ist natürlich in erster Linie die Ernährung zu nennen. Die Menschen in Okinawa ernähren sich hauptsächlich von Fisch, mit seinen wertvollen Omega-3-Fetten, den sie selbst fangen. Dazu gibt es kaum Reis, den man sonst überall in Japan isst, sondern eher „Imo“, eine Art Süßkartoffel, die man hier traditionellerweise zu sich nimmt, da man wegen des hügeligen Geländes und der vielen Taifune keinen Reis kultivieren konnte. Diese Süßkartoffel enthält Insulin, ein Stoff, der den Blutzuckeranstieg nach dem Essen vermindert. Dies ist aus vielerlei Gründen gesundheitlich wichtig, wie Sie in einem späteren Kapitel noch sehen werden (S. 152), „Die Zucker-Connection“). Die Süßkartoffeln enthalten sehr viel Vitamin C, Carotinoide (Radikalenfänger), Vitamin A, Lycopen (gegen Krebs), Kalium, Kalzium und Ballaststoffe.

Allgegenwärtig ist die „Goya“, eine Kreuzung zwischen Kürbis und Gurke. Sie wächst auf Okinawa, schmeckt etwas bitter und wird als Gemüse, meist mit Tofu (auch dazu später mehr), serviert. „Goya“ enthält ebenfalls hohe Mengen Vitamin C und ist einzigartig in seiner Eigenschaft als natürliches Mittel gegen Diabetes bzw. zur Senkung eines erhöhten Blutzuckerspiegels. Der amerikanische Gerontologe Craig Willcox[1] hält diese Eigenschaft für eines der wesentlichen „Geheimnisse“ der Ernährung auf Okinawa. In der Tat ist es offensichtlich so, dass viele „moderne“ Gesellschaften, zu der auch unsere gehört, enorm viel Zucker verbrauchen und die Menschen daher einen chronisch erhöhten Zuckerspiegel im Blut haben, was zu vielerlei gesundheitlichen Problemen führt (vgl. S. 162). Inzwischen hat die westliche Kräutermedizin die Bedeutung der Bitterstoffe erkannt. Leider haben sie in unserer Ernährung jedoch praktisch keinen Platz mehr, weil wir süße Lebensmittel bevorzugen und Bitteres eher ablehnen. Bitterstoffe regen die Magen- und Gallensäfte sowie die Verdauungsenzyme an, nicht umsonst trinkt man in Bayern z. B. nach dem Essen hin und wieder gern einen Enzian, der diese Bitterstoffe enthält.

Tofu, eine wertvolle Quelle pflanzlichen Proteins, wird auf Okinawa ebenfalls viel gegessen. Er enthält viele Phytohormone, die bei Frauen z. B. Wechseljahrsbeschwerden lindern und die Brustkrebsrate senken können. Bei den japanischen Männern bewirkt der Verzehr von Tofu bzw. Sojaprodukten, dass sie im Vergleich viel seltener an Prostatakrebs erkranken.

Da Okinawa ein subtropisches Paradies ist, gibt es natürlich eine Fülle von tropischen Früchten: Mangos, Papayas, Guavas, Orangen, Zitronen, Limetten und Ananas. Die gesundheitlichen Vorzüge dieser wohlschmeckenden Früchte sind bekannt: Sie liefern Vitamine, Mineralstoffe, Spurenelemente, sekundäre Pflanzenstoffe, also geballte Gesundheit. Hier bekommt man sie

---

[1] Willcox, 2001

baumfrisch, ohne dass lange Transportzeiten ihren gesundheitlichen Wert gemindert hätten.

Eine Besonderheit in der Ernährung ist außerdem der häufige Genuss von Algenprodukten. Inzwischen gibt es auch bei uns in speziellen Asiengeschäften japanische Nahrungsmittel dieser Art: Sie heißen „Hijiki“, „Kombu“, „Nori“ und „Wakame“. Man kann sie auch im Bioladen finden, man muss nur danach fragen oder sich im Internet kundig machen. Dieses „Gemüse aus dem Meer“ kann man in Suppen oder als Gemüsebeilage essen. Leider wird es bei uns erst von einer kleinen Minderheit als Vitalstoffbombe genutzt. Gute Nachrichten verbreiten sich aber trotzdem und so wird das Angebot in unseren Supermärkten wahrscheinlich bald größer. Die Algenprodukte enthalten viele Mineralstoffe, wie Kalzium, sind eiweißreich und sorgen für die ausreichende Zufuhr von Jod, mit dem wir hier in Deutschland meist unterversorgt sind. Schilddrüsenerkrankungen gibt es auf Okinawa praktisch nicht.

Dass die Menschen auf Okinawa gelassen und lebenslustig sind, ist in Japan weithin bekannt. Hier wird gern und ausgiebig gefeiert, man singt und tanzt gemeinsam und trinkt gelegentlich auch mal ein Glas „Awamori“. Er wird aus fermentiertem Reis und Malz hergestellt und schmeckt sehr süffig. Oft jahrelang gelagert wird er immer wertvoller, so wie bei uns eine gute Flasche Wein. Ein Sprichwort auf Okinawa sagt: „Selbst wenn du dem Diener den Schlüssel für den Safe anvertraust, behalte doch den Schlüssel für den Schrank mit dem Awamori.“

Es wird natürlich trotzdem nicht viel Alkohol getrunken, das allgegenwärtige Standardgetränk ist der grüne Tee, der hier in einer besonderen Form, als so genannter „Ulong-Tee“, getrunken wird. Der Ulong-Tee kommt ursprünglich aus China, ist aber hier seit Jahrhunderten bekannt und wird auch auf Okinawa angebaut. Er hat einen sehr angenehmen Geschmack, ist allerdings für Europäer zunächst etwas gewöhnungsbedürftig. Grüner Tee ist sehr gesund, nicht zuletzt als potenter Krebsschutz.

Was mir noch in Okinawa aufgefallen ist, ist die Größe der Portionen. Oder sollte ich eher sagen ihre „Kleinheit"? Ich bin zwar immer satt geworden, aber wenn ich die Portionsgrößen mit der typisch deutschen in einem durchschnittlichen Restaurant vergleiche, dann ist der Unterschied auffallend. Auf Okinawa wird zwar sehr nährstoffreich gegessen, aber nicht zu viel. Die bei uns häufig anzutreffende Völlerei ist hier gänzlich unbekannt. Okinawa ist inzwischen für seine knappen Mahlzeiten berühmt und es gibt sogar ein lokales Sprichwort: „*Hara hachi bu.*" Das heißt etwa „Essen bis 80 Prozent" und soll bedeuten, dass man am besten aufhört zu essen, wenn man zu 80 Prozent satt ist. Eine wunderbare Ernährungsweisheit, die wir in einem späteren Kapitel noch aufgreifen werden (vgl. S. 239, „Es gibt sie: Die völlig unbekannte Wunderdroge"). Eine angenehme Begleiterscheinung dieses Prinzips ist das Fehlen von stark übergewichtigen Menschen. Wenn Sie durch eine deutsche Fußgängerzone schlendern, ist die auffällige Leibesfülle vieler Zeitgenossen unübersehbar. Das gibt es auf Okinawa zumindest bei den älteren Menschen nicht. Die Leute sind schlank. Ich habe auch in anderen Teilen dieser Erde noch keinen Super-Alten gesehen, der wirklich übergewichtig gewesen wäre.

Alles, was ich Ihnen bis hierher über Okinawa berichtet habe, lässt sich so zusammenfassen, dass die Menschen dort sehr alt werden und dabei vital und gesund bleiben. Auf Okinawa gibt es etwa 39 Hundertjährige auf 100.000 Einwohner. Bei uns sind es etwa 7. Trotzdem ist auch in Okinawa nicht alles Gold, was glänzt. Sehr wahrscheinlich sind wir Zeitzeugen einer Entwicklung, die sich so nicht fortsetzen wird. Warum? Die Jugend ist leider dem amerikanischen Lebensstil und seinen kulturellen Einflüssen erlegen. Ich sprach mit Tsutomu, einem jungen Bewohner der Insel. Gerade einmal 25, hatte er schon einen deutlich sichtbaren Bauch, über den sich sein T-Shirt spannt. Wir saßen zusammen in einem Restaurant, er hatte sich einen Riesen-Hamburger bestellt, dazu Pommes frites und ein Glas Bier. „Mir gefällt das amerikanische Essen“, erklärte er. „Hamburger schmecken so richtig saftig und man kann in eine große Portion Fleisch beißen. ‚Goya‘ (das traditionelle Gemüse auf Okinawa) schmecken bitter, die mag ich gar nicht. Tofu esse ich auch manchmal, aber eigentlich nur, wenn ich nichts anderes finden kann oder eingeladen bin. Pommes frites schmecken mir auch besser als ‚Imo‘ (die traditionelle Süßkartoffel).“

Ich hörte mir an, was er zu sagen hatte, verwies dann aber frotzelnd auf seinen Bauch, doch auch da hatte er eine Ausrede parat: „Ich habe keine Zeit, um Sport zu treiben. Ich arbeite in einem Reisebüro. Da müssen wir auch Überstunden machen und danach gehe ich oft mit Freunden weg, um nach der Arbeit zu entspannen und ein Bier zu trinken.“ „So eine Antwort könnte man auch in Deutschland bekommen“, dachte ich. Angesichts dessen wurde mir die Wichtigkeit des schwindenden Wissens auf Okinawa hinsichtlich Ernährung und Lebensstil bewusst. Diesen Schatz auch für Sie als Leser dieses Buches zu heben habe ich mir vorgenommen.

Gibt es noch andere Regionen dieser Erde, wo die Menschen sehr alt werden und trotzdem agil und vital bleiben? Wo man etwas über Langlebigkeit, Vitalität und ein freudvolles und gesundes Altern lernen kann? Immer wieder werden aus bestimmten Gegenden dieser Erde wahre „Wunderdinge" von alten und dabei trotzdem gesunden und lebenslustigen Hundertjährigen berichtet. Die folgenden Gegenden tauchen immer wieder in abenteuerlichen Geschichten in der Presse auf. Aber Vorsicht! Hier ist Skepsis angebracht.

So sollen in Abchasien im wilden Kaukasus angeblich Frauen und Männer wohnen, die ein biblisches Alter erreichen. Dort wird Schafskäse und Joghurt gegessen und Bewegung ist Teil des täglichen Lebens. In den südamerikanischen Anden sollen ebenfalls Hundertjährige leben, die fit und gesund sind und obendrein noch lebenslustig wie Fünfzigjährige. Im Süden Ecuadors gibt es angeblich sogar ein „Tal der Hundertjährigen", die sich dort bester Gesundheit erfreuen[2]. In dem kleinen Andendörfchen Vilcabamba, heißt es, sind von 2500 Einwohnern 60 um die hundert Jahre oder älter. Das wäre ein unerhört hoher Prozentsatz, den es nirgendwo sonst gibt. Selbst auf Okinawa nicht. Nach Gründen befragt, sagen die Menschen: „Das Leben ist hart, die Arbeit geht nie aus. Es gibt viel Gemüse und wenig Fleisch." Einen Arzt hätten die meisten Hundertjährigen für sich selbst noch nie in Anspruch genommen. Bei Krankheiten würden sie auf Heilkräuter schwören. Dann gebe es noch lokale Heiler, so genannte „Curanderos". Die wüssten um die Kraft der Natur für das Kurieren von Krankheiten und so brauche man nie einen Arzt.

Noch Exotischeres wird aus Hunza berichtet[3]. Dort, in den unzugänglichen Bergen des Himalaya, an der Grenze zwischen China und Pakistan, leben angeblich Menschen, die sich ebenfalls durch eine unverwüstliche

2 Perls, 1999

3 Hoffmann, 1985

Gesundheit bei hohem Alter auszeichnen. Ihr Speiseplan besteht, so heißt es, hauptsächlich aus getrockneten Aprikosen, Weizenbrei, Bohnen und etwas Milch, Fleisch gibt es kaum.

Ich habe versucht, all diese Angaben nachzuprüfen. Bei genauerem Hinsehen zeigt sich jedoch, dass man gerade die Altersangaben skeptisch betrachten muss. Denn in diesen Gegenden gibt es weder verlässliche Geburtsurkunden noch andere Dokumente (z. B. Heirats- oder Sterbeurkunden), die Informationen nachprüfbar machen würden. Manchmal scheint auch ein Wunder zu passieren, denn dieselben Menschen, die letztes Jahr noch 95 waren, scheinen im Laufe eines Jahres urplötzlich zu altern und daher dieses Jahr bereits 105 zu sein. Das hängt damit zusammen, dass es aus Sicht dieser Menschen „einträglich" ist, ihr Alter möglichst hoch einzustufen, denn dann ist das Interesse der Umgebung bzw. der ausländischen Reporter oder Wissenschaftler wesentlich größer. Ein rüstiger 95-Jähriger mag ja ungewöhnlich sein, aber ein 105-Jähriger ist wesentlich interessanter. Vielleicht lassen sich sogar ein paar Dollar oder Euro für ein Interview herausschlagen und so ist die Versuchung groß, beim Lebensalter etwas zu schummeln.

Für mich war klar, dass ich nur solche Beispiele heranziehen will, die sich wirklich nachprüfen lassen. Fragwürdige oder zweifelhafte Berichte werden daher nicht näher behandelt. Zum Glück gibt es genügend Gegenden, über die viele zuverlässige Informationen zu bekommen sind. Das gilt für Japan in vorbildlicher Weise, denn da gibt es schon seit ungefähr 150 Jahren das „Familienregister", das präzise persönliche Daten zu Geburt, Heirat, Verwandtschaftsbeziehungen und Tod etc. auflistet. Ähnliches gilt für die Mittelmeer-Länder.

Auf der Insel Sardinien leben z. B. ungewöhnlich viele rüstige und erstaunlich agile Hundertjährige. So gibt es mehr als genug Anschauungsmaterial, wenn man wissen will, warum die ungewöhnlich fitten und gesunden älteren Menschen so sind, wie sie sind.

Hundertjährige interessieren zwar nicht in erster Linie, denn es kommt nicht auf die Jahre, sondern auf die Qualität des Lebens an. Trotzdem sind sie ein gewisser Indikator, der die Neugier weckt. Denn sie müssen irgendetwas richtig gemacht haben. Hundertjährige gibt es jedoch nicht nur in Japan oder auf Sardinien, sondern auch bei uns.

1.2 Die Super-Alten sind mitten unter uns

Der Bundespräsident hat eine ehrenhafte Aufgabe. Er gratuliert jedem Hundertjährigen in Deutschland persönlich, überreicht eine Ehrenurkunde und spricht aufmunternde Worte. Genauer gesagt, tat er dies bis vor wenigen Jahren. Der Terminkalender des Bundespräsidenten erlaubt das heute nicht mehr, denn es sind einfach zu viele geworden. Man höre und staune: Die am schnellsten wachsende Gruppe der Bevölkerung sind die über Hundertjährigen. Laut Auskunft des Statistischen Bundesamtes sind es schon über 5000 und die Zahl verdoppelt sich alle zehn Jahre. Es ist auch kein Grund erkennbar, warum diese Entwicklung nicht anhalten sollte. Wir sind die erste Generation, die sich über die rasante Verlängerung der Lebenszeit so richtig freuen kann. Noch vor 50 Jahren war ein siebzigjähriger Mensch die Ausnahme. So jemand galt schon fast als Methusalem und wurde von den meisten mitleidig belächelt. Der richtige Platz für ihn oder sie war hinter dem Ofen, wo es im Winter warm und im Sommer kühl war. Da störte man auch niemanden und war aus dem Weg. Ansonsten wurde man gerade noch geduldet. Von Vitalität war nicht mehr die Rede, auch wenn gesundheitlich noch alles in Ordnung war. Zukunftspläne durfte ein solcher Mensch erst recht nicht mehr haben.

Ist es nicht ein ungeheures Glück, dass wir heute leben und nicht vor 50 Jahren? Welch ein Unterschied! Gehen Sie einmal mit wachen Augen durch unsere Universitäten. Da gibt es nicht nur vereinzelt ältere Menschen, die mit 60 ein Studium begonnen haben. Die in diesem Alter demnächst einen Abschluss in Jura oder Medizin machen werden oder die Schönheiten der klassischen Antike in einem Studium der Kunstgeschichte genießen und verstehen wollen. Die Super-Alten sind nämlich mitten unter uns. Manche sind berühmt und jeder kennt sie. Manche sind aber auch „nur" Menschen wie Sie und ich, sie könnten auch bei Ihnen um die Ecke wohnen. Die Super-Alten müssen übrigens nicht unbedingt alt sein. Die Altersgrenze ist flexibel. Es gibt Fünfzigjährige, die sehen wie dreißig aus oder haben das Energie- und Aktivitätsniveau von Dreißigjährigen. Das sind auch Super-Alte.

Unter den Super-Alten gibt es prominente Namen. Da ist zum Beispiel der Extrem-Bergsteiger, Umweltaktivist und ehemalige Europaabgeordnete Reinhold Messner. Er ist jetzt 61, aber drahtig, fit und geistig alert wie ein Vierzigjähriger. Reinhold Messner ist der einzige Mensch, der alle Achttausender dieser Erde bezwungen hat. Die Eiger-Nordwand hat er an einem knappen Tag erklommen und sein letzter Trip führte ihn in die Wüste Gobi. Da stand eine Wüstendurchquerung der härteren Art auf dem Programm – und das mit 60 Jahren. Bei einer normalen Klettertour in den Bergen wird er auch heute noch jeden durchschnittlichen Dreißigjährigen mühelos hinter sich lassen.

Es geht aber nicht um sportliche Höchstleistungen, sondern darum, dass er ein Beispiel dafür ist, wie man auch als älterer Mensch ein ganzes Bündel von positiven Persönlichkeitsmerkmalen behalten und sogar ausbauen kann. Die sportliche Seite ist dabei nur eine Facette. Wer einmal einen der Vorträge Messners miterlebt hat, weiß, was gemeint ist: Der Saal verdunkelt sich und die Leinwand zeigt die ersten Bilder. Man taucht ein in die schroffe und lebensfeindliche Welt des Himalaja. Hört von tödlich steilen, riesigen Felswänden, von eisigen Stürmen und dünner Luft, die das Atmen zur Qual werden lassen. Hunger und Durst sind ständige Begleiter. Dabei hat Messner unzählige Gefahren überwunden und Strapazen bewältigt. Ein falscher Tritt, ein falscher Griff oder eine Steinlawine hätten möglicherweise den Tod bedeutet. Messners Begeisterungsfähigkeit ist ansteckend und sein burschikoses, jugendliches Auftreten schlägt alle in seinen Bann. Er sprüht vor Optimismus und die radikale Individualität, mit der er seine Träume auslebt und sich keinen Deut um die Meinung anderer schert, ist beeindruckend. Nach wenigen Minuten ist es so still im Saal, dass man eine Stecknadel fallen hören könnte. Die Anwesenden vergessen Zeit und Raum. Ein solcher Mensch beeindruckt. Und das eben nicht nur wegen körperlicher Höchstleistungen. Er ist nämlich noch „nebenbei“ Biobauer, Museumsdirektor, politischer Aktivist und Seminarleiter. Diese Aufzählung ist bestimmt nicht komplett. Wäre es nicht erstrebenswert, wenigstens ein kleines Stückchen „Reinhold Messner“ in sich zu haben?

Ortswechsel. Jetzt geht es nicht so sehr um die körperliche, sportliche Seite, sondern mehr um die geistig-intellektuelle. Es gibt viele Prominente, die im fortgeschrittenen Alter immer noch auf erstaunlich hohem intellektuellem Niveau diskutieren und debattieren können. Es fällt mir sogar schwer, unter den vielen Kandidaten auszuwählen. Prominente Beispiele wähle ich deshalb, weil Sie als Leser dann sofort wissen, wer gemeint ist. Viele sind gern gesehene Gäste in Talkshows. Dabei zeigen sie, trotz hohen Alters, keine Spur von nachlassender Schlagfertigkeit und verfügen anscheinend nach wie vor über ein unerschöpfliches Faktenwissen. Wie wäre es mit Kurt Biedenkopf? Er ist jetzt 75 und kann die meist jüngeren Teilnehmer einer aktuellen Debatte immer noch in Grund und Boden reden. Zugegeben, er war lange Jahre Professor und in der Politik tätig, unter anderem als Ministerpräsident von Sachsen. Er besticht auch heute noch durch seine intellektuelle Brillanz und die Fähigkeit, in größeren Zusammenhängen zu denken, zu analysieren und zu diskutieren. Er schreibt noch Bücher und ist in vielen ehrenamtlichen Gremien tätig, erarbeitet Gutachten für die Bundesregierung. Er trifft viele Menschen, hat Kinder und Enkelkinder. Er hat begriffen: Wer rastet, der rostet. Außerdem macht in dieser Weise aktiv zu sein auch Spaß und hält jung.

Man könnte hier noch viele Prominente aufführen, die in die Kategorie der „Super-Alten“ fallen. Mir geht es aber vor allem um Sie als Leser dieses Buches. Wahrscheinlich sind Sie nicht prominent. Das macht aber auch nichts, ganz im Gegenteil. Berühmt zu sein kann auch äußerst unangenehm sein. Stellen Sie sich nur vor, ständig von irgendwelchen Fans belagert oder belästigt zu werden. Das spart man sich doch gerne und ist lieber nicht prominent.

„Was hat das mit mir zu tun?“, werden Sie jetzt fragen. „Ich bin nun mal kein Kurt Biedenkopf, von Reinhold Messner ganz zu schweigen.“ Die aufgeführten Beispiele kennt man nur, weil Prominente beschrieben sind. Es gibt aber viele Menschen, sicherlich auch in Ihrer

Nähe und in Ihrer Stadt, die sich praktisch von den geschilderten kaum unterscheiden. Sicherlich, Ort, Zeit und Einzelheiten sind verschieden. Die Qualitäten, auf die es ankommt, sind aber immer gleich: Begeisterungsfähigkeit, die Lust, Neues anzufangen, regelmäßige körperliche Aktivität, die Bereitschaft, neue Leute kennen zu lernen und auf diese zuzugehen, eine positive Ausstrahlung, Optimismus und eine gewisse emotionale Intelligenz, die den Umgang mit diesen Menschen angenehm macht.

Ich habe bei meinen Reisen und Recherchen keinen einzigen Super-Alten getroffen, der griesgrämig, abweisend, emotional verarmt oder feindselig gewesen wäre. Die meisten sind sehr angenehme, freudvolle Menschen.

Darüber hinaus sind sie immer noch sehr aktiv, arbeiten oft und gern, wissen aber auch, wie man sich entspannt und das Leben genießt. Dies ist die Richtung, in die es gehen muss. Aus diesem Holz sind die Super-Alten geschnitzt. Und so einer oder so eine können auch Sie werden, wenn Sie das wollen.

Auch Gisela Friedrichs gehört zu diesem Kreis. Die ehemalige Krankenschwester hat mit sechzig eine neue Aufgabe gefunden und organisiert jetzt in einer großen Stadt „Die Tafel“: Dabei handelt es sich um einen Zusammenschluss von freiwilligen Helfern, die den Ärmsten unserer Gesellschaft dazu verhelfen, täglich wenigstens eine warme Mahlzeit zu bekommen. Dazu werden Lebensmittel von den örtlichen Supermärkten, Restaurants oder Großküchen abgeholt, deren Verfallsdatum gerade abgelaufen oder deren Verpackung beschädigt ist etc., die ansonsten aber völlig in Ordnung sind und weggeworfen würden. Ein solcher Job ist nicht einfach. Da muss mit den Supermärkten verhandelt werden, Einsatzfahrzeuge müssen koordiniert und Helfer organisiert werden.

Aber fragen wir Frau Friedrichs doch, was für sie das Wichtigste ist bzw. woher sie ihre Befriedigung zieht. Sie könnte sich doch mit ihrer Rente auch einen schönen Lenz machen. „Oh, das ist ganz einfach", sagt sie etwas schüchtern. „Wissen Sie, ich bin nicht reich, aber ich kann trotzdem etwas geben. Ich sehe hier, wie ich mit meiner Hände Arbeit die Welt ein bisschen besser machen kann und die leuchtenden Augen meiner ‚Kunden' sind mir Belohnung genug. Fast täglich kommt einer und will mir etwas schenken. Diese Menschen haben selbst nichts. Aber sie bringen mir trotzdem selbst gebackenen Kuchen, selbst gepflückte Blumen oder wollen bei mir zu Hause als Gegenleistung die Wohnung putzen. Wenn ich das höre, läuft mein Herz über und ich bin voller Dankbarkeit, dass ich diese Aufgabe übernehmen darf. Das ist mir Belohnung genug." Halten Sie jetzt ruhig einmal inne. Spüren Sie die Begeisterung, Erfüllung und Befriedigung, die aus diesem Lebensstil erwächst? Wünschen Sie sich das auch?

„Moment mal, so einfach ist es doch wohl nicht", sagen Sie. Richtig. Einfach ist es nicht. Es hat aber auch nie jemand behauptet, dass das Leben einfach ist oder sein sollte. Ganz im Gegenteil: Wer nur nach freier Zeit, Frühpensionierung, Vergnügen, Urlaub oder ruhigen Abenden vor dem Fernseher schielt, dem wird ein erfülltes Alter nie vergönnt sein.

Müßiggang und Erfüllung vertragen sich nicht.

Müßiggang und Gesundheit auch nicht. Viele der Super-Alten haben im Lauf ihres Lebens ein Stück Abenteurertum kultiviert, das sie auch als ältere Menschen nicht aufgeben. Erfolgreich altern braucht Mut und Initiative. Das gute Alter ist daher nichts für Faule oder Feiglinge. Wer das nicht ist und sich auch um seinen Körper und seine Psyche kümmert, der kann – mit ein bisschen Glück – ein wunderbares Alter erleben.

Bei all diesen Überlegungen mag mancher denken: „Ist das nicht alles graue Theorie? Gibt es da nicht den ganz großen Konflikt zwischen Jung und Alt? Fliegen da nicht bald die Fetzen? Alle die Horrorgeschichten von der fehlenden Rente und so"... Auf diese Sorgen will ich näher eingehen.

1.3 Alt gegen Jung, eine Katastrophe?

In diesen Tagen wird viel geredet über den angeblichen Konflikt zwischen Jungen und Alten und dessen fürchterliche Konsequenzen, die da drohend am Horizont auftauchen werden. Zweifelsohne birgt die sich neu entwickelnde Alterspyramide, die ja jahrhundertelang eine echte Pyramide war (viele Junge unten, wenig Alte oben) Probleme. Denn jetzt wird die Pyramide langsam, aber sicher zum „Pilz": Es gibt plötzlich oben viele Alte und unten wenig Junge. Manche Autoren sprechen vom „Krieg der Generationen" und entwerfen Szenarien eines drohenden Weltuntergangs. Solche Äußerungen sind zwar populär, sie lassen sich in der Öffentlichkeit auch gut verkaufen, da sie marktschreierisch daherkommen. Es ist aber meiner Meinung nach eine völlig übertriebene und verzerrte Sichtweise. Prognosen sind bekanntlich immer schwierig, insbesondere wenn es um die Zukunft geht. Die meisten Katastrophen treten nun einmal nicht ein, obwohl ganze Heere von Wissenschaftlern sie vorhersagen. Denn wenn alle die Katastrophe kommen sehen, werden Gegenmaßnahmen ergriffen, die sie verhindern. Denken Sie an das Waldsterben, die Ausbreitung von AIDS (zumindest bei uns) oder die BSE-Krise. Von daher hat das allgemeine Katastrophengeschrei auch sein Gutes.

Im Mittelalter soll jemand gewarnt haben, dass die ganze Menschheit bald im Pferdemist ersticken werde, da sich ja die Pferdekutschen nebst den dazugehörigen Rössern so stark vermehrten. Wie man sieht, sind wir von diesem drohenden Weltuntergang verschont geblieben. Die gegenwärtige Diskussion erinnert ein bisschen an die von den Pferdekutschen im Mittelalter.

Bisher hat es die Menschheit noch immer geschafft, letzten Endes den Weg der Vernunft oder wenigstens den Weg eines besseren Lebens für viele zu beschreiten. Gute Nachrichten sind heutzutage allerdings schlechte Nachrichten. Sie verkaufen sich schlecht und sind für Nachrichtensendungen und Zeitungsreporter anscheinend uninteressant. Katastrophen und Skandale, nebst niveaulosem Klatsch und Tratsch über Prominente und deren Privatleben sind der Stoff, mit der der rasende Reporter unserer Zeit am besten reüssiert. Das interessiert die Redaktionen, das treibt die Einschaltquoten hoch. Ist das aber wirklich wichtig im Leben?

Die Aufmerksamkeit vieler Menschen ist leider fehlgeleitet, da sie sich allzu leicht von diesem oberflächlichen Katastrophen- und Skandalgerede anstecken und verunsichern lassen und damit ihre Zeit verplempern, statt auch die „guten Nachrichten“ in sich aufzunehmen. Das muss allerdings nicht so sein. Denn die „guten Nachrichten“ existieren sehr wohl und sind genauso Wirklichkeit wie die schlechten. Es gibt viele faszinierende ältere

Menschen und es gibt tolle junge Leute, die sicher keine Bedrohung darstellen, ganz im Gegenteil. Viele junge Menschen geben Anlass zu großer Hoffnung, wenngleich das viele Ältere heute anders sehen („Früher war alles besser"). Es gilt doch, die Gegenwart als Sprungbrett für eine bessere Zukunft zu begreifen.

Der Altersforscher Prof. Paul Baltes hat in einem Artikel[4] eine treffende Einschätzung gegeben, die ich Ihnen nicht vorenthalten möchte:

„Im Gegensatz zu anderen Konflikten, wie etwa dem zwischen Schwarz und Weiß oder Reich und Arm, sind wir alle gleichzeitig jung und alt. Die Jugend denkt im Vorausgriff an ihr eigenes Alter und an ihre Eltern … Dieses gleichzeitige Jung und Alt harmonisiert und verbindet. Zum anderen denken viele ältere Menschen intensiv an die nachfolgenden Generationen, und sie sind bereit, durch Bescheidung zu deren Wohlfahrt beizutragen. ‚Alt für Jung' ist bei vielen Älteren ein leicht zu aktivierendes Motto. Bei guter Aufklärung, bei guter politisch-gesellschaftlicher Führung werden sich die Alten im Interesse der Jugend bescheiden."

Auch von den Jungen wird durchaus Positives berichtet. So meinen zwei Drittel aller Befragten unter dreißig, dass ihre Interessen im Hinblick auf die älteren Menschen von der Politik angemessen vertreten werden. Auch im persönlichen Bereich vieler junger Menschen hört man versöhnliche Töne: So wollen mehr als die Hälfte ihre Eltern im Alter pflegen, wenn dies notwendig sein sollte. Im Osten Deutschlands sind es sogar zwei Drittel.[5]

---

4 Frankfurter Allgemeine Zeitung, 12. 5. 2004

5 Die Zeit, 16. Sept. 2004

Dies scheint doch eine gute Basis zu sein, auf der man die Zusammenarbeit zwischen Jung und Alt organisieren kann. Es wird ein Miteinander geben und dieses Miteinander wird wahrscheinlich weit weniger konfliktträchtig und weit kooperativer ablaufen, als das heute viele denken.

Das Alter wird viel zu wenig als Chance und viel zu viel als Bedrohung gesehen.

Die negative Sichtweise ist typisch deutsch und sehr zu bedauern. Es geht nämlich auch ganz anders. In diesem Buch erfahren Sie viele gute Nachrichten über das Alter. Sie erfahren auch, wie Sie es selbst schaffen, ein glückliches Alter zu leben, wie Sie manchmal durch einfache Änderungen Ihres Lebensstils Ihre körperliche Gesundheit verbessern, Ihr seelisches Gleichgewicht in Balance bringen und mehr Freude und Erfüllung genießen können. Freude und Erfüllung sind untrennbar mit der Liebe und mit guten Beziehungen zu den Mitmenschen verbunden.

2 Die Sehnsucht nach guten Beziehungen

Wenn man die Menschen fragt, was sie sich unter einem erfüllten und glücklichen Alter vorstellen, so kommen in ihren Antworten fast immer zwei zentrale Themen zum Ausdruck: Gute Beziehungen zu den Mitmenschen und eine gute Gesundheit.

Jeder von uns spürt instinktiv, dass gute Beziehungen außerordentlich wichtig für das Wohlergehen sind. Dass wir deshalb alle gute Beziehungen zu unseren Mitmenschen haben wollen, versteht sich von selbst. Allerdings sind es nicht allzu viele, die wirklich in einem Netz von befriedigenden Beziehungen und der damit einhergehenden emotionalen Geborgenheit leben. Manch einer hat auch die trügerische Hoffnung, dass sich gute Beziehungen irgendwie „von selbst" einstellen werden. Das tun sie aber meistens nicht. Es ist wie mit vielen anderen Dingen des Lebens: Wer Früchte ernten will, muss erst einmal säen und vielleicht vorher auch Unkraut jäten und Steine entfernen. Einige sind vom Elternhaus begünstigt und sind bei psychisch gesunden und liebevollen Eltern aufgewachsen. Sie haben es leichter im Leben. Sie sind in der Lage, unverkrampft befriedigende emotionale Bindungen aufzubauen, und verhalten sich ihren Mitmenschen gegenüber meist spontan herzlich und finden leicht Kontakt. So gewinnen sie schnell Freunde oder zumindest Gleichgesinnte, mit denen sich über die Zeit eine tief empfundene Verbindung ergibt, wodurch ein großes Stück Lebensqualität geschaffen wird.

Andere haben spontane Herzlichkeit nie gelernt, vielleicht haben sie sich auch im beruflichen oder sonstigen Umfeld so verbiegen lassen, dass sie schlechte Erfahrungen mit den Mitmenschen gemacht haben. Vielleicht haben sie zu sehr auf die Karriereleiter geschaut und zu viel Kraft für den Kampf um mehr Geld oder einen höheren Posten vergeudet. Da ist die Liebe und die Mitmenschlichkeit auf der Strecke geblieben. Die Liebe ist allerdings fundamental wichtig.

2.1 Emotionale Analphabeten

Wer glücklich ist, der bedarf nicht der Bosheit.
(Max Horkheimer)

Ein älterer Herr kommt in meine Praxis, nennen wir ihn Schmidt. Herr Schmidt klagt über allerlei Beschwerden, das Herz will nicht mehr so richtig, der Blutdruck ist zu hoch und zu allem Übel hat der Hausarzt jetzt noch Diabetes festgestellt. Ich schaue mir die Befunde an und fange an, mich mit Herrn Schmidt zu unterhalten. Mir fällt auf, dass in der Gesprächsatmosphäre etwas nicht stimmt. Er spricht seltsam gespreizt und gestelzt. So, als würde er von einer anderen Person sprechen, nicht von sich selbst. „Die Befunde sind alle vom Kardiologen und vom Hausarzt verifiziert", meint er. „Soso", denke ich, „verifiziert." Herr Schmidt sagt: „Es wäre eine sehr positive Entwicklung, wenn wir uns auf eine neue

Behandlung einigen könnten." „Positive Entwicklung", denke ich, „aha." Auch nach weiteren 20 Minuten ist der Stil nicht anders: „Erzählen Sie mir etwas über Ihre Gefühle", sage ich schließlich. „Was freut Sie besonders im Leben, zu wem haben Sie ein herzliches Verhältnis?" Herr Schmidt zieht die Mundwinkel etwas herunter, er wirkt ungehalten: „Ist alles in Ordnung", meint er kurz. „Da habe ich keine Probleme." „Hm", murmele ich in mich hinein. „So ist das also." Was halten Sie von dieser – verkürzten – Unterhaltung? Fällt Ihnen etwas auf?

Wir sind hier an jemanden geraten, der wie ein emotionaler Analphabet wirkt. Davon gibt es leider viele in unserer Gesellschaft. Emotionen sind ihnen ein Graus. Für sie gibt es nur Fakten. Menschliche Beziehungen mit ihren unkalkulierbaren Überraschungen und Unwägbarkeiten stören da nur. Allenfalls können sie eine Rolle spielen, wenn sie der eigenen Karriere nützen oder sich sonst ein persönlicher Vorteil ergibt. Es sind oft Menschen mit abweisenden Gesichtern. Die leicht in Zynismus und Depressionen verfallen, die schnippisch, bissig und offen oder versteckt aggressiv sind. Die nicht lächeln können, wenn man sie anlächelt, und die ein weinendes Kind nicht in den Arm nehmen können, weil ihnen das zu „fremd" ist. Die überhaupt niemanden umarmen können, weil in ihrem Herzen vor langer Zeit etwas zerbrochen ist, was sehr wehgetan hat. Mit Umarmungen oder Herzlichkeit verbinden sie das eigene psychische Leid und das wollen sie vermeiden. Diese Menschen werden kein frohes und erfülltes Alter haben und wahrscheinlich auch nicht lange leben. Denn emotionale Gesundheit und körperliche Gesundheit sind eng verbunden. Das eine ist ohne das andere nicht zu haben.

Es geht hier nicht um Schuld. Der Begriff ist vollkommen ungeeignet. Diese Menschen handeln in aller Regel nicht so, weil sie es wollen, sondern weil sie es nicht besser können. Wenn man ihr Gehirn mit einem modernen Kernspintomographen untersuchen würde, würde sich wahrscheinlich zeigen, dass bestimmte Areale verkümmert sind. Wichtige Verhaltensweisen wie spontane Herzlichkeit, Zuneigung, ausgedehnter Körperkontakt wurden nie geübt und so hat sich das abweisende Verhalten über die Jahre stabilisiert und ist Teil der Persönlichkeit geworden. Letztlich haben diese Defizite im Gehirn ihre Spuren hinterlassen, im so genannten „limbischen System". Deshalb kann man ihnen nicht wirklich böse sein. Aber auch unser Mitleid hält sich in Grenzen. Denn diese Menschen können sich auch ändern. Aggression, Zynismus und emotionale Kälte sind kein unveränderliches Schicksal. Man kann dies alles wieder verlernen und gegen einen liebevolleren Umgang eintauschen. Allerdings nur, wenn man es wirklich will.

Wir wollen es aber von Anfang an besser machen und da kann jeder bei sich selbst anfangen. Sie werden in diesem Buch noch viele Beispiele von Menschen lesen, die sich emotional vorbildlich verhalten. Denen sollte man nacheifern und von denen sollte man lernen. Jeder von uns kann Herzlichkeit und liebevolle Zuwendung zum Mitmenschen üben und praktizieren. Das kann man sich zur Aufgabe machen, bis man zu einem Meister der Herzlichkeit und der Liebe geworden ist. Neulich sah ich einen wunderbaren Aufkleber auf einem alten, klapprigen Auto: „Wen haben Sie denn heute schon umarmt?"

2.2 Hinter den Kulissen eines Krankenhauses

Krankenhäuser heißen so,
weil die Menschen dort krank werden.
(SPRUCH UNTER MEDIZINSTUDENTEN)

Die Super-Alten haben im Laufe ihres Lebens einen emotionalen Stil kultiviert, der einer der Gründe dafür ist, dass sie so lange leben und bei guter Gesundheit bleiben. Um die Zusammenhänge klar zu machen, geht es jetzt um einen Ort, den wir normalerweise meiden: ein Krankenhaus.

Am Anfang meiner beruflichen Laufbahn hatte ich Gelegenheit, in einer großen Klinik in der Abteilung für innere Medizin zu arbeiten. Als Neuling gewährte man mir eine gewisse Narrenfreiheit in der Abteilung, da der Oberarzt nicht so recht wusste, was er mit mir anfangen sollte, denn ich wollte vor allem intensive Gespräche mit den Patienten führen. „Was will der eigentlich hier?“, mag er gedacht haben. Andererseits hatte er wohl auch keine große Lust, sich mit mir über den Sinn oder Unsinn meiner Gegenwart auseinander zu setzen, und so schlug er mir einen „Deal“ vor: „Sie dürfen Gespräche mit den Patienten führen, dafür stören Sie mir bitte meine Behandlungen nicht.“ Sprach's und verabschiedete sich mit einem gequälten Lächeln. Das Ganze in einer Haltung, die deutlich ausdrückte: „Widerspruch ist in diesem System nicht vorgesehen.“

Das empfand ich zwar zunächst als einigermaßen frustrierend, aber bald fand ich Gefallen an dem „Deal“, denn ich konnte mir meine Zeit frei einteilen und mir selbst Aufgaben suchen. Die meist älteren Patienten litten unter den üblichen Krankheiten, z. B. Magengeschwüren, Darmentzündung, Entzündung der Bauchspeicheldrüse oder Gallenbeschwerden. Faszinierend fand ich vor allem, dass bestimmte Menschen praktisch komplikationslos gesund wurden und andere – bei gleicher Behandlung – unendliche Mühe zu haben schienen, wieder auf die Beine zu kommen. Bei Letzteren stellten sich Komplikationen ein, z. B. Lungenentzündungen, Wunden verheilten schlecht oder die Patienten bekamen Depressionen. Bei manchen gab es dafür medizinische Erklärungen, aber warum konnte oft trotz modernster Diagnostik und intensiver Suche kein medizinischer Grund für den mangelnden Heilungsprozess gefunden werden?

Ich führte lange Gespräche mit den Patienten, lernte einige von ihnen näher kennen und nach und nach entstanden persönliche Beziehungen. Bei manchen war das schwierig, denn sie wollten sich nicht öffnen, wollten von ihrem psychischen Hintergrund nichts erzählen und beharrten auf einem einseitigen rein „körperlichen Befund“. Sie wurden darin von den behandelnden Ärzten bestärkt, denn die hatten weder Lust noch großes Interesse an psychologischen oder psychosomatischen Theorien. Ich selbst fand die Situation allerdings spannend und wollte – aus Neugier, aber auch um meine eigene Frustration zu überwinden – mehr herausfinden und tiefer bohren.

Nach vielen Wochen und noch mehr Gesprächen schälte sich für mich eine Erkenntnis heraus, die ich zwar insgeheim schon vermutet hatte, aber für die ich noch keine praktischen „Beweise“ gehabt hatte. Plötzlich war ich sicher, die richtige Spur gefunden zu haben: Die meisten Menschen die einen langen, komplikationsreichen Krankheitsverlauf durchliefen, waren emotional verarmt bzw. hatten es nicht geschafft, im Laufe ihres Lebens liebevolle Beziehungen zu ihren Mitmenschen aufzubauen. Sie hatten auch kaum Aussicht – selbst nach einer körperlichen Genesung –, in eine liebevolle Beziehung zurückzukehren. Sie waren entweder allein oder lebten in lieblosen, kalten Beziehungen, hatten wenig Kontakt zu Angehörigen oder wenn, dann nur in einer emotional verarmten Form.

Diese Menschen konnten nicht gesund werden, weil zwar alle körperlichen Voraussetzungen für eine Genesung gegeben waren, ihr tiefes Bedürfnis nach emotionaler Bindung, nach Liebe oder Zuneigung aber nicht gestillt wurde. Durch die längere Aufenthaltsdauer im Krankenhaus ergab sich für sie allerdings eine „sekundäre Belohnung“, also ein versteckter Vorteil: Zwar wurden sie nicht so schnell gesund, aber sie bekamen wenigstens von den Ärzten und dem Pflegepersonal eine gewisse Zuwendung, also immerhin ein Minimum an sozialem Kontakt. Besser als nichts. So war der Aufenthalt in der Klinik auch ein Ersatz für die fehlende Liebe, die sie sonst aus vielerlei Gründen nicht leben konnten.

Die Auswirkungen des „emotionalen Stils“ dieser Menschen spürte ich am eigenen Leib: Schon bald merkte ich, dass ich bestimmte Patienten bevorzugte, dass ich bei den einen gerne blieb, mich ausführlich mit ihnen beschäftigte und dabei Freude empfand, wenn sie Fortschritte bei ihrer Genesung machten. Diejenigen, die kaum Heilerfolge hatten, waren meist auch diejenigen, bei denen ich mich nach den Gesprächen leer, kalt und unzufrieden fühlte. Solche Patienten waren eher „schwierig“ und nur wenige suchten den Kontakt. So entstand ein Teufelskreis, genau wie im richtigen Leben. Die emotionslose und eher distanzierte Verhaltensweise provoziert in der sozialen Umwelt dieser Menschen genau die Reaktion, die sie auf keinen Fall haben wollen: Die anderen ziehen sich zurück oder verkürzen den Kontakt auf das unbedingt Nötige. Dadurch bekommen diese

Menschen den „Beweis", dass es sich nicht lohnt, auf liebevolle emotionale Kontakte zu setzen. Sie entwickeln eine generalisierte und feindliche emotionale Haltung („die Menschheit ist schlecht") und verstricken sich immer tiefer in emotionale Leere und Verzweiflung.

Diese Menschen können nicht lieben, weil ihre verzweifelte Sehnsucht nach Liebe und Zuneigung zu lange ungestillt blieb.

Aus dem Gefühl, nicht angenommen zu werden, entstehen bei diesen Patienten nach und nach tiefe psychische Verletzungen. Damit dies nicht wieder passiert, wählen sie das kleinere Übel: Sie werden zu verschlossenen, distanzierten, eher kalten Menschen, zu denen ein Zugang kaum noch möglich ist. Die Welt „da draußen" ist emotional zu gefährlich für sie. Sie glauben, sich davor schützen zu müssen. Sie wählen daher den Rückzug in ein emotionales Niemandsland: nicht mehr besonders traurig, aber auch nicht froh, nicht mehr richtig lachen können, aber dafür auch nicht mehr richtig weinen müssen. Sie haben nur noch ein oberflächliches oder vorgetäuschtes Interesse am gefühlsmäßigen Austausch mit anderen. Es ist kein richtiges Leben mehr, aber immerhin ein Überleben. In Deutschland gibt es leider zu viele solcher Menschen. Jetzt werden Sie auch verstehen, was mit Herrn Schmidt los war.

Sicher lässt sich der eben geschilderte emotionale Umgang in einem Krankenhaus auch darauf zurückführen, dass viele deutsche Krankenhäuser so organisiert sind, dass intensive ärztlich-psychologische Gespräche in der täglichen Praxis fast unmöglich sind. Das Stichwort heißt bei allen Beteiligten – außer den betroffenen

Patienten natürlich – „keine Zeit". Dass die Kranken eigentlich die wichtigsten Menschen in einem Krankenhaus sind, wird den jungen Ärzten recht schnell ausgetrieben. Lippenbekenntnisse, in denen vom „mündigen und selbstbestimmten Patienten" die Rede ist, sind an der Tagesordnung, in der Praxis kommt dabei leider nicht viel an.

Manche kleinere Kliniken zeigen, dass es auch ganz anders geht. Wer ins Ausland schaut, kann schnell viele positive Beispiele finden. Der Blick über den deutschen Tellerrand soll in diesem Buch oft und gerne gepflegt werden, denn man kann dadurch viel lernen. Die Frage lautet deshalb: „Was tun die Besten dieser Erde auf diesem Gebiet?" In einigen Ländern wird der Patient im Krankenhaus als Gast, als Kunde und vor allem als Mensch behandelt, nicht als Nummer oder gar als „Krankenakte". Ein Beispiel dafür ist Thailand.

Wer in Bangkok das Glück im Unglück hat, in das große internationale Bumrungrad-Hospital zu kommen, der wird überrascht sein – zumindest als Deutscher –, wie menschlich angenehm es dort zugeht. Hier haben die Krankenschwestern noch Zeit für die Patienten und die Ärzte führen gerne ein ausführliches Gespräch. Denn auch sie wollen möglichst mit Freude ihre Arbeit tun, ab und zu ein Lächeln verschenken oder mit einem beschenkt werden. Gute emotionale Beziehungen zwischen Patienten und Pflegepersonal sind mindestens genauso wichtig wie die kompetente medizinische Behandlung. Und die ist hier auf Weltklasse-Niveau. Hier werden alle Operationen und Eingriffe durchgeführt, die auch in anderen Top-Hospitälern in Amerika oder Europa Standard sind.

Man vergisst aber hier – bei aller High-Tech-Medizin – die Menschlichkeit und die Freude nicht. Jeder Patient bekommt seine „persönliche Krankenschwester“ zugeteilt, die er jederzeit ansprechen kann. Das Gleiche gilt für den „persönlichen Arzt“, der den Kontakt zum Patienten hält. Ein ganzes Heer von Dolmetschern und Dolmetscherinnen, sonstigen Assistenten und Mitarbeitern kümmert sich um die Sorgen und Nöte der Patienten, bei Urlaubern z.B. um Reisearrangements vor und nach dem Klinikaufenthalt, Probleme mit der Geldüberweisung etc. Hier hat man wirklich das Gefühl einer guten Betreuung.

Eine leitende Krankenschwester sagte mir dazu: „Wir wollen in diesem Krankenhaus das Beste für alle Beteiligten, nämlich Patienten, Ärzte und Pflegepersonal. Wir versuchen, ständig besser zu werden, das bezieht sich aber nicht nur auf die medizinischen Leistungen, sondern auch auf die guten Beziehungen zu den Patienten und auch zwischen Ärzten und sonstigem Personal.“ Dabei strahlt sie das aus, was alle Patienten wollen: medizinische Kompetenz auf der einen und ehrliche Freundlichkeit auf der anderen Seite.

Es geht also auch anders, wenn man nur will! „Bei uns in Deutschland funktioniert das aber nicht, weil ...“ So tönt es sofort und lautstark von allen Seiten. Aber es ginge schon, wenn man wirklich wollte. Wir müssten nur überlegen, welchen Preis wir dafür zu zahlen bereit wären. Aber wir bezahlen immer einen Preis. Nur welchen? Emotionale Kälte bzw. frustrierende Beziehungen machen tatsächlich krank. Und zwar nicht nur in psychischer Hinsicht, was schon schlimm genug wäre, sondern ganz handfest auch in körperlicher Hinsicht.

Die Super-Alten haben instinktiv einen positiven emotionalen Stil kultiviert, der einen Teil ihrer robusten Gesundheit und Langlebigkeit erklärt. Sie haben mit Krankenhäusern sowieso nicht viel am Hut. Ihr Lebensstil garantiert zwar nicht, dass sie nicht auch einmal dort landen, aber sie sind dort deutlich seltener, wie wir später noch genauer sehen werden. Ihre gesamte emotionale Situation ist von der in diesem Kapitel geschilderten weit entfernt. Sie werden wahrscheinlich nicht überrascht sein, dass ich bei meinen Reisen keinen gesehen und gesprochen habe, auf den die oben dargelegte Problematik der „emotionalen Kälte" auch nur ansatzweise zutraf. Es gilt also, auch in dieser Hinsicht von den Super-Alten zu lernen.

2.3 Freunde und Freude

Die Menschen kaufen sich alles fertig in den Geschäften.
Aber da es keine Kaufläden für Freunde gibt,
haben die Menschen keine Freunde mehr.
(Antoine de Saint-Exupéry)

Wie sieht es eigentlich mit der Freundschaft aus? Haben Sie richtig enge Freunde? Ich meine nicht „so genannte" Freunde, sondern wirkliche. Also keine Bekannten oder Arbeitskollegen, mit denen man schon mal ein Bier trinken geht. Die Freundschaft ist ein wunderbares Geschenk, das denen zuteil wird, die sich um sie bemühen, und das sie dann auch verdienen. Denken Sie daran, dass die meisten anderen Menschen genauso denken wie Sie und ich: Wir sind durchaus nicht abgeneigt, neue Freundschaften einzugehen, sind offen für neue Freunde oder Freundinnen. Doch leider scheint das heutzutage nicht mehr so einfach zu sein. Klar, „Leute" kennen wir genug. Aber Freunde? Richtige Freunde?

Laut einer Umfrage des Wissenschaftszentrums in Berlin haben die Deutschen im Schnitt 3,3 Freunde. Das ist nicht gerade viel und man könnte fragen, ob das auch

„richtige“ Freunde sind. 17 % der Bevölkerung geben nach der gleichen Befragung sogar an, überhaupt keine Freunde zu haben. Die Dunkelziffer ist wahrscheinlich hoch, denn wer gibt schon gerne zu, keine Freunde zu haben. Aber es sind sicher Millionen in unserer Gesellschaft. Das klingt nicht gerade erfreulich. Da gibt es offensichtlich viele einsame Wölfe und Einzelgänger in unserem Land. Keine begeisternde Perspektive. Ohne Freunde wenig Freude. Der Volksmund weiß: „Geteilte Freude ist doppelte Freude, geteiltes Leid ist halbes Leid.“ Wo aber niemand ist, kann man auch nicht teilen.

Wie so häufig, gilt auch hier, dass man selbst den Anfang machen muss. Freundschaften lassen sich nicht erzwingen, aber man kann günstige Bedingungen für den Aufbau einer Freundschaft schaffen. Das ist besonders im Alter wichtig, denn je früher man damit anfängt, desto besser. Wer mit 50 keine Freunde hat, wird wahrscheinlich auch mit 70 keine haben. Dabei sind Freundschaften äußerst wichtig. Warum? Alle diesbezüglichen Untersuchungen zeigen eindeutig:

> Enge Freundschaften sind die wichtigste Quelle für das persönliche Glück.

Es gibt keinen anderen Faktor, der für das persönliche Glück so zentral ist. Nicht das Einkommen, nicht der Status, nicht die Ausbildung und erst recht nicht, wie viele Besitztümer man angehäuft hat. Wir tun also gut daran, die Freundschaft hoch zu schätzen und zu pflegen, denn von ihr hängt zu einem großen Teil unser Glück ab. Wenn wir Freunde haben wollen, dann sollten wir Freude suchen, denn das ist meist der erste Schritt. Gemeinsame

Freude ist ein guter Nährboden für die Entwicklung von Freundschaften.

Bei uns geht es allerdings in vielerlei Hinsicht recht freudlos zu. Das teutonische Gemüt neigt nicht zu Ausgelassenheit und spontaner Freude. Wir gelten im Ausland als verbissen, rechthaberisch und belehrend. Wir stehen auf der Sympathie-Skala bei den anderen Europäern ziemlich weit unten. Das kann man aber ändern, Stück für Stück. Wie das geht, kann man in anderen Ländern studieren. Wer z. B. schon einmal in Südamerika war, wird sich über die allgegenwärtige Herzlichkeit und überschäumende Freude der Menschen bei privaten Festen oder freundschaftlichen Treffen wundern. Der unbefangene und spontane Körperkontakt, ein umwerfendes und mitreißendes Lachen, das nicht verschämt vom Mund ausgeht, sondern aus dem ganzen Menschen heraus zu explodieren scheint. Hier lacht nicht der Mund, sondern jede Faser des Körpers mit aller Macht und Wonne. Davon unbeeindruckt zu sein ist unmöglich. Wer wollte sich davon nicht anstecken lassen? Ich weiß aus eigener Erfahrung, dass man sich schnell an diese innige Herzlichkeit gewöhnen kann. Ohne Freunde zu sein ist dort undenkbar, das Wort „Einsamkeit" praktisch unbekannt. Auch der tägliche private Umgang miteinander ist in anderen Ländern deutlich herzlicher als bei uns. Umso größer ist der Schock, wenn man in das eher „kalte Deutschland" heimkehrt. Der häufig kalte Nieselregen färbt anscheinend auf die kollektive Psyche ab. Alle reden vom Klima. Ich auch, nämlich vom emotionalen. Helfen Sie mit, es zu verbessern?

Freundschaften bzw. ein generell freundliches Verhalten sind für unser psychisches Wohlbefinden enorm wichtig. Wenn wir freundlich sind, tun wir in erster Linie etwas für uns selbst, erst dann etwas für die anderen, nicht umgekehrt. Wer also ganz egoistisch sein will, der suche sich Freunde! Dann wird er selbst am meisten belohnt und belohnt automatisch auch die anderen. Alle gewinnen also und keiner verliert. Eine perfekte „Win-win-Situation“, wie man neudeutsch sagen könnte. Das gilt insbesondere für das höhere Lebensalter. Wie sich jeder leicht vorstellen kann, gelingt es in jungen Jahren leichter, Freundschaften zu schließen und zu pflegen. Aber auch im fortgeschrittenen Alter kann man sich eine generell freundliche Haltung angewöhnen, neue Freunde finden und alte Freundschaften wieder beleben. Wie eine kostbare Pflanze, so brauchen allerdings auch die Freundlichkeit und die Freundschaft regelmäßige Pflege, ein bisschen Anstrengung und ein gewisses Maß an persönlicher Achtsamkeit. Was also ist zu tun, wenn Sie neue Freunde gewinnen oder alte Freundschaften beleben wollen?

Zunächst fangen Sie mit kritischen Fragen an sich selbst an. Bin ich selbst freundlich, ein guter Freund? Kann ich zuhören, bin ich wirklich an dem anderen interessiert, bin ich diskret und hilfsbereit? Bin ich bereit, mich selbst ein Stück zu öffnen, also auch Dinge preiszugeben, die über Name und Handynummer hinausgehen? Kommen mir ein lobendes Wort, ein Lächeln oder eine humorvolle Bemerkung leicht über die Lippen? Kann ich auf Menschen zugehen oder warte ich immer, bis man mir die Freundschaft – quasi ohne mein eigenes Zutun – auf dem Silbertablett serviert? Letzteres wird wahrscheinlich nicht vorkommen, also ist das Warten darauf meist reine Zeitverschwendung. Sie wissen also, worauf es ankommt. Es gilt aktiv zu werden, soziale Gelegenheiten zu ergreifen und nicht verschämt aus Faulheit oder Passivität an sich vorbeiziehen zu lassen. All das kann erst einmal etwas anstrengend sein. Aber dann ist es auch ungeheuer befriedigend.

Wo man neue Freunde trifft? Ganz einfach: Überall dort, wo Menschen sind. Allerdings sind Massenveranstaltungen für dieses Vorhaben meist kontraproduktiv. Neue Freundschaften wird man schwerlich im lärmumtobten Fußballstadium oder im dunklen Kinosaal schließen können. Wo sich aber wenige Menschen regelmäßig treffen, da steigen auch die Chancen. Da gibt es dann praktisch keinen Ort, wo nicht schon Freundschaften entstanden wären. Eine meiner Patientinnen hat auf der Spitze des Kilimandscharo ihren Traummann kennen gelernt. Beide stiegen auf getrennten Routen nach oben. Dort haben sie sich dann nach einem langen und mühsamen Aufstieg zufällig getroffen und dann gemeinsam in das goldene Licht der aufgehenden Sonne geschaut …

Ideal sind auch Orte und Begebenheiten, bei denen man Hilfe anbieten oder annehmen kann: Da sucht ein junger Mann einen Englischlehrer und Sie können Englisch. Im Urlaub haben Sie einen Plattfuß und ein freundlicher Helfer taucht auf. Im Flugzeug haben Sie einen interessanten Nachbarn, der just Ihre Stadt besuchen will. Beim Spanischkurs sitzen Sie neben einem interessanten Mitschüler. Am Ufer der Seine versuchen Sie mit Ihrem Fotoapparat, eine bestimmte Szene in den Kasten zu bekommen und brauchen einen Helfer. Oder Sie gehen mit dem Hund spazieren – Hunde und Babys sind tolle „Eisbrecher“ für den Beginn einer Unterhaltung. Denn Hunde und Babys kann man ohne jede Einleitung und ohne Scheu direkt ansprechen. Das gilt eigentlich auch für alle anderen sozialen Situationen, doch da haben wir meist irrationale Ängste und sind schüchtern. Wer allerdings nie den Versuch wagt, für den gibt es auch kein „Happyend“. Sie brauchen keine

Freunde? Das wäre schade, und auch nicht gut für Ihre seelische Gesundheit. Menschen ohne Freunde sterben früher. Man braucht die Freunde nicht immer, aber manchmal schon. Deswegen gilt:

Suche dir die Freunde, bevor du sie wirklich brauchst.

Die echte Freundschaft ist nämlich absichtslos. Sie fragt eben nicht nach „Gewinn“ oder „Vorteil“, zumindest nicht dem eigenen. Diese Kategorien aus der Welt der Ökonomie haben sich leider in unsere Gesellschaft und auch in unsere Beziehungen eingeschlichen, obwohl sie da nichts zu suchen haben. Wer seine Freunde nach „Nützlichkeit“ auswählt, der dürfte dann nur noch Computerfachleute und Automechaniker als Freunde haben. Wäre das aber nicht ein bisschen traurig? Sie erwarten von Ihrem Freund oder von Ihrer Freundin wahrscheinlich eine Haltung, die von Verständnis, gegenseitiger Bereicherung, Respekt und emotionaler Unterstützung geprägt ist. Ein Schuss Humor kann auch nichts schaden. Genau das will Ihr Freund oder Ihre Freundin auch. Sind Sie dazu bereit? Wenn ja, machen Sie es wie die Super-Alten. Unter denen, die ich getroffen habe, gab es keinen, der zeit seines Lebens nicht immer gute Freunde gehabt hätte.

2.4 Warum wir keine Reptilien sind oder Die Anatomie der Liebe

Die Menschen kommen durch nichts den Göttern näher, als wenn sie die Menschen glücklich machen.
(CICERO)

Wenn wir traurig oder euphorisch sind, so schlägt sich dies nicht nur im bloßen Verhalten oder Erleben, sondern auch physisch im Gehirn nieder. Wir vergessen manchmal, dass sich Freude und Trauer bzw. das Vorhandensein oder die Abwesenheit von liebevollen Beziehungen auch biologisch in unserem Körper abbilden, genauer gesagt in bestimmten Gehirnstrukturen, die man als „limbisches System" bezeichnet. Dort nämlich werden alle Sinneseindrücke und Gedanken emotional „gefärbt", also mit Emotionen versehen: „gut", „schlecht", „angenehm", „unangenehm", „gefährlich" usw. Emotionen sind das Salz in der Suppe des Menschseins. Ohne sie verarmen und verkümmern wir. Sie sind ein unverzichtbares Lebenselixier.

Krokodile haben es da einfacher. Sie haben kein limbisches System. Sie sind die klassischen Vertreter einer längst vergangenen Zeit. Sie blieben einfach so, wie sie immer waren. Sie sind am besten an die Lebensverhältnisse in tropischen Flüssen und Sumpfgebieten angepasst. Da hat sich über Jahrmillionen nicht viel geändert. Das blitzschnelle Zuschnappen und das Hinabreißen unter Wasser, in dem das Opfer dann qualvoll erstickt, sind nach wie vor die besten Überlebensstrategien für diese Spezies. Das erschreckt uns. Schlangen sind von ähnlichem Kaliber. Wir fürchten uns automatisch vor ihnen, ohne dass wir das je gelernt hätten. Die Furcht ist uns angeboren. Sie ist Ausdruck jahrtausendelanger Erfahrung der Gefahr, eingebrannt in unser genetisches Vermächtnis.

Wir können deshalb mit Krokodilen oder Schlangen keine Freundschaft schließen. Sie würden uns bei der erstbesten Gelegenheit auffressen, auch wenn wir sie jahrelang gefüttert und gepflegt haben. Die Kategorien „Freundschaft", „Zuneigung" oder „emotionale Bindung" sind für diese Wesen nicht existent. Dies beweisen zum Teil tragische Unfälle in Zoos, in denen Tierpfleger – obwohl sie es eigentlich besser wissen müssten – von ihrem eigenen limbischen System genarrt wurden. Über die Jahre haben sie eine emotionale Bindung aufgebaut, ihren Schützlingen vielleicht sogar einen Namen gegeben, auch mal ihren Kopf oder Rücken gestreichelt. Dann ist es irgendwann passiert. Eine Nachlässigkeit, ein unüberlegter Augenblick. Krokodile oder manche Schlangen packen blitzschnell zu, und das ohne Gnade. Sie sind zu emotionaler Bindung nicht fähig. Für sie gibt es nur physisches Überleben, ohne Wenn und Aber. Das ist für uns erschreckend, aber wir müssen es zur Kenntnis nehmen. Krokodile weinen nicht. Sie können es nicht.

Bei manchen Menschen hat man allerdings den Eindruck, dass sie den Krokodilen nacheifern wollen. Bei ihnen ist das limbische System stark verkümmert. Sie haben schlechte Erfahrungen mit menschlicher Nähe gemacht, wurden als Kinder missbraucht, geschlagen oder verachtet. So war es sehr schwer für sie, zu emotional gesunden Menschen heranzuwachsen. Es gibt praktisch keine kriminelle Karriere, die nicht zumindest teilweise auf dem geschilderten Muster aufbaut. Diese Menschen tragen große Wunden in ihrer Seele. Manchmal erholen sie sich davon und die Narben schmerzen nicht mehr. Diese Chance besteht, wenn sie einem liebevollen Menschen begegnen, der vielleicht sogar zum Freund werden kann. Der die psychischen Narben sieht und die emotionalen Verletzungen erahnt und darauf liebevoll reagieren kann. Leider ist das selten der Fall.

Wir Menschen haben trotzdem die große Gnade, liebevolle emotionale Bindungen aufbauen zu dürfen. Wenn dies gelingt, haben wir eine wichtige Voraussetzung, um ein glückliches Leben führen. Wenn nicht, werden wir darunter leiden und unserer Umgebung das Leben schwer machen. Man darf auch nicht denken, dass Emotionen nur etwas rein „Seelisches" oder Subjektives seien, die nur in der Gedankenwelt oder der Fantasie vorhanden sind. Positive Emotionen, insbesondere Liebe und emotionale Wertschätzung, sind für Menschen genauso wichtig und unverzichtbar für Gesundheit und Lebensqualität wie Essen und Trinken. Wir können als Teil der Gesellschaft darauf achten, dass es keine emotional verwahrlosten Kinder gibt. Auch das wäre eine lohnende Aufgabe, nicht nur für ältere Menschen.

Ortswechsel: Ein psychologisches Labor irgendwo auf der Welt. Es geht um „emotionale Bindung". Ein kleiner Hund – wenige Tage alt – wird von seiner Mutter getrennt und kommt in einen separaten Käfig, ohne Blickkontakt zur Mutter. Die Reaktion ist immer gleich: Zuerst stimmt das kleine Hündchen ein herzzerreißendes Jaulen und Kläffen an. Es ist überaus unruhig, turnt ständig wild in seinem Käfig hin und her und kann sich nicht beruhigen. Weder gute Worte noch Essen oder Trinken können daran etwas ändern. Nichts hilft. Diese Phase der extremen Unruhe dauert einige Stunden bis zu einem Tag. Danach wird es langsam ruhig in dem Käfig. Die nächste Phase dieses Experiments könnte man mit „Verzweiflung" bezeichnen: Das Hündchen schaut uns aus weit geöffneten Augen und steinerweichend an, so als wollte es sagen: „Wie könnt ihr mir so etwas antun? Was habe ich denn getan? Wo ist meine Mutter? Lasst mich sofort zu ihr, lasst mich hier raus." Alle physiologischen Daten und Beobachtungen, die erhoben werden, zeigen **Verzweiflung pur:**

- das Herz schlägt unruhig und ist für Rhythmusstörungen anfällig,
- es wird weniger Wachstumshormon ausgeschüttet,
- kein Interesse an Nahrungsaufnahme,
- Lethargie,
- die Körpertemperatur sinkt,
- das Immunsystem wird schwächer,
- die Körperhaltung wird depressiv, Glückshormone versiegen,
- unruhiger, schreckhafter Schlaf.

Die Trennung bewirkt also zahlreiche schädliche physiologische Reaktionen. Wenn diese länger anhalten, werden ganze Hirnregionen nachhaltig geschädigt. Die emotionale Verzweiflung hat dem biologische Wesen nun seinen Stempel aufgedrückt. Bestimmte Regionen des limbischen Systems verkümmern.

Statt des kleinen Hündchens könnte man sich auch ein kleines Baby oder ein älteres Kind vorstellen. Mit etwas Fantasie statt eines älteren Kindes auch einen jüngeren Erwachsenen. Das heißt aber auch:

> Wir alle sind für ungelebte oder frustrierte Liebe anfällig und damit verletzbar.

Wer sich als junger Mensch emotional nicht verbunden und aufgehoben fühlte, wer also nicht lieben durfte, dem wird es später schlecht gehen. Seine Seele wird verkümmern und seine Persönlichkeit ist nur ein Schatten dessen, was möglich gewesen wäre. Die ungelebte Liebe verursacht Traumata, die asoziales Verhalten, psychisches Leid und sogar handfeste körperliche Beschwerden begünstigen.

Einer der bekanntesten Herzspezialisten der USA, Dean Ornish, erwähnt in seinem Buch „Loving and Survival“[6] eindrucksvolle Untersuchungen, die eindeutig beweisen, dass es einen starken Zusammenhang zwischen sozialer Isolation und Sterblichkeit gibt.

Einsame bzw. sozial isolierte Menschen sterben deutlich früher als solche, die einen emotional befriedigenden Kontakt zu anderen Menschen haben.

Einsamkeit bzw. Bindungslosigkeit ist also nicht nur etwas, was aufs Gemüt schlägt, sondern wirkt sich auch körperlich aus. So weiß man inzwischen, dass Ärger oder große Frustration ein Herz „zerbrechen“ können. Ungefähr die Hälfte aller Herzinfarkte ereignet sich völlig überraschend. Es gibt keine Risikofaktoren, die das Unglück vorhersehbar gemacht hätten.

Wie kann man sich das erklären? Professor Edward Suarez hat diese Frage untersucht[7] und festgestellt, dass Menschen, die im negativen Sinne leicht erregbar sind, also aufbrausend oder oft verärgert reagieren, mehr Adrenalin und Noradrenalin ausschütten. Wenn das über Jahre geschieht, entwickelt sich an den Blutgefäßen eine chronische Entzündung, die die Gefäße schädigt und Arteriosklerose mit Verengungen der Gefäße auslösen

---

[6] Ornish, 1998
[7] Suarez, 2004

kann (vgl. S. 258, „Arteriosklerose: Die neue Sicht der Dinge"). Das man sogar messen: Das so genannte „C-reaktive-Protein" ist als allgemeiner Entzündungsmarker im Blut bestimmbar. So kann man tatsächlich Herzinfarkt-Gefährdete erkennen, die keine der üblichen Risikofaktoren aufweisen (Diabetes, hohe Fettwerte, mangelnde Bewegung, Bluthochdruck). Das zeigt, wie Frust und Ärger auf Dauer das Herz tatsächlich brechen können.

Manche Menschen sind durch schlechte Erfahrungen nicht nur frustriert und ärgerlich, sondern richtiggehend feindselig geworden. Hier existiert ein ähnlicher Zusammenhang. Feindselige, aggressive Menschen sterben früher, sind häufiger krank und unglücklicher! Wer selbst emotional verletzt wurde, tendiert dazu, auch andere emotional zu verletzen. Damit wird ein Teufelskreis in Gang gesetzt. Wer also gesund altern will, muss sich bemühen, diese Verletzungen für sich selbst gering zu halten und auch andere nicht emotional zu verletzen. Ein freundliches Wesen ist nicht nur angenehm (für einen selbst und andere), sondern man lebt wahrscheinlich sogar länger und gesünder!

Wer freundlich ist, tut das nicht nur für andere. Man profitiert selbst am meisten davon.

Freundlichkeit und Liebenswürdigkeit sind hohe Ziele in einer Gesellschaft, gerade in der unsrigen. Wahrscheinlich könnte man ein paar Milliarden Euro Gesundheitskosten einsparen, wenn es gelänge, das allgemeine Niveau im gegenseitigen Umgang miteinander zu heben und respektvoller und menschlicher zu gestalten.

Emotionale Feindseligkeit ist allerdings auch kein unabänderliches Schicksal. Man kann durchaus lernen, ein liebevoller Mensch zu werden. Dafür gibt es viele Wege: z. B. der Austausch mit einem liebevollen Partner oder Freund, ein guter Psychologe oder positive Erfahrungen mit emotional gesunden Mitmenschen. Die Sache hat indes einen Haken: Wer emotional feindselig ist, merkt es selbst oft als Letzter! Das erfährt man leicht, wenn man eine rüde Verkäuferin, einen Kellner oder Schalterbeamten zur Rede stellt: „Ich, unfreundlich oder gar feindselig? Ich doch nicht! Ich bin doch ganz normal."

Diese Menschen wissen nicht, wie sie auf andere wirken. Sie wollen es auch meist nicht wissen. Denn die Einsicht würde schmerzen. Die Motivation sich zu ändern ist deshalb nicht so sehr groß. Dies hängt mit der Verschaltung unseres Gehirns zusammen: das limbische System übernimmt in vielerlei Hinsicht die Funktion des „Chefs" bei wichtigen Verhaltensweisen oder Entscheidungen. Es war vor dem Großhirn da und beansprucht daher die größeren Rechte. Wer emotional gestört ist, kann sich nicht so leicht selbst mit der Kraft der eigenen Vernunft oder der besseren Einsicht aus diesem Sumpf ziehen.

Wir denken immer, wir würden mit unserem Großhirn – logisch und rational – entscheiden. Dies ist jedoch oft nicht der Fall, auch wenn uns das nicht gefällt. Einsichtig wird diese Aussage, wenn man vor einer großen, schnell krabbelnden Spinne oder einer huschenden Maus wegspringt: Es nützt nichts, sich zu sagen: „die Spinne/die Maus ist doch harmlos", die Angst bleibt. Böse Zungen behaupten auch, dass der Akt der Partnerfindung etwas Irrationales ist und wir eigentlich nur Gefangene unseres gestörten limbischen Systems sind und daher unsere

Partner kompensatorisch aussuchen: Also jemanden bevorzugen, der uns das, was wir emotional selbst nicht haben, bieten kann. Die bloße Kompensation ist aber auf die Dauer zu wenig. Die Masse der Ehescheidungen spricht für diese These. Doch das ist ein anderes Thema.

Wie man sieht, ist die misslungene emotionale Bindung bzw. die ungelebte Liebe nicht nur eine Fußnote unserer persönlichen Geschichte, sondern sie hinterlässt tiefe Spuren in unserer gesamten psycho-physischen Wirklichkeit. Lieben ist also überlebenswichtig, wenn wir wirklich zu gefühlvollen und mitfühlenden Menschen werden wollen. Erst dann sind wir eigentlich richtige Menschen. Vorher sind wir lediglich ein Mittelding zwischen Affe und Mensch.

Wer zeit seines Lebens liebevolle Beziehungen kultiviert, braucht sich auch im Alter keine Gedanken um Freunde, Einsamkeit oder Unterstützung zu machen.

Auch das ist eine Gesetzmäßigkeit, die die Super-Alten vorleben. Die lebenslange Aufgabe von uns allen besteht darin, sich um das tief empfundene Fühlen, das „Mit-Fühlen“ zu bemühen, das sich dann zu echtem „Mit-Gefühl“ entwickeln wird. Das ist manchmal mühevoll. Es ist aber leicht einsehbar, dass einem die guten Dinge im Leben nicht einfach geschenkt werden. Man muss also etwas tun. Ein emotional befriedigendes Leben im Alter hängt auch von der Fähigkeit und vor allem der Bereitschaft ab, die positiven Emotionen ständig zu üben. Das ist leicht gesagt und schwer getan. Immer wieder erlebe ich es in meiner Praxis, dass die Menschen mit psychischem Leid zu mir kommen und erwartungsvoll von mir „die Lösung“ auf dem Silbertablett serviert bekommen möchten. Möglichst natürlich mit wenig eigenem Zutun. Dabei führt der schnellste und direkteste Weg zur psychischen Gesundung über das Einüben von neuen und damit ungewohnten Erfahrungen.

Wer Platzangst hat, soll Aufzug fahren, der sozial Gehemmte Partys und Tanzveranstaltungen besuchen und der nach außen hin „erfolgreiche" – aber innerlich einsame – Partylöwe das intensive und emotional gehaltvolle Zweiergespräch in einer Umgebung der Ruhe und ohne Ablenkung suchen. Generell gilt also:

Unser emotionales Gehirn verändert sich nur durch neue Erfahrungen.

An dieser Stelle hatte Sigmund Freud Unrecht. Er wollte die Gefühle „erklären" und erhoffte sich davon eine Gesundung seiner Patienten. Erklärungen gibt es jedoch für Patienten viele. Dadurch ändert sich aber meist nichts. Wer emotional leidet, wird dieses Leid am schnellsten durch neue Erfahrungen los. Das ist eine wunderbare Botschaft, denn man kann nun etwas tun. Wir können immer neue – und bessere – Erfahrungen machen und uns damit ein Stück heilen! Auch dann, wenn das momentane Leid groß zu sein scheint. Positive Emotionen lassen sich üben. Das kann manchmal richtig anstrengend sein. Wir wollen am liebsten nur das tun, was wir sowieso schon können. Das reicht aber leider nicht. Denn dann bekommen wir auch nur das, was wir sowieso schon immer bekommen haben. Wer psychisch leidet, muss also selbst neue Erfahrungen suchen. Nicht die anderen verändern wollen, sondern zunächst mich selbst verändern! Dazu muss man sich aufraffen und bereit sein, Widerstände bei sich selbst zu überwinden.

Wer dazu bereit ist, hat viel zu gewinnen. Wer zu bequem ist oder vor seiner Angst kapituliert, der wird dort bleiben, wo er schon immer war. Kein Wundermittel dieser Welt wird daran etwas ändern.

Aber auch ohne große psychische Probleme ist es wichtig, positive Emotionen, z. B. Hingabe, Freundlichkeit und gelebte Mitmenschlichkeit zu praktizieren. Nicht weil wir so menschenfreundlich sind, sondern weil wir etwas für uns selbst tun wollen. Wenn wir nämlich unsere positiven Emotionen möglichst häufig ausleben, tun wir das zunächst für uns, aber natürlich auch für unsere Mitmenschen. Die freuen sich dann mit und deren Freude strahlt auf uns zurück. Energie geht in diesem Universum nicht verloren. Sie wird nur umgewandelt. Das gilt auch für die Energie der positiven Emotionen.

Sie werden nicht sonderlich überrascht sein, wenn ich Ihnen verrate, dass ich bei meinen Interviews in verschiedenen Ländern und Regionen keinen einzigen Super-Alten getroffen habe, der in der geschilderten Weise emotional verarmt gewesen wäre. Nicht in Japan, nicht in Okinawa, nicht auf Sardinien, nicht in Island und erst recht nicht in Südamerika.

Die Super-Alten haben es geschafft, ein emotional reiches und freudvolles Leben zu praktizieren.

Die meisten wurden geliebt und durften selbst lieben. Enttäuschungen haben sie aber auch alle erlebt. Die haben sie jedoch schnell überwunden. Denn sie hatten eine gesunde Basis der emotionalen Sicherheit und Zuversicht. Sie haben schnell neue und positive Erfahrungen gemacht. Sie haben aber auch die Liebe und die Freude aktiv gesucht. Sie tun das heute noch. Das hat ihr Leben nicht nur bereichert, sondern auch glücklicher und gesünder gemacht. Dies ist eine wunderbare Erfahrung und ein lohnendes Lebensziel. Machen Sie andere Menschen glücklich und Sie werden selbst glücklich werden.

2.5 Das macht doch nichts: Der Wurstigkeitsfaktor

Es sind nicht die Dinge selbst, die uns beunruhigen,
sondern unsere Meinungen und Urteile über sie.
(EPIKTET)

Wenn ich mir lebenslustige, gesunde und erfolgreiche Menschen ansehe, bin ich im Laufe der Jahre immer wieder auf ein weit verbreitetes Merkmal gestoßen, das ich der Einfachheit halber etwas salopp mit dem „Wurstigkeitsfaktor“ bezeichnen möchte. Die Psychologie hat dafür natürlich weit hochtrabendere Ausdrücke, z. B. „Resilienz“, aber wer wollte sich diesen Ausdruck merken und überhaupt: Es geht hier mehr um die Sache an sich.

Was ist also mit diesem „Wurstigkeitsfaktor“ gemeint? Jeder weiß, dass man im Leben nicht von mannigfachen Widrigkeiten und Schicksalsschlägen verschont bleibt. Dies kann ein plötzlicher Tod des Partners oder enger Angehöriger sein, eine unerwartete schwere Krankheit, der Jobverlust oder auch ein finanzielles Desaster. Alle diese und noch viel mehr Hässlichkeiten, die das Leben immer dann bereithält, wenn man sie gar nicht brauchen kann, und die so ganz und gar nicht in die Lebensplanung und Vorstellung vom „guten Leben“ passen. Oft fragen wir uns dann, „warum ausgerechnet ich?“ Eine Frage übrigens, die der psychischen Gesundheit nicht sehr zuträglich ist. Denn: die Verteilung bzw. Häufigkeit dieser unerwünschten Monster, die plötzlich und unerwartet auftauchen, ist im Großen und Ganzen recht gleichmäßig, wenn man nur eine genügend große Anzahl von Menschen über einen längeren Zeitraum betrachtet. Es ist sehr selten, dass ein einzelner Mensch von mehreren schweren Schicksalsschlägen gebeutelt wird. Allerdings ist auch das andere Extrem sehr rar, nämlich dass Menschen im Laufe ihres Lebens davon völlig verschont werden.

Die meisten von uns liegen irgendwo in der Mitte. Wir müssen manchmal mit einem „Schuss vor den Bug“ fertig werden. Dies hat die Natur wahrscheinlich so eingerichtet, damit wir nicht allzu übermütig werden und außerdem immer wieder unsere Fähigkeiten trainieren, mit Frustrationen und sonstigen unschönen Dingen besser umzugehen. Ich sehe in meiner Praxis immer wieder, wie Menschen, die praktisch in der gleichen krisenhaften Lebenssituation stecken, damit völlig unterschiedlich umgehen und ganz unterschiedliche Bewältigungsstrategien haben. Der eine ist auch von schweren Schicksalsschlägen nicht aus seiner psychischen Balance zu werfen. Der andere gerät schon bei einem kleinen negativen Abweichen von der täglichen Routine völlig aus dem Häuschen. Dies zeigte mir Frau K. neulich wieder sehr eindrücklich:

Frau K. kommt in meine Praxis und möchte abnehmen. Der Blutdruck ist zu hoch und das Herz will auch nicht mehr so, wie sie das von früher gewohnt ist. Frau K. ist noch nicht alt, gerade mal 45 Jahre. Sie schaut allerdings finster drein und kommt etwas mürrisch und miesepetrig daher. „Es ist etwas passiert in meinem Leben, das ich nicht verkrafte“, sagt sie. „Deswegen geht es mir auch so schlecht.“ Das sagt sie mit Grabesstimme und das Gesicht wird noch etwas finsterer. „Wo drückt der Schuh?“, frage ich. „Nun“, fährt sie fort, „wir haben uns vor drei Monaten ein neues Auto gekauft und schon ist die Kiste kaputt. Mein Mann ist auch außer sich vor Wut. Wir haben da wohl ein ‚Montagsauto‘ bekommen. Nichts funktioniert so, wie es müsste. Wir wollten es zurückgeben, aber der Verkäufer weigert sich, es zurückzunehmen. Jetzt stehen wir mit der Kiste da und wissen weder ein noch aus. Kein Wunder, dass es mir so schlecht geht.“

Ich versuche vorsichtig darauf hinzuweisen, dass es möglicherweise Schlimmeres im Leben gibt, dass eine solche Situation mit etwas gutem Willen auf beiden Seiten sicher irgendwie zu bereinigen ist usw. Allerdings fallen meine Bemerkungen auf keinen fruchtbaren Boden. „Sie verstehen mich nicht“, sagt Frau K. giftig. „Merken Sie denn nicht, dass das eine Katastrophe ist?“ Sie wird zunehmend ungehaltener. „Was soll ich denn jetzt machen?“ Das „Montagsauto“ hat sie anscheinend aus der Bahn geworfen. „Wir wollen uns mal ansehen, was dieses Montagsauto für Sie bedeutet und welche Bewertungen Sie damit verbinden“, erwidere ich. Widerwillig lässt sie sich darauf ein. Ich merke, dass wir einen längeren Dialog über Katastrophen und die relative Wichtigkeit von Lebensereignissen beginnen müssen. Was letztes Jahr noch bedeutend war, ist es vielleicht heute gar nicht mehr. Wer kennt sie nicht, die vermeintlichen Katastrophen, die sich im Nachhinein vielleicht sogar als Glücksfall erwiesen haben (z.B. eine unglückliche Liebe).

Im folgenden Kapitel werden Sie sehen, dass es überhaupt nicht das Montagsauto war, das Frau K. aus der Bahn geworfen hat, sondern die Verarbeitung bzw. **Bewertung** der Situation **um** das Montagsauto.

Dass es auch ganz anders geht, zeigt Sabine. Sie ist praktisch das absolute Gegenteil von Frau K. Sabine hat ebenfalls einen Schicksalsschlag hinter sich. Allerdings war der von erheblich härterem Kaliber als der eben geschilderte. Sabine hat vor sechs Monaten ihren Mann bei einem Autounfall verloren. Sabine ist in der gleichen Altersgruppe wie Frau K., sie ist 42. Sie war die ersten Tage nach dem Unfall wie gelähmt, dachte „jetzt ist alles aus“ und wollte nicht mehr leben. Sie kommt in meine Praxis, um Hilfestellung bei der Bewältigung der Situation zu finden. „Mein Mann ist jetzt sechs Monate tot“, beginnt sie unsere Unterhaltung. „Es kommt mir vor, als wäre es gestern gewesen.“ Ihre Augen werden feucht. „Trotzdem muss ich sagen“, fährt sie fort, „dass ich auch erfahren haben, wer meine wirklichen Freunde und Freundinnen sind und wer wirklich in der Stunde der Not für mich da war. Ich habe viel Unterstützung und Liebe bekommen, auch von Leuten, von denen ich es gar nicht erwartet hätte.“ Ihre Stimme klingt jetzt schon etwas besser.

„Man sagt immer, die Menschen seien egoistisch, das stimmt ja gar nicht. Viele haben mir geholfen und dafür bin ich unglaublich dankbar.“ Sie macht eine Pause und ihr Blick geht in die Ferne. „Ich muss jetzt mein Leben neu ordnen, das ist nicht einfach. Aber das Leben hat auch für mich eine neue, ganz andere Qualität bekommen. Ich schätze jetzt enge Beziehungen wesentlich höher als vorher. Ich habe jetzt Freundschaften mit guten Freundinnen, die ich vorher nicht hatte. Und ich habe insgesamt wundervolle Menschen getroffen, die mein Leben bereichern. Es war mir sogar möglich, einer Bekannten zu helfen, als sie Brustkrebs bekam und durch eine schwierige Phase ihres Lebens gehen musste. Plötzlich habe ich gemerkt, dass ich auch ungeahnte Kräfte habe, die ich sogar zum Wohle anderer Menschen einsetzen kann." Jetzt klingt ihre Stimme sogar richtig hoffnungsvoll. „Meine Erfahrungen wünsche ich keinem", sagt sie. „Trotzdem bin ich jetzt reifer, erwachsener und dankbarer als früher. Das Leben ist kostbarer geworden. Vielleicht kann ich sogar wieder richtig glücklich werden, doch das wird noch Zeit brauchen." Ihr Gesichtsausdruck ist jetzt völlig entspannt. Sie strahlt Gelassenheit und Ruhe aus. Ein kurzer Moment der Stille folgt.

Spüren Sie, wie Sabine hier ihre eigenen psychischen Kräfte mobilisiert? Wie sie durch die Konzentration auf die hoffnungsvollen Seiten des Lebens eine neue Perspektive bekommt und so eine erfolgreiche Bewältigung ihrer Krise schaffen wird. Sie konzentriert sich auf die angenehmen und überraschend positiven Aspekte ihres erlittenen Schicksalsschlages. Die gibt es nämlich auch! Dadurch nimmt sie ihm die emotionale Schärfe, die Verletzlichkeit wird gemildert und die psychische Wunde kann schneller vernarben. Sie hat für sich gesunde Entscheidungen getroffen.

Denken Sie an eine fundamentale Tatsache der Psychologie:

Das, worauf Sie sich konzentrieren, wird größer.

Das haben die Frauen in den beiden Beispielen gemacht. Sabine hat sich allerdings auf die Dinge konzentriert, die ihr bei der Bewältigung ihres Problems helfen, während Frau K. den Schwerpunkt auf Schwierigkeiten und angebliche Katastrophen legt. Die Entscheidung, worauf Sie mehr achten wollen, ist einzig und allein ihre eigene. Denn sowohl die positiven als auch die negativen Aspekte eines Problems sind gleichermaßen „Wirklichkeit". Keine Medaille hat nur eine Seite. Kein Problem nur negative Aspekte. Ändern Sie Ihre Bewertungen und Sie ändern Ihre „Wirklichkeit". Viele der Super-Alten wissen, welche Entscheidung sie hier treffen wollen. Sie haben es nicht nur geschafft, Schicksalsschläge so zu bewerten, dass sie damit weiterleben können, sondern sie haben – langfristig gesehen – sogar noch zusätzlich eine verbesserte Lebensqualität durch intensivere Beziehungen mit anderen Menschen verwirklicht. Was Sabine kann, können viele Menschen. Auch Sie.

Man muss übrigens nicht warten, bis ein Schicksalsschlag eintritt, um diese Bewältigungsstrategie zu lernen. Ganz im Gegenteil: Es ist sogar außerordentlich nützlich, bei kleineren Missgeschicken und Widrigkeiten des Lebens die Bewertung eines Problems zu ändern. So dass man damit besser klar kommt und glücklicher wird.

Die inneren Selbstgespräche

Frau Neugebauer aus Wiesbaden ist 90 Jahre alt und sowohl körperlich als auch geistig noch fit. Das eine oder andere kleine Wehwehchen beachtet sie nur wenig, dadurch werden diese Einschränkungen kleiner. Sie pflegt noch Umgang mit Freunden, geht ab und zu in die Kirche und macht noch kleinere Ausflüge und Wanderungen. Im Interview berichtet sie, dass sie immer körperlich aktiv war, geschwommen, geturnt und gerne getanzt hat. Trotzdem ist sie von Schicksalsschlägen nicht verschont worden, ihr Mann starb relativ früh und sie musste als Witwe alleine weiterleben. Ich frage sie: „Was war denn Ihr Lebensmotto, insbesondere in schwierigen Zeiten?" Sie lächelt mich an und sagt spontan: **„Das Leben muss weitergehen."** „Das Leben muss weitergehen", wiederhole ich und denke selbst einen Augenblick über diese Aussage nach. Ist das nicht ein fabelhaftes Lebensmotto? Krisen und subjektive Katastrophen werden uns alle irgendwann einmal im Leben treffen. Wenn wir dann psychisch so gefestigt sind, dass wir einen produktiven Ausweg finden, den Schicksalsschlag aktiv bewältigen können, haben wir die Lektionen des Lebens gelernt: Auch subjektive Katastrophen und Schicksalsschläge gehören zum Leben. Sie lassen sich durch keine Vorsorge und keine Tricks dieser Welt ganz verhindern. Aber wir können den Umgang mit ihnen steuern und ihnen dadurch die zerstörerische Schärfe nehmen. Traurigkeit und Mutlosigkeit sind – für eine gewisse Zeit – normal. Tiefe Depressionen über lange Zeit jedoch nicht!

Es lohnt sich, unsere „inneren Selbstgespräche" einmal genauer zu betrachten. In jedem von uns laufen unbemerkt und zu jeder Zeit, in der wir wach sind, eine Vielzahl dieser inneren Selbstgespräche ab. Dies ist insbesondere der Fall, wenn wir kleinere oder größere Entscheidungen treffen müssen oder auch bei einem plötzlichen Ereignis, auf das wir reagieren müssen. Lassen wir die Dame vor uns in die Parklücke einparken? Geben wir dem Kellner ein Trinkgeld? Schreien wir unser Kind an, weil es die Milch am Frühstückstisch verschüttet hat? Nehmen wir die Einladung zur Party am Samstag an? Alles Entscheidungssituationen, die mit Bewertungsfragen verbunden sind. Es geht dabei nicht um „richtig oder falsch", sondern vielmehr darum, mit welchen Bewertungen man ein glücklicheres Leben führen kann bzw. welche Bewertungen das Leben schwer machen.

Niemand zwingt Sie dazu, nur die eine Seite der Medaille zu betrachten.

Das können Sie nur selbst. Sie können sich selbst entscheiden, mit nur einem Auge durchs Leben zu ziehen. Keiner wird Ihnen eine Augenklappe aufzwingen, wenn Sie das selbst nicht wollen. Welche Seite der Medaille wollen Sie persönlich betrachten? Frau K., die Dame mit dem „Montagsauto", hat in dem obigen Beispiel ihre Konzentration bzw. ihre Bewertungen so gewählt, dass sie unglücklich, gestresst und genervt wirkt. Mit dieser Ausstrahlung wird sie bei ihren Mitmenschen nicht gut ankommen. Sie hat sich nur für die eine Seite der Medaille entschieden. Sie trägt freiwillig eine Augenklappe. Sabine dagegen (deren Ehemann gestorben ist) hat ihre Bewertungen so gewählt, dass sie eher entspannt, heiter und glücklich wird. Sie sieht lieber auf die andere Seite der Medaille. Welcher der beiden „Schicksalsschläge" war eigentlich gravierender? Wer meistert sein Leben besser und wer ist für die Mitmenschen attraktiver?

Wie Sie die Ereignisse in Ihrem Leben bewerten, davon hängt in wesentlichem Maße Ihr Glück ab. Weder Krankheit noch eine knappe Kasse, ein sonstiges Missgeschick oder ein Schicksalsschlag können Sie zwingen, unglücklich zu werden. Genauso wenig wie Geld im Überfluss, eine Traumvilla oder massenhaft teuerer Schmuck sie automatisch glücklich machen können. Sehen Sie sich beim nächsten Mal beide Seiten der Medaille an und entscheiden Sie, worauf Sie Ihre Aufmerksamkeit richten wollen. Diese Seite wird dann größer, schöner, glänzt im Sonnenlicht und strahlt das aus, was Sie sich wünschen oder von dem Sie mehr haben wollen. Die Entscheidung liegt ganz allein bei Ihnen.

Aus der Krise kommt die Kraft

Alle Super-Alten, die ich getroffen habe, haben im Laufe ihres Lebens tiefe Krisen durchmachen müssen. Dies haben sie nicht freiwillig getan, sondern es ergab sich aus dem Druck der Verhältnisse. Diese Krisen sind für die heutige junge Generation fast unvorstellbar.

Nehmen wir beispielhaft Francesca Pellegrini. Sie hat zeit ihres Lebens an der Westküste Sardiniens gewohnt und kann Geschichten erzählen, die so unglaublich klingen, dass man aus dem Staunen nicht herauskommt. Mit ihren 89 Jahren geht sie noch täglich in den „Supermercato", um dort das Nötigste einzukaufen. „Das Leben war hart hier", erzählt sie. Hören wir, was sie zu sagen hat:

„Wir hatten manchmal zu wenig zu essen und mussten hungern. Das wenige, das wir hatten, haben wir den Kindern gegeben. Das Land ist karg und gibt nicht viel her. Manchmal sind unsere Schafe gestorben, dann haben wir oft nur von getrockneten Tomaten, etwas Pecorino (dem sardischen Schafskäse) vom letzten Jahr und dem dünnen sardischen Brot aus Hartweizengrieß (pane carasau), gelebt. Ich konnte meine sechs Kinder nicht alle ernähren, obwohl mein Mann und ich immer hart auf den Feldern gearbeitet haben. Ein einziger Sturm konnte unsere bescheidene Ernte vernichten, dann gab es nicht mehr viel zu essen. Zwei Mal hat ein großes Buschfeuer unser Haus vernichtet. Beinahe wären wir beim Löschen selbst umgekommen. Nur die Nachbarn haben uns gerettet.

Geld hatten wir überhaupt keins. Unser Land war zu klein, als dass wir etwas hätten verkaufen können. Deshalb musste ich zwei meiner Kinder zu meiner Cousine geben, damit sie dort satt wurden. Ein Arzt war praktisch immer nur für die anderen da, eine Krankenversicherung gab es nicht. So habe ich zwei Kinder bei der Geburt verloren. Zum Glück habe ich dabei selbst überlebt." Sie bekommt einen traurigen Blick. Schnell fasst sie sich aber wieder. „Heute ist ja wirklich vieles besser. Wir hatten z. B. lange Jahre keinen Kühlschrank und haben unsere Milch in einem nahen Bach in Flaschen gekühlt. Im Sommer war es aber manchmal so heiß, dass der Bach austrocknete, dann wurde die Milch innerhalb eines Tages schlecht. Keine Milch bedeutete weniger Essen für die Kinder. Ich freue mich daher seit dreißig Jahren jeden Tag über meinen modernen Kühlschrank." Jetzt hat sie schon wieder einen heiteren Gesichtsausdruck.

„Trotzdem haben wir auch Feste gefeiert und als junge Frau habe ich mit den Burschen im Dorf getanzt. Je schlechter die Zeiten waren, desto mehr haben wir uns auf die Feste gefreut. Dann konnten wir uns immer so richtig satt essen, das war ein großes Glück. Durch die schweren Zeiten haben auch die Nachbarn zusammengehalten und wir sind eine richtige Gemeinschaft. Jeder hilft dem anderen in der Not. Nachdem mein Mann vor zehn Jahren gestorben ist, konzentriere ich mich auf meine Urenkel, die sind jetzt mein großes Glück."

Gespannt höre ich ihr zu und stelle fest, dass diese Frau unglaubliche Entbehrungen und Strapazen im Laufe ihres Lebens durchgemacht hat. Die vielen Krisen in ihrem Leben haben als „Abfallprodukt" auch Glück gebracht, das sie sonst nicht bekommen hätte. Sie kann sich jetzt z. B. fast kindlich über einen ganz gewöhnlichen und in meinen Augen sogar etwas klapprigen, alten Kühlschrank freuen. Das ist eine ihrer Belohnungen, die sie für all das Durchgemachte bekommt. Könnte unsereiner das auch? Rein theoretisch schon. Aber wer freut sich heute schon über einen gut funktionierenden Kühlschrank? Das ist doch eine Selbstverständlichkeit. Auch wie köstlich eine Mahlzeit schmecken kann, wenn plötzlich einmal nicht genug zu essen da ist. Passiert es bei uns noch, dass der Nachbar mit einem Stück Käse oder einem Stück frisch gebackenes Brot durch die Tür kommt und wir dann gemeinsam mit großer Lust und ungeheurem Appetit ganz einfache Tafelfreuden genießen dürfen? Wir haben alle genug zu essen. Können normalerweise in mehreren Supermärkten in unserer Nähe einkaufen und aus einem Angebot wählen, dass uns eigentlich schwindlig werden sollte. Aber sind wir deswegen froh? Oder hetzen wir nur schnell durch die Gänge, vom Überangebot an Waren geblendet, von Gleichgültigkeit durchdrungen? Vielleicht sind wir auch mürrisch und schlecht gelaunt, weil wir an der Kasse feststellen, dass die Preise für die Butter oder die Brötchen schon wieder gestiegen sind.

Aber welchen Preis zahlen wir eigentlich? Vielleicht einen, der sich nicht in Euro und auch nicht in Dollar ausdrücken lässt? Plötzlich wird uns klar, dass wir möglicherweise einen ganz anderen Preis für die Errungenschaften unserer Kultur und unserer modernen Gesellschaft zahlen. Die einfachen Freuden sind praktisch ausgestorben. Wir haben keinen Zugang mehr zu ihnen. Die Modernität und der Fortschritt haben die alten Freuden auf den Müllhaufen der Geschichte verbannt. Von dort können wir sie aber auch wieder hervorholen. Manchmal finden wir noch alte Menschen wie Francesca Pellegrini und das Gespräch mit ihnen öffnet uns die Augen.

Doch zurück zu den Krisen im Leben und wie die Super-Alten sie gemeistert haben. Es geht darum, ein Bewusstsein dafür zu entwickeln, dass jede Krise auch eine Chance ist und dass wir durch die Krise die Gelegenheit haben, unser Leben in entscheidender Weise zu ändern. Das hätten wir nämlich ohne die Krise nicht getan. Solche Beispiele wird jeder aus seinem eigenen Leben kennen. Fast jeder von uns war einmal unglücklich verliebt. Die entsprechende Krise war damals so furchtbar, dass die ganze Welt zusammenzubrechen und einfach kein Ausweg mehr da zu sein schien. Nach fünf oder gar zehn Jahren ist die damalige Katastrophe zu einer Fußnote des Lebens geschrumpft oder hat sich gar – und das ist auch nicht selten – als wahrer Glücksfall erwiesen. Wenn wir z. B. einen Partner gewählt hätten, der überhaupt nicht zu uns gepasst hätte.

Jede durchgemachte Krise hilft auch, reifer und erwachsener zu werden. Wer rechtzeitig für sich und sein Leben eine solche Haltung entwickelt, der wird im späteren Leben belohnt. So jemanden kann nämlich so schnell nichts umhauen und daher sind solche Menschen besser für den Lebenskampf gerüstet. Sie werden diese Fähigkeit auch im Alter gut gebrauchen können. Denn Krisen sind unvermeidbar. Wie Sie aber mit der Krise umgehen und wie Sie sie bewerten, das entscheiden Sie ganz allein. Hier liegt ein großes Potenzial an Freiheit. Nutzen Sie es!

Denken Sie daran: Sollten Sie sich momentan Ihrer Meinung nach in einer abgrundtiefen Krise befinden, so könnte sie sich im Nachhinein vielleicht nur als kleines warmes Lüftchen im Sturm des Lebens erweisen. Das ist zunächst in aller Regel ein schwacher Trost. Trotzdem tun Sie sich und Ihrer sozialen Umgebung einen großen Gefallen, wenn Sie versuchen, die Krise zu relativieren, und stattdessen überlegen, wie die andere Seite der Medaille aussieht, die Sie im Moment nicht sehen können oder wollen.

3 Gehirn und Geist mit Lust gebrauchen

Das gute „Alter“ hängt nicht nur von der körperlichen und seelischen Gesundheit, sondern auch von der geistigen ab. Wer kennt nicht die abschreckenden Beispiele von älteren Menschen, die im Altersheim sitzen, den ganzen Tag nichts mehr zu tun haben und daher nach und nach, aber mit zunehmender Geschwindigkeit einem geistigen Verfall anheim fallen. Eine solche Entwicklung hat viele Ursachen, einige davon kann man beeinflussen. Denn diese Entwicklung ist gottlob nicht automatisch und schon gar nicht unvermeidbar, wie viele geistig rege und auch im Alter noch äußerst schlagfertige Menschen täglich vorleben. Wie das am besten zu erreichen ist, erfahren Sie in den folgenden Kapiteln. Es ist eine spannende Reise zum kompliziertesten und erstaunlichsten Teil unseres Körpers. Wir wollen sehen, wozu das **Gehirn** fähig ist und wie sich diese Fähigkeiten so trainieren und ausbauen lassen, dass es auch im Alter eine Lust ist, geistig rege zu sein.

3.1 Wer das Denken übt, bleibt jung

Als ich noch jünger war, konnte ich mich an alles erinnern,
egal ob es tatsächlich so war oder nicht.
(MARK TWAIN)

„Verflixt und zugenäht, wie hieß noch mal der sympathische Herr, den ich letzte Woche auf der Party kennen gelernt habe? Dort drüben sitzt er, hat mich sogar angelächelt. Er wird mich ganz gewiss gleich begrüßen, mit meinem Namen, versteht sich. Aber ich seniler Trottel habe seinen Namen vergessen. Ich weiß noch, was er letzte Woche auf der Party gesagt hat, sogar den Witz, den er erzählt hat, könnte ich wiederholen. Auch an die Farbe seines Anzugs erinnere ich mich, aber der Name ... Gleich kommt er herüber und begrüßt mich fehlerlos mit meinem Namen und ich sage dann: ‚Guten Tag, Herr Dingsbums!'"... Peinlich, peinlich!

Am nächsten Morgen: „Wo sind nur die Autoschlüssel? Ich weiß doch genau, dass ich sie auf die Kommode gelegt habe, aber da sind sie nicht. Jetzt suche ich schon eine Viertelstunde. Diese elende Sucherei raubt mir noch den letzten Nerv und spätestens in fünf Minuten werde ich des Wahnsinns fette Beute! Dort wo andere ihr Gedächtnis haben, ist bei mir offensichtlich nur ein verrostetes Sieb! Schleicht sich gar Alzheimer in mein Oberstübchen?"

Diese Szenen kennen Sie? Wenn ja, gehören Sie zu der übergroßen Mehrheit der Bevölkerung, denn das oben Geschilderte spielt sich jeden Tag hunderttausendfach ab, aber es besteht kein Grund zur Panik. Isolierte „Aussetzer" des Gehirns, besser gesagt der Gedächtnisleistung, sind völlig normal und brauchen Sie nicht zu beunruhigen. Das hat mit Demenz oder Alzheimer nichts zu tun.

Das Gehirn ist ungefähr im Alter von 25 Jahren auf der Spitze seiner Leistungsfähigkeit. Glücklicherweise ist diese Tatsache für unser praktisches Leben von untergeordneter Bedeutung. Wie steht es aber mit dem beklagten Nachlassen der Gedächtnisleistung im Alter? Ist es tatsächlich so, dass der ältere Mensch – sozusagen von Natur aus – dazu verurteilt ist, im Alter langsam, aber sicher seine Gedächtnisleistung zu verlieren, vielleicht sogar in einen senilen Dämmerzustand zu verfallen? Nach allem, was die Hirnforschung bis heute herausgefunden hat, kann man diese Frage mit einem dreifach donnernden Nein beantworten.

Wir vergessen bei unseren dunklen Vorahnungen meist, dass das Gehirn ein ungeheuer plastisches Organ ist, das für ein sicheres Funktionieren von der Natur so üppig mit Nervenzellen ausgestattet ist, dass der Verlust von einigen Millionen überhaupt nicht auffällt. Sie haben richtig gelesen. Das macht praktisch keinen Unterschied, denn wir haben ungefähr zehn Milliarden davon.

Ein kleines Gedankenexperiment: Stellen Sie sich vor, dass Sie unglücklicherweise massenhaft Nervenzellen verloren haben. Übertreiben Sie die Sache richtig: Gehen Sie davon aus, dass Sie – sage und schreibe – hundert Millionen Nervenzellen verloren haben. Wie viel Prozent sind dann noch übrig? Schätzen Sie! „Oh Gott", werden Sie ausrufen, „hundert Millionen! Wenn so viele Nervenzellen weg sind, muss ich wohl kurz vor dem Scheintod sein und nur noch lallend irgendwo herumliegen, zu keinem vernünftigen Gedanken mehr fähig." Gemach, gemach! Sie brauchen nur zwei Nullen wegzustreichen: Hundert Millionen verlorene Nervenzellen ist also tatsächlich nur ein lächerliches Prozent. Und das klingt nun doch wieder beruhigend. Mit anderen Worten: Sie verfügen immer noch über 99 Prozent Ihrer theoretischen

Hirnleistungsfähigkeit. Da fällt uns dann doch ein Stein vom Herzen und wir atmen erst einmal tief durch.

Selbst der Verlust von hundert Millionen Nervenzellen wirkt sich also praktisch überhaupt nicht aus. Und wer sagt, dass Sie gleich hundert Millionen dieser kleinen Dinger verlieren müssen? „Aber", werfen Sie ein, „da kenne ich doch genügend Leute, die verhalten sich so, als wäre in ihrem Oberstübchen wirklich nicht alles in Ordnung. Die können keine interessante Unterhaltung mehr führen, erzählen alles doppelt und dreifach und jeder Tag ist genauso wie der vorherige. Eine neue Information geht bei denen ins linke Ohr rein und durch das rechte Ohr wieder raus." Sie haben richtig beobachtet. Was Sie schildern, ist durchaus nicht selten, aber überhaupt nicht auf ältere Menschen beschränkt. Auch junge Leute können vergreist daherkommen und ältere durchaus noch schlagfertig und geistig fit sein. Worauf kommt es also an? Wir müssen uns von der rein quantitativen Betrachtung lösen und mehr auf die Qualität und den Trainingszustand des Gehirns achten. Da liegt der Hase im Pfeffer!

Die Mär von der nachlassenden Gedächtnisleistung des älteren Menschen ist in der Tat nur ein Gerücht bzw. ein ständig wiederholter Gemeinplatz, der aber auch durch ständige Wiederholung nicht richtiger wird. Außer durch eine gewisse Verlangsamung der Abrufgeschwindigkeit unterscheidet sich das – richtig benutzte und trainierte – ältere Gehirn kaum vom jungen. Das ältere Gehirn hat aber den Vorteil, durch die lange Lebenserfahrung viel mehr Verknüpfungen zu besitzen, und kann daher die Dinge besser einordnen. Dadurch entsteht wieder ein Ausgleich zwischen dem jungen und dem alten Gehirn. Jede neue Lernerfahrung hinterlässt nämlich ihre Spuren in unserem Gehirn. Sie legt neue „Trampelpfade" an, die durch ständiges Üben zu richtigen, gut nutzbaren Straßen werden können. Diese neuen Verknüpfungen helfen Ihnen ihrerseits, Neues noch besser zu lernen und in das schon Vorhandene zu integrieren. So kann die Gehirnleistung nicht nur erhalten, sondern sogar gesteigert werden.

Selbstverständlich gibt es Zeitgenossen, die mit dreißig schon alt sind und mit fünfzig kaum noch einen zusammenhängenden Satz herausbringen. Sie sind aber in der Regel selbst schuld, denn sie haben einen Lebensstil gewählt, der sie vor Routine und täglichem Einerlei geistig erstarren ließ. Etwas Neues haben sie seit Jahrzehnten nicht unternommen. Jeder Tag ist so wie gestern und wie morgen sein wird, kann man sich leicht ausrechnen. Das Gehirn schläft einen langen Dämmerschlaf und es besteht aus Faulheit und Bequemlichkeit auch nicht die geringste Bereitschaft, ihn zu beenden. Sie gehören natürlich nicht zu diesen Leuten. Sie lesen ja dieses Buch und machen es ganz anders! Was also ist die gute Nachricht? Die gute Nachricht ist, dass das Gehirn ungeheuer anpassungsfähig ist, einen Verlust von Nervenzellen spielend ausgleichen und durch einfaches, aber beständiges Training zu erstaunlicher Form auflaufen kann.

Kennen Sie Gregor Staub? Der hat die fünfzig auch schon hinter sich gelassen und man könnte annehmen, dass sein Gehirn nun einen etwas gemächlicheren Schritt einlegt. Ihn kann man auch zu den Super-Alten zählen, denn er ist in der Lage, uns mit kaum glaublicher Gehirnakrobatik zu verblüffen. Er kann sich problemlos dreißig neue Gesichter mit den zugehörigen Namen in drei Minuten einprägen oder locker zehn siebenstellige Telefonnummern und sie dann auch noch fehlerlos und in beliebiger Reihenfolge wieder aufsagen. Über eine „Einkaufsliste“ von 20 Dingen, die im Supermarkt eingekauft werden müssen, würde er nur lachen. Stift und Zettel braucht er dazu nicht, es wird alles direkt in seinem Gehirn gespeichert. Zugegeben, Gregor Staub ist Gedächtnistrainer und daher nicht repräsentativ. Er hatte aber nach eigenen Aussagen früher auch ein Durchschnittsgedächtnis und genau die gleichen „Aussetzer", von denen Sie schon gelesen haben. Er zeigt aber, wozu das Gehirn fähig ist, auch beim älteren Menschen! Was also ist sein Geheimnis?

Es ist fast zu banal, um es zu beschreiben. Es ist nämlich einzig und allein das systematische Training, das zu solchen Leistungen befähigt. Unabhängig von Ihrem Alter sind auch Sie zu den eben aufgeführten Gedächtnisleistungen in der Lage. Nicht gleich perfekt und nicht gleich so schnell wie Gregor Staub, aber trotzdem. Nur trainieren müssen Sie. Das geht übrigens ganz leicht: Kaufen Sie sich eines der unzähligen „Gedächtnisbücher", die es auf dem Markt gibt. Fangen Sie an und bilden Sie eine „Verknüpfungsreihe". Das heißt, Sie machen sich von den ersten zehn Zahlen beliebige „Bilder". Diese einfache Bilderliste können Sie dann in vielerlei Situationen verwenden (z. B. für Einkaufslisten, Vorträge, Telefon- und Pinnummern). Hier ist die Bilderliste, die ich selbst verwende:

- 1 = Bleistift (die 1 sieht ja aus wie ein Bleistift).
- 2 = Schwan (die 2 sieht aus wie ein Schwan mit langem Hals).
- 3 = Drei Skatspieler mit roten Mänteln und großen roten Hüten dreschen die Karten auf den Tisch.
- 4 = Ein Quartett von Geigenspielern in schwarzen Anzügen.
- 5 = Sie sehen Ihre Hand mit den fünf Fingern.

- 6 = Honigglas mit sechseckiger Bienenwabe (Sie können natürlich auch „Sex“ nehmen).
- 7 = Fahne mit Mast, flattert im Wind.
- 8 = Die „Achterbahn“.
- 9 = Ein rosa Elefant mit Rüssel, der Rüssel mit dem Kopf sieht aus wie eine 9.
- 10 = „Zehn kleine Negerlein ...“

Diese Bilder stellen Sie sich vor Ihrem geistigen Auge vor, malen sie noch mit Farben, Emotionen und Bewegungen aus, denn dann verankern Sie alles felsenfest im Gedächtnis. Um diese zehn Bilder zu lernen, brauchen Sie auch als Anfänger nicht mehr als eine halbe Stunde. Ab sofort werden Sie z. B. nie mehr die Nummer Ihrer Scheckkarte vergessen. Denn Sie brauchen bloß vier Bilder zu einer Geschichte zu verknüpfen und schon ist die Nummer in Ihrem Gehirn eingebrannt: Nehmen wir an, die Nummer Ihrer Scheckkarte sei 3469. Dann sehen Sie vor Ihrem geistigen Auge die folgenden vier Bilder:

- Da sitzen drei Skatspieler (3) im roten Dress und mit langen Bärten, die dreschen munter Karten auf den Tisch, ab und zu auch von einem derben Fluch begleitet. Die großen roten Hüte leuchten in der Sonne ...
- Direkt dahinter das Geigenquartett (4). Die spielen gerade die Kleine Nachtmusik von Mozart, hören Sie die?
- Musizieren macht hungrig. Da steht ein riesiges Honigglas (6) hinter den Musikern, gefüllt mit gelbem Honig. Der fließt langsam, aber sicher aus dem Glas und bekleckert die Musiker. Die ganze Soße fließt langsam über die schwarzen Anzüge!

- Zu allem Überfluss erscheint hinter dieser ganzen Mannschaft auch noch ein rosa Elefant (9) und sieht sich das Ganze interessiert an. Vielleicht wird er auch eine ordentliche Portion Wasser aus seinem herabhängenden Rüssel über diese ganze Szene prusten. Denn er will ja auch seinen Spaß haben.

An diese Szene denken Sie jetzt intensiv für fünf Minuten, malen sich alles richtig aus, fügen Farben, Bewegung und Töne hinzu und lächeln dabei. Glauben Sie wirklich, dass Sie die Nummer Ihrer Scheckkarte noch ein einziges Mal vergessen (können)? Jedes Mal, wenn Sie nun vor dem Geldautomaten stehen, springen Ihnen die Skatspieler mit den roten Hüten, das Geigenquartett, die klebrig fließende Honigmasse (Bienenwaben) und der rosa Elefant ins Gesicht. Beim ersten Mal geht das Verknüpfen von Zahlen und Bildern noch ein bisschen holprig und langsam. Wenn Sie das Prinzip aber üben und als Gewohnheit in Ihr geistiges Leben integrieren, werden Sie mit der Zeit so fix und es geht so einfach, dass Sie nach einem halben Jahr das Ganze in wenigen Sekunden und vor allem „automatisch" machen.

Diese kleine Übung ist nur der Anfang. Sie können z.B. jetzt eine Einkaufsliste erstellen und alle Artikel (von 1-10) mit den obigen Bildern verknüpfen. Wenn Sie mit zehn Bildern fit sind, erfinden Sie zehn weitere usw. Haben Sie 100 Bilder, sind Sie schon auf dem Weg, ein richtiger Gedächtniskünstler zu werden. Wenn Sie 100 Bilder im Gedächtnis haben, dann brauchen Sie für die obige Aufgabe nur zwei Bilder auszuwählen, denn Sie lernen ja dann zwei Zahlen mit einem Bild. Es geht dann noch einfacher und noch schneller. Sie müssen nur anfangen. Tun Sie's jetzt. Heute Abend haben Sie schon zehn Bilder „im Kasten". So wie Sie einen Muskel trainieren, so trainieren Sie auch Ihr Gedächtnis.

Es gibt kein schlechtes Gedächtnis, sondern nur ein untrainiertes.

Ein geübtes Gedächtnis kann ein ungeübtes tausendfach in seiner Leistung übertreffen. Dabei spielt das Alter kaum eine Rolle. Wie so häufig kommt es also darauf an, schlummernde Fähigkeiten übend zu erweitern. Das ist allemal besser, als lautes Wehklagen über irgendwelche Defizite anzustimmen.

Sie wissen also jetzt, wie Sie – praktisch aus dem Stand heraus – Ihre Gedächtnisleistung vervielfachen und erstaunliche Denkleistungen vollbringen können. Damit können Sie sogar wesentlich jüngere Menschen tief beeindrucken. Die wundern sich dann, wie Sie es schaffen, sich die zwanzig Namen einer Partygesellschaft problemlos einzuprägen, und jeden bei der nächsten Zusammenkunft mit Namen ansprechen können. Oder sich eine wichtige Telefonnummer merken, die alle anderen sofort krakelig in ein zerfleddertes Notizbuch schreiben, während Sie nur süffisant lächeln und sich die Nummer auch ohne Niederschreiben einprägen. Der Dreißigjährige neben Ihnen schaut Sie verwundert an und denkt: „Verdammt, der ist ja ein Genie. Braucht sich nichts aufzuschreiben, sondern merkt sich die Telefonnummer einfach so. Wie macht er das bloß?"

3.2 Der Mensch ist ein Gewohnheitstier

Die aufgeführten Übungen sind natürlich kein Selbstzweck und wir wollen unsere Perspektive noch ein bisschen erweitern. Denn es geht natürlich nicht nur um die Gedächtnisleistung. Das Gehirn ist ein so vielfältiges Organ, dass wir damit natürlich noch weit mehr anstellen können, wenn wir es nur richtig gebrauchen. Leider wird das Gehirn aber häufig nicht „gebraucht“, sondern „missbraucht“. Der größte und am weitesten verbreitete Missbrauch besteht in seiner systematischen Unterforderung. Meist haben wir es uns doch in irgendeiner Form in unserer „Komfort-Zone“ gemütlich gemacht. Das gilt insbesondere für unsere Gewohnheiten.

Das „schlechte Gedächtnis“ hat nämlich einen Kompagnon. Er heißt „Um Gottes willen, nur nichts Neues“. So wie in dem folgenden Fall, der leider nicht selten ist: Herr und Frau Immergleich, ein gemeinsam ergrautes Ehepaar, 40 Jahre verheiratet, die Goldene Hochzeit kommt also bald. Sie leben seit Jahren, tagaus, tagein, ihr Leben in einer drögen Abfolge des täglichen Einerleis. Das einzig Spannende am Tag ist der schlurfende Gang zum Briefkasten. Wenig später der Druck auf die Fernbedienung des Fernsehers und kurz danach noch der Gang zum Kühlschrank, dort werden die Zutaten für das Essen geholt und dazu eine Flasche Bier. Abends wird immer um Punkt 18 Uhr gegessen, damit man rechtzeitig um 19 Uhr die Nachrichten sehen kann. Im Fernsehprogramm werden eher die seichte Unterhaltung und die Seifenopern bevorzugt. Samstags morgens wird eingekauft (immer in den gleichen Läden) und samstags mittags das Auto gewaschen. Sonntags morgens der obligatorische Besuch auf dem Fußballplatz. Sonntags mittags kommen noch der Nachbar und die Nachbarin zum Kaffee. Da werden immer die gleichen Geschichten aufgewärmt bzw. der gleiche Klatsch und Tratsch verbreitet. Montags beginnt alles wieder von vorne. Herr und Frau Immergleich beschweren sich manchmal, dass ihr Leben langweilig ist. Woher das nur kommt?

Es gibt einen natürlichen Feind des neuen und erfolgreichen Lernens und das ist die geistlose Routine. Routine ist für sich genommen nicht immer schlecht. Hilft sie uns doch, mit Bravour Klavier zu spielen oder das Auto gekonnt durch dichten Feierabendverkehr zu manövrieren. Geistlose und langweilige Routine ist allerdings die andere Seite dieser Medaille. Denn immer wiederkehrende Gewohnheiten verhindern es, die Fähigkeiten unseres Gehirns auf hohem Niveau zu halten. Das Gehirn hat ja dann nichts, wodurch es herausgefordert wird. Es will ständig Probleme für uns lösen, es braucht Anregung, will sich nützlich machen, die vielen Milliarden Zellen in Bewegung halten. Da müssen wir ihm Aufgaben bzw. Herausforderungen zukommen lassen. So wie wir essen und trinken, braucht das Gehirn „Futter" in Form von kniffligen Aufgaben. Mit anderen Worten, man muss manchmal die Komfort-Zone verlassen, damit eine gehörige Portion Neues und Unerwartetes das Leben bereichern kann.

Beste Voraussetzung für erfolgreiches Lernen und das Trainieren der „Gehirnmuskeln" ist die richtige Motivation. Was uns intellektuell fasziniert und emotional von ganzem Herzen erfüllt, das verfolgen wir gern mit Anstrengung und Durchhaltevermögen. Lassen wir uns von etwas faszinieren, gelingt das Verlassen der Komfort-Zone leichter. Die Faszination überwindet die Trägheit oder Angst. Dies ist übrigens ein aktiver Prozess. Nichts auf dieser Welt ist „an sich" interessant oder faszinierend. Wir müssen uns schon selbst entscheiden, wovon wir uns faszinieren oder bereichern lassen wollen. Wem das alles zu viel ist und wer denkt „Ich könnte vielleicht ... ich müsste eigentlich ... ich würde vielleicht ... und das am besten übermorgen", der wird genau dort bleiben, wo er schon immer war. Bei Langeweile, Ödnis und Frust. Ändern wird sich nichts. Ein leistungsfähiges Gehirn, bereit zu Kreativität, Geistesblitzen und zu einem anspruchsvollen intellektuellen Niveau, gepaart mit Urteilsvermögen in ethischer und sachlicher Hinsicht, bekommt man auf diese Weise allerdings nicht!

Die Beschreibung von Herrn und Frau Immergleich trifft selbstverständlich nicht auf Sie zu. Sie sind kein Opfer Ihrer Gewohnheiten, sondern steuern und verändern sie ständig. Mal fällt eine alte Gewohnheit weg, mal kommt eine neue hinzu. Das ist übrigens eine der Eigenschaften, die ich bei den „jungen Alten" immer wieder gefunden habe. Sie haben eine Angewohnheit, die sich tief in ihrem Innern eingegraben hat. Ein Prinzip, das sie schon „automatisch" jung zu halten scheint:

Die jungen Alten hören nie auf, neu anzufangen.

Machen Sie es genau so. Nur dann bleiben Sie geistig beweglich, weil sie ständig etwas Neues haben, was Ihr Interesse weckt und woraus Sie ein neues Projekt in Ihrem Leben zimmern oder ein bestehendes weiter ausbauen, verfeinern, umbauen oder ergänzen können. Bei den vorbildlichen älteren Menschen, die ich getroffen habe, ist oft vieles nicht ganz freiwillig geschehen. Manche Veränderung war nicht gewollt, vielleicht sogar mit einem Schicksalsschlag verbunden. Aber wenn ein entsprechender Einschnitt von außen kam, z. B. Jobverlust oder Naturkatastrophen, dann wurden schnell neue Ideen geschmiedet, Helfer gefunden, Gleichgesinnte aufgetrieben und schon war wieder Optimismus angesagt. Dann freut sich das Gehirn, lernt etwas und die Persönlichkeit wächst.

Noch ein Beispiel. Frau Wiedemann lebt in bescheidenen Verhältnissen. Sie ist 69 Jahre alt. Ihr Mann ist vor drei Jahren gestorben. Dieser Schicksalsschlag hat sie hart getroffen, aber mit Hilfe guter Freunde hat sie auch diese Situation gemeistert, ohne dass ihre tiefe Traurigkeit in echte Depressionen umgeschlagen wäre. Langsam konnte sie sogar ihrer neuen Lage Positives abgewinnen. Sie fühlte sich jetzt frei, neue Dinge anzupacken, neue Leute zu treffen, ihren Bekanntenkreis zu erweitern und Unternehmungen zu machen, die ihr Mann wegen einer Gehbehinderung nicht geschafft hätte. Sie frönt jetzt einer alten Leidenschaft und geht öfter ins Theater. Sie hat sich sogar einer Theatergruppe angeschlossen, die von Zeit zu Zeit ein Stück aufführt. Dafür muss regelmäßig zweimal pro Woche geübt werden. Da lernt sie wieder neue Leute kennen. In einer solchen Theatergruppe geht es auch mal hoch her, da muss improvisiert werden, da braucht man kreative Einfälle, Kostüme müssen geschneidert und Hüte gebastelt werden. Alles Fertigkeiten, die Frau Wiedemann in die Gruppe einbringen kann. Bei den Proben wird viel gelacht, man muss sich körperlich bewegen, das Gedächtnis wird trainiert, denn man muss ja seinen Text richtig im Kopf haben und es ergeben sich sogar Kontakte zum Publikum, wenn man nach der Vorstellung mit einigen Fans in die Kneipe geht, um den Abend gemütlich ausklingen zu lassen. Alles in allem eine tolle Sache, die viel Lebensqualität in das Leben von Frau Wiedemann bringt.

Was kann man von Frau Wiedemann lernen? Man sieht erneut, dass es viel besser ist, aktiv zu werden, neue Fertigkeiten einzuüben, soziale Kontakte zu pflegen und sich zu bewegen, als vertanen Chancen nachzutrauern.

Die Gehirnleistung bleibt normalerweise auch im Alter erhalten, wie Sie bereits gesehen haben. Der Spruch

„Was Hänschen nicht lernt, lernt Hans nimmermehr" hat hier nicht die Gültigkeit, die man ihm zuschreibt. Das Gehirn bleibt im fortgeschrittenen Alter sogar leistungsfähiger, als viele Experten bislang glaubten. Die Annahme, wonach alle entscheidenden Lernprozesse in der Kindheit ablaufen, ist überholt. Man weiß inzwischen, dass Nervenzellen im Alter nicht nur absterben, sondern auch ständig neue gebildet werden. Dies ist eine fundamentale Wende in der Hirnforschung und eine faszinierende Neuigkeit. Diese Erkenntnis hat bei den Neurophysiologen wie eine Bombe eingeschlagen. Denn Hirnforscher und Psychologen haben noch vor zehn Jahren geglaubt, dass es für Gehirnzellen nur eine traurige Einbahnstraße gibt: Leistungsminderung, Absterben und Zerfall. Erneuerung war nicht vorgesehen. Die neue Sicht der Dinge lautet:

Gehirnzellen erneuern sich.

Das hat z. B. Professor Fred Gage am bekannten Salk Institut in La Jolla in Kalifornien erforscht.[8] Er fand, dass Regeneration vor allem im Hippocampus – einer Region, die für räumliche und zeitliche Orientierung und für Lernen und Gedächtnis wichtig ist – stattfindet. Und nicht nur das. Die Gehirnzellen erneuern sich nicht nur, es bilden sich auch neue Verknüpfungen im Gehirn. Diese neuen Verknüpfungen bilden sich mit jeder neuen Lernerfahrung oder Gedächtnisaufgabe. Erneuerung und Verknüpfung bilden also ein erstaunliches Tandem, das Sie für Ihre geistige Entwicklung nutzen können. Wie gut diese Erneuerungsprozesse fortschreiten, hängt von vielen Faktoren ab, die meisten können Sie beeinflussen:

---

[8] Lewis, 2000

- Sauerstoff ist das Lebenselixier schlechthin (z. B. auch Sauerstoff-Therapie).
- Bewegung verbessert die Durchblutung und die Sauerstoffaufnahme.
- Richtige Ernährung liefert dringend benötigte Vitalstoffe fürs Gehirn, z. B. Antioxidanzien.
- Gezielte Nahrungsergänzung hilft, z.B. mit Folsäure und Ginkgo biloba.
- Ständiges geistiges Training ist Grundvoraussetzung, Ihr Gehirn verhält sich wie ein Muskel.

Jetzt können Sie sich also aufmachen und gezielt den Aufbau von neuen Nervenzellen im Gehirn betreiben. Gerade der letzte Punkt ist ungeheuer wichtig und absolut zwingend, wenn Sie im fortgeschrittenen Alter nicht vergreisen wollen. Geistige Herausforderungen gibt es überall. Suchen Sie sich welche!

Diese Überlegungen führen zu den Gewohnheiten (guten wie schlechten). Jeder von uns ist auch ein Gewohnheitstier. Man sollte diese Gewohnheiten jedoch nicht so pflegen, wie Sie das schon als abschreckendes Beispiel von Herrn und Frau Immergleich gelesen haben. Die pflegen nur öde Routine und ihr Gehirn wird dementsprechend schrumpfen und degenerieren. Auch deswegen sind die beiden so langweilig und uninteressant.

Sie aber machen es anders. Sie nutzen die Tatsache, dass wir alle Gewohnheitstiere sind, zu Ihrem Vorteil. Sie pflegen nämlich ständig neue Gewohnheiten und trainieren andere, nämlich solche, die Sie geistig weiterbringen, anregen, weiterbilden und befriedigen. Die Gewohnheiten arbeiten jetzt für Sie und nicht gegen Sie. Wie das geht, haben Sie z. B. schon bei Frau Wiedemann und ihrer Begeisterung für das Theater gesehen. „Geht es nicht etwas konkreter?“, fragen Sie. „Zeigen Sie mir doch mal ein paar Beispiele, die ich gleich in die Praxis umsetzen kann." Die Übungen folgen sofort. Sie lassen sich in drei Gruppen einteilen:

- kognitive (das Denken betreffend),
- motorische (Bewegungen betreffend),
- emotionale (Gefühle betreffend).

Der Verlust dieser drei Fertigkeiten geht unterschiedlich schnell vor sich.

Die **kognitiven Fertigkeiten** können bei entsprechendem Training bis ins hohe Alter erhalten bleiben. Denken Sie an den alten Professor, der noch mit 85 seine jungen Studenten mit seinen Vorträgen begeistern kann. Er macht es richtig, denn er hat sein ganzes Leben seine Gehirnmuskeln trainiert.

Die meisten Nobelpreisträger sind weit über 50 und keinesfalls mehr „junge Hüpfer", sondern meist in Ehren ergraute Eminenzen. Dass sie geistig voll auf der Höhe sind, wird niemand bestreiten. „Nun bin ich ja kein Nobelpreisträger", wenden Sie mit Recht ein.

Da trifft es sich gut, dass wir Professor David Snowden von der Universität in Kentucky treffen. Er ist Neurologe und interessiert sich für Alzheimer. Dabei hat er eine aufschlussreiche Studie mit Nonnen durchgeführt.[9] Diese Gruppe ist zwar nicht repräsentativ, zeigt uns aber viel Interessantes. Er wollte sehen, wie sich die Gehirnleistung bzw. eine eventuelle Alzheimer-Krankheit im Alter entwickeln. Dazu beobachtete er über viele Jahre über 600 Nonnen im Kloster. Warum ausgerechnet Nonnen? Das hat den Vorteil, dass keine so genannten „Störvariablen" vorhanden sind, die in der Wissenschaft

---

[9] Snowden, 2001

sehr unbeliebt sind. Bei den Nonnen hatte man die Gewissheit, dass sie weitgehend unter den gleichen Bedingungen lebten: Sie aßen die gleichen Nahrungsmittel, pflegten den gleichen Lebensstil, erhielten gleichen Zugang zu medizinischer Versorgung, hatten die gleichen Arbeitsbedingungen etc. Was also zeigte sich? Das Ergebnis war, dass diejenigen, die schon in jungen Jahren ein reiches intellektuelles Leben hatten, am wenigsten an Alzheimer erkrankten. Die mit der besten bzw. längsten Ausbildung hatten das geringste Risiko. Professor Snowden schaute sich auch die Briefe an, die die Nonnen vor Jahrzehnten geschrieben hatten. Wer dabei in jungen Jahren schon komplizierte Sätze bilden konnte, war besser geschützt. Und vor allem: Positive Emotionen waren ein zusätzlicher Pluspunkt.

Im Kloster gab es überdurchschnittlich viele fitte Hundertjährige. Einige Nonnen legten noch im hohen Alter Puzzles, trieben leichte Gymnastik, häkelten oder lernten eine Fremdsprache, die sie teilweise so gut beherrschten, dass sie sogar Witze erzählen konnten. Kurz: Sie taten viel, um geistig fit und gesund zu bleiben. Fazit: Sie trainierten eifrig ihre Gehirnzellen.

Nun zu den **motorischen Fertigkeiten:** Die gehen schon schneller zurück als die kognitiven: Jenseits der 50 kann man meist keinen Salto mehr springen und Übungen am Reck wohl auch nicht mehr. Aber auch hier haben Sie gute Möglichkeiten, zu üben und zu trainieren. Das inzwischen weit verbreitete „Nordic Walking“, ein leichtes Joggen oder Schwimmen sind ausgezeichnete Möglichkeiten. Wer es sanfter möchte, ist mit Yoga sehr gut bedient. Die langsamen Dehn- und Gleichgewichtsübungen halten Gelenke, Bänder und Sehnen elastisch, beugen Versteifung vor und schulen Koordination und

Gleichgewicht (vgl. S. 230, „Yoga: In der Ruhe liegt die Kraft“).

Die letzte Gruppe sind die **emotionalen Fähigkeiten.** Hier gibt es in der Tat eine wenig erbauliche Entwicklung zu beobachten. Die emotionalen Fähigkeiten verkümmern nämlich am schnellsten, wenn man nichts dagegen tut. Viele ältere Menschen – und manche jüngere – sind in erschreckender Weise emotional verarmt. Das gilt insbesondere für die positiven Emotionen. Ein brüllender Lacher, eine unbefangene und heftige Umarmung, ein spontaner Freudentanz, das kommt bei vielen nicht mehr vor. Die meisten Menschen bemerken von ihrer eigenen emotionalen Verarmung indes nichts. Es ist ein schleichender Prozess, den man aber auch aktiv wieder umkehren kann. Meist ist der negative Effekt umso stärker, je verkümmerter in jungen Jahren das Gefühlsleben war. Wer also nie gelernt – und geübt – hat, seine positiven Emotionen auszudrücken, spontan auf Menschen zuzugehen und unbefangenen Körperkontakt zuzulassen, tut sich natürlich damit auch im Alter schwer. Aber auch das kann man ändern. Wem haben Sie zum letzten Mal einen spontanen Kuss gegeben, wen herzlich umarmt? Wem auf die Schulter geklopft, wem anerkennend die Hände geschüttelt? Das ist lange her? Dann wird es Zeit!

Wie erfrischend habe ich das in Japan erlebt: Da sitzt im Dorf Ogimi-Son in Okinawa eine Gruppe von sehr alten Menschen zusammen: Ich schätze das Durchschnittsalter auf mindestens 85. Es sind aber noch wesentlich ältere dabei. Die Sonne scheint schon am frühen Morgen sehr stark, so dass man früh auf den Beinen ist, um noch etwas vom kühleren Vormittag mitzubekommen.

Man trifft sich um 7 Uhr zur gemeinsamen Gymnastik im Freien und geht anschließend gemeinsam in das Haus eines Teilnehmers, um dort zu frühstücken. Wie das Frühstück genau aussieht, dazu später mehr. Was hier interessiert ist die freudige, gefühlvolle Atmosphäre. Da sitzt man gemeinsam auf dem Boden, mit der Reisschale in der Hand. Dabei wird geschmunzelt und gescherzt. Es werden Witze erzählt, schallendes Lachen ist zu hören. Es wird auch besprochen, wer Hilfe braucht und wer sie geben kann. Das muss organisiert werden. Einige melden sich freiwillig, andere werden eingeteilt. Es ist keine Minute still in diesem kleinen Raum. Der Deckenventilator surrt und die Mücken kreisen, das stört aber keinen, denn die Unterhaltung ist lebhaft und herzlich. Wie könnte jemand in dieser Atmosphäre emotional verarmen, gar einsam werden?

So stelle ich mir ein reiches emotionales Leben im Alter vor: Lebhaft, herzlich, Lebensfreude ausstrahlend, den Mitmenschen als Freund und Partner ansehend. Diese Menschen tun und erleben jeden Tag etwas emotional Positives. Das gibt Kraft, macht Freude und hält jung.

Wie Sie gesehen haben, sind wir hinsichtlich unserer Gewohnheiten immer gleichzeitig Opfer und Täter. Wir lassen uns oft von unserer sozialen Umgebung oder „weil es immer so war“, die gleichen Abläufe diktieren (Opfer). Auf der anderen Seite suchen wir oft nur mit wenig Elan nach neuen Herausforderungen (Täter). Man kann sowohl schlechte Gewohnheiten ablegen, als auch neue und bessere suchen. Wir entscheiden uns jeden Tag neu, ob wir alte Gewohnheiten pflegen oder neue einüben wollen. Die Entscheidung mag nicht immer bewusst gefällt werden. Das ändert aber an der prinzipiellen Wahlfreiheit nichts. Wofür entscheiden Sie sich? Halten Sie jetzt für eine Minute inne und überlegen Sie, welche schlechte

Gewohnheit Sie ändern und welche bessere Sie einüben wollen. Sie finden bestimmt etwas. Tun Sie's jetzt!

3.3 Von verquerem Denken und flotten Tänzen

Hier kommen die versprochenen Übungen. Sie haben den Sinn, Sie aus Ihrer täglichen Routine herauszukatapultieren, Ihnen Ideen zu vermitteln, was man tun kann, um bis ins hohe Alter das Gehirn und damit natürlich auch die ganze Persönlichkeit jung und agil zu halten. Sie bewirken alle, dass ein Signal an das Gehirn gegeben wird, das da lautet: „Achtung, es ist alles ganz anders als sonst! Such gefälligst nach neuen Strategien, um mit der Herausforderung fertig zu werden! Mach es anders, lern etwas dazu!“ Die Übungen konfrontieren Sie mit dem Unerwarteten, mit dem Gegenteil von Routine. Halten Sie das „komische Gefühl“ aus. Es stellt sich ein, weil Ihr Gehirn jetzt alternative Wege durch den Dschungel seiner Nervenzellen finden muss. Jetzt werden neue Wege in den Hirnwindungen geformt, in der Wissenschaft heißt das „neuronale Bahnung“. Die Übungen sind alle in der Praxis erprobt und haben verschiedene Schwierigkeitsgrade. Es ist auf jeden Fall auch für Sie etwas dabei.

Übungen zur kognitiven Entwicklung

1. Heute Abend, wenn Sie sich die Zähne putzen, nehmen Sie die Zahnbürste mal in die linke Hand (natürlich umgekehrt, wenn Sie Linkshänder sind) und versuchen, die ganze Putzprozedur mit der „falschen“ Hand bis zum Ende durchzuhalten.
2. Wenn Sie eine Tür öffnen, werden Sie mit aller Wahrscheinlichkeit fast immer eine Hand zuerst zum

Öffnen benutzen (meist die rechte). Öffnen Sie einen Tag lang alle Türen mal mit der „falschen“ Hand.

3. Beim Telefonieren werden Sie den Hörer (oder das Handy) fast immer an das gleiche Ohr halten. Heute und morgen benutzen Sie das andere Ohr.
4. Variieren Sie das System Ihrer Mahlzeiten für ein paar Tage. Wenn Sie „Abendmensch“ sind und morgens nicht aus dem Bett kommen, stehen Sie eine Stunde früher auf, machen einen schnellen Spaziergang und gönnen sich ein tolles Frühstück. Sind Sie umgekehrt „Morgenmensch“, so schlafen Sie mal eine Stunde länger. Derjenige, der immer kocht und die Mahlzeiten vorbereitet, setzt einmal aus und der andere macht Frühstück, Mittagessen oder Abendessen. Ich kenne Paare – meist ältere –, da hat der Mann in seinem ganzen Leben noch nie gekocht. Das kann man ändern!
5. Wer putzt eigentlich bei Ihnen? Wer räumt die Küche auf? Wahrscheinlich die Dame des Hauses. Das sollte man doch mal anders machen. Ran an diese Aktivitäten, meine Herren!
6. Waschen und Bügeln gehören zum gleichen Thema. Hier versagen die Männer meist. Also auch hier: Neue Rollen ausprobieren!
7. Aber für die Frauen gibt es auch etwas Neues: Gehen Sie beim nächsten Mal ohne Handtasche aus und halten Sie das Gefühl, „nackt“ zu sein, für ein paar Stunden aus. Als Mann habe ich noch nie eine Handtasche vermisst.
8. Für Fortgeschrittene: Wenn Sie Urlaub in einem Land machen, in dem Linksverkehr herrscht (z. B. England, Thailand, Japan), mieten Sie sich ruhig mal ein Auto. Sie sitzen als Fahrer rechts, die Gangschaltung ist links. Sie fahren links in den Kreisverkehr! Am ersten

Tag muss man sehr vorsichtig fahren, ab dem zweiten geht es leichter.

9. Wenn Sie das nächste Mal unter die Dusche steigen, duschen Sie sich mit geschlossenen Augen. Ertasten Sie Wasserhahn, Dusche, Seife, Shampoo und Handtuch. Variation: Ziehen Sie sich morgens mal mit geschlossenen Augen an, nachdem Sie abends Ihre Kleidung zurechtgelegt haben.

Am Rande meiner Heimatstadt Wiesbaden gibt es in einem ehemaligen Schloss einen sehr aktiven Verein, der vielerlei Kurse im kreativen und künstlerischen Bereich anbietet. Das Schloss hat auch noch den schönen Namen „Freudenberg“. Dort konnte ich unlängst selbst eine faszinierende Erfahrung in Sachen „Nichts ist so, wie es immer ist“ machen. Im Keller dieses Schlosses gibt eine Bar, die man vollkommen verdunkeln kann. Dort arbeiten blinde Barkeeper und Kellner und bedienen die „sehenden“ Gäste. In dieser Situation haben blinde Menschen einen eindeutigen Vorteil, ihr Gehirn hat diese Situation tausendfach trainiert. Hier „sehen“ daher die Blinden und die Normalsichtigen sehen nichts. Es ist eine wirklich unheimliche Erfahrung, die zunächst Gänsehaut erzeugt. Man ist plötzlich seines wichtigsten Sinnes beraubt. Es geht gar nicht anders, man muss sich auf eine neue Erfahrung einlassen, ob man will oder nicht. Ich setze mich, weiß aber nicht, ob mein Nachbar 20 cm oder einen Meter von mir entfernt sitzt. Mann oder Frau? Alt oder jung? Interessant oder langweilig? Alle lebenslang antrainierten sozialen Fähigkeiten der Einschätzung und Beurteilung der Mitmenschen sind plötzlich nutzlos. Sie taugen in dieser Situation überhaupt nichts. Das Glas wird gefüllt, aber es fällt schwer nachzugießen, denn ich sehe ja nichts. Wer wo sitzt und was das wohl für

„Typen“ sein mögen, kann ich nur anhand meiner Ohren feststellen. Unheimlich, beunruhigend und gleichzeitig großartig! Denken Sie daran, was Sie schon über die Neubildung von Gehirnzellen wissen. In solchen Situationen wachsen sie und knüpfen neue Verbindungen, das Gehirn verjüngt sich.

Übungen zur motorischen Entwicklung

1. Kaufen Sie sich ein kleines Trampolin! Auch für ältere Menschen ist das bestens geeignet. Es ist erstaunlich, wie ein Trampolin die Bewegungskoordination, die Ausdauer und das Gleichgewicht trainiert. Es ist eine wunderbare Übung zum „Verlernen“ der Sturzgefahr, die bei älteren Menschen häufig droht. Hüft- und Oberschenkelhalsbrüche sind das größte Risiko für alte Menschen, dauerhaft bettlägerig bzw. immobil zu werden. Dem kann entgegengewirkt werden.
2. Für Jüngere und körperlich Trainierte gibt es Rollerskates. Rollerskates sind ausgezeichnet, um Bewegung, Fitness und vor allem das Gleichgewicht zu trainieren. Ältere Menschen tun sich besonders schwer, eine gute körperliche Balance und ein funktionierendes Gleichgewichtsgefühl zu trainieren und zu erhalten. Es ist auch ein Märchen, dass man im „fortgeschrittenen Alter“ nicht mehr damit umgehen kann. Es gibt inzwischen viele „ältere Herrschaften“ die mit Bravour und vor allem mit viel Spaß auf entsprechenden Strecken zu sehen sind.
3. Wer ehrgeizig ist, kann auch das Jonglieren lernen. Meist sieht das bei anderen so toll und perfekt aus, dass man als Anfänger leicht den Mut verliert. Mit ein wenig Geduld und Geschicklichkeit klappt es aber.

4. Suchen Sie sich mindestens einen Ausdauersport, den Sie regelmäßig durchführen. In Frage kommen Laufen, Schwimmen, Radfahren und „Power Walken". Ausdauersport ist so wichtig, weil die Herz-Kreislauf-Krankheiten immer noch Killer Nummer eins sind und ein moderates Ausdauertraining einen hervorragenden Schutz bietet. „Power Walken" kann auch der Untrainierteste. Man braucht dazu weder eine stilvolle Ausrüstung, noch besondere Kleidung. Einfach – am besten nach einem kleinen Einführungskurs – in Wald oder Feld in flottem Schritt loslaufen. Mehr dazu im Kapitel „Das Power-Aging-Bewegungsprogramm" (vgl. S. 217).
5. Neben dem Ausdauersport, der besonders für das Herz-Kreislauf-System positive Wirkungen zeigt, braucht man noch eine regelmäßige Aktivität gegen die im Alter stärker werdende Steifigkeit und Unbeweglichkeit. Yoga oder Tai-Chi sind besonders geeignet. In den asiatischen Ländern – besonders in China, aber auch vereinzelt in Japan – sieht man morgens bei Sonnenaufgang übende Menschen in Parks und auf Plätzen, die sich mit langsamen Bewegungen ihre Flexibilität und Beweglichkeit erhalten. Yoga- und Tai-Chi-Kurse werden bei uns an allen Volkshochschulen angeboten (s. S. 230)„Yoga: In der Ruhe liegt die Kraft").

In Japan gibt es ein sehr wirksames Gerät, das ich in Deutschland noch nie gesehen habe. Wenn ein findiger Jungunternehmer diese Zeilen liest, kann er es vielleicht nach Deutschland bringen: Es handelt sich um ein Gerät, das aussieht wie eine kleine, sehr niedrige Badewanne, die mit einem Brett abgedeckt ist. Man stellt sich auf dieses Brett und versucht dabei, die Balance zu halten.

Das gelingt nur, wenn man das Gleichgewicht ständig flexibel verändert. Jede Eigenbewegung löst ihrerseits eine Bewegung des Gerätes aus, auf die man reagieren muss. Man könnte vielleicht von einem „Wippbrett“ sprechen. Ich habe es selbst probiert und es macht wirklich Spaß!

Übungen zur emotionalen Entwicklung

1. Wenn Sie beim nächsten Mal einen guten Bekannten oder Freund wiedersehen, umarmen Sie ihn mal (wieder) herzlich, auch wenn Sie das vielleicht sonst nicht tun. Diese halbherzigen und lauen Begrüßungen sind doch etwas Grauenhaftes. Weder warm noch kalt, weder Fisch noch Fleisch. Sie kennen Italien oder Spanien? Da ist die Begrüßung herzlich und lebhaft, mit viel Körperkontakt und einem Lachen im Gesicht. In Südamerika kommt man vor lauter Umarmungen und Küsschengeben kaum noch zu etwas anderem. Das bringt Freude und entspannt.
2. Noch mehr Körperkontakt: Wenn Sie das nächste Mal Sex haben, ändern Sie den „üblichen“ Ablauf. Der Reiz des Neuen ist spannend. Sex ist eine Erfahrung, die alle Sinne in Anspruch nimmt. Es ist fast zu schön, um wahr zu sein, aber Sex ist auch ein wunderbares Hirntraining. Kaufen und benutzen Sie ruhig mal ein Massageöl, streuen Sie duftende Blumen ums Bett. Keine Angst, Ihrem Partner gefällt das bestimmt auch.
3. Bei Ihrem nächsten Spaziergang grüßen Sie mal die Leute, denen Sie begegnen. Ja, auch die Unbekannten. Denn wer sagt denn, dass man das nicht tut? Sie freuen sich doch auch, wenn Sie jemand freundlich grüßt? So ist es auch mit den anderen. Aber es muss jemand den Anfang machen. Wenn jeder denkt „Soll

doch der andere anfangen", kann man sich leicht ausrechnen, dass kein Kontakt entsteht. Wenn Sie einen Unbekannten fünfmal gegrüßt haben, ist er kein Unbekannter mehr und es ergibt sich vielleicht ein Gespräch oder ein Stück gemeinsamen Spaziergangs. So entsteht emotionale Bindung. Da freut sich unser Herz und das limbische System.

4. Machen Sie einen „ungewöhnlichen Besuch". Das kann z. B. ein Bekannter sein, den Sie ewig nicht gesehen haben oder ein alter Schulfreund. Rufen Sie spontan an! Auch alte Beziehungen lassen sich erneuern bzw. verbessern. Ungewöhnliche Besuche kann man auch in Institutionen machen: Besuchen Sie ein Kinderheim oder ein Altersheim. Sie werden auf jeden Fall etwas lernen und vielleicht gelingt es Ihnen, anderen etwas Freude zu bereiten. Die bekommen Sie dann doppelt und dreifach zurück!
5. Musizieren Sie, lernen Sie ein Instrument! Bei meinen Reisen habe ich immer wieder Super-Alte getroffen, die sich an Musik, Gesang oder am Spiel eines Instruments erfreut haben. Das ist kein Zufall. Der Hirnforscher Prof. Dr. Beyreuther weist auf den engen Zusammenhang zwischen musikalischer Aktivität und der Vorbeugung gegen Alzheimer hin.[10] Er schreibt: „Es ist wohl die Kombination aus geistiger Tätigkeit, also dem Erfassen und Verarbeiten der Musik, und der körperlichen Tätigkeit. Mir ist zum Beispiel kein Dirigent bekannt, der Alzheimer hätte."
6. Tetsuko Miyasato aus Okinawa antwortet auf die Frage, warum sie so vital und zufrieden ist: „Jeden Tag laut singen und jeden Tag Musik spielen." Mit diesem Rezept ist sie – bisher – 96 geworden. „Und ich habe

[10] Beyreuther, 2004

vor, noch viele Jahre zu singen und zu musizieren", bemerkt sie im Brustton der Überzeugung, stimmt ein Lied an und wirkt dabei kein bisschen alt.

7. Tanzen Sie! Tanzen gehört sowohl zu den „emotionalen" als auch den „motorischen" Übungen. Das Tanzen ist deshalb so effektiv, weil es viele hoch wirksame Trainingsreize an das Gehirn sendet und gleichzeitig ein gutes körperliches Training darstellt, das obendrein noch viel Spaß macht und dadurch viele positive Emotionen weckt. Tanzen können Sie nur mit beiden Gehirnhälften, d. h., Sie müssen erst einmal lernen, auf die Schritte und Bewegungsabläufe zu achten (linke Gehirnhälfte). Wenn Sie das dann einigermaßen können – keine Sorge, das geht schnell –, können Sie sich ganz dem Zauber der Musik und Ihrem Tanzpartner oder Ihrer Tanzpartnerin hingeben und in den siebten Himmel tanzen (rechte Gehirnhälfte). Aber Vorsicht: Wenn Sie angefangen haben, dann kann das Ganze Suchtqualität annehmen. Ich spreche übrigens hier ganz besonders zu den Herren der Schöpfung: Ich sehe wesentlich öfter flotte Tänzerinnen als flotte Tänzer. Mir sagen die Frauen, dass sie ständig auf der Suche nach guten Tanzpartnern sind und vor lauter Verzweiflung manchmal mit ihren Geschlechtsgenossinnen tanzen (müssen). Für die Junggesellen unter den Lesern: Erhöhen Sie Ihre Chancen bei den Frauen um 100 Prozent und belegen Sie einen Tanzkurs! Hier haben schon viele einsame Herzen zueinander gefunden.

Ich habe mehrere Patienten, die regelmäßig wegen kleiner Wehwehchen in meine Praxis kommen, aber – wie sie mir hinter vorgehaltener Hand anvertrauen – samstags oder sonntags regelmäßig auf dem Tanzparkett in irgendwelchen Tanzcafés oder Ballsälen zu finden sind und sich dort austoben. Von Krankheiten plötzlich keine Spur mehr. In anderen Ländern, z. B. in Italien und Spanien, habe ich rauschende Feste miterlebt, bei denen das Tanzen eine zentrale Rolle spielt und wo jeder ohne Zögern mitmacht und sein Bestes auf dem Tanzparkett gibt – von Ländern mit einer langen Tanzkultur wie Brasilien ganz zu schweigen. Dort treiben sie es noch toller. Die überschwängliche Freude und die echte Genussfähigkeit dieser Menschen sind mitreißend. Man kann gar nicht anders, als sich mitzufreuen und mitzutanzen. In Japan ist ein regelrechter Tanz-Boom ausgebrochen. Gerade die Generation der über Vierzigjährigen ist besonders aktiv. Wer sich Anregungen holen und Lust aufs Tanzen bekommen will: Sehen Sie sich den Film „Shall we dance?“ an. Wenn Sie den gesehen haben, melden Sie sich garantiert umgehend bei der nächsten Tanzschule an.

3.4 Vom entgleisten Gleichgewicht der Psyche und der Sehnsucht nach Stille

Die Menschen machen immer mehr Lärm. Das stille Wunder, wie lautlos die glutrote Sonne im Meer versinkt, gibt es nicht mehr.

(Ein Super-Alter aus Sardinien)

Das Leben ist ein ständiger Balanceakt. Perioden von Anspannung, Hektik und harter Arbeit wechseln sich mit Zeiten der Ruhe, der Entspannung und der Kontemplation ab. Auf diesem Prinzip ist unsere Physiologie aufgebaut. Ohne Anstrengung gibt es keinen gesunden Körper und auch keinen gesunden Geist. Ohne Phasen der Entspannung jedoch auch nicht. Die Mediziner sprechen von zwei verschiedenen Anteilen unseres Nervensystems, die jeweils aktiv sind: dem „Sympathikus“ (aktiv, kämpferisch, leistungsbereit) und dem „Parasympathikus“ (passiv, entspannt, ausruhend). Ein Teil ist immer dominant. In unserer Gesellschaft ist leider der kämpferische Teil unseres Nervensystems oft chronisch überbeansprucht. Überall scheint der Stress auf uns einzuwirken und er hinterlässt seine Spuren in Körper und Seele.

Wir geraten in einen permanenten Alarmzustand unseres Körpers, für den wir biologisch nicht gebaut sind. Wenn das zu einem Dauerzustand wird, entgleist unsere Psyche und wir können körperlich und psychisch krank werden. Es fehlt dann die entspannende, meditative, ruhefördernde und stille Dimension unseres Lebens.

Ein Beispiel dafür, wie unsere Gesellschaft in gedankenloser Weise unnötigen Stress erzeugt, ist die allgegenwärtige Zwangsbeschallung, der man in der Öffentlichkeit – und manchmal auch zu Hause – ausgesetzt ist. Jeden Tag prasselt auf uns eine schier unablässige und häufig lautstarke Kanonade aus Klingeltönen, ratternden Faxgeräten oder nimmer endendem Straßenlärm herab. Gerade Handys kann man auch mal abstellen, aber selbst das scheinen alle vergessen zu haben, man könnte ja etwas verpassen. In den Städten und Einkaufsstraßen nimmt die sinnlose und nervtötende Beschallung ständig zu. Auch im Supermarkt praktiziert man fleißig akustische Umweltverschmutzung und traktiert uns ungefragt mit dümmlicher Werbung und nervendem Gedudel. Und keiner sagt etwas. Alle sind zu beschäftigt oder versuchen „nicht hinzuhören“, was aber immer schwieriger wird, denn die allgemeine Lautstärke wird ständig und schleichend erhöht. Schließlich sollen wir die Werbebotschaften hören, deren Urheber wahrscheinlich weit weg, in ihren schalldichten Büros mit den dicken Teppichen sitzen.

Selbst in der Freizeit ist es nicht anders: Sobald wir den Fernseher anstellen, gibt es ständig schnelle Schnitte, eindringliche Appelle und aufmerksamkeitsheischende, dramatische Hintergrundmusik. Jede noch so kleine und unwichtige Nachricht wird als Sensation verkauft. Hat man genug davon und den Fernseher ausgeschaltet, will man es sich zur Abwechslung vielleicht samstags mittags auf dem Balkon gemütlich machen. Dann fängt garantiert der Nachbar an, seinen Rasen zu mähen oder seine Hecke mit einer elektrischen Heckenschere zu schneiden. Wenn's ganz schlimm kommt, wird gerade der Hochdruckreiniger bei Herrn Schmidt auf der anderen Seite angeworfen, um den Plattenweg oder die Gartenmöbel zu säubern. Der macht Lärm wie ein startendes Flugzeug. Vielleicht hat man auch die Freude, von einem „Handybrüller" beschallt zu werden, der gerade aus dem Haus getreten ist und im Garten telefoniert, weil es da schöner ist. In Ruhe Zug fahren und dabei die Landschaft genießen oder ein gutes Buch lesen geht auch nicht mehr. Das ständige Klingeln der Handys und die dazugehörigen lautstarken Gespräche machen es unmöglich.

Die jüngere Generation fährt auf kleinen Feuerstühlen durch die Gegend, die einen Höllenlärm verbreiten, oder geht in die Disco und setzt sich einem Lärmpegel aus, der nachweislich gesundheitsschädlich ist. So läuft das ohne Ende tagaus, tagein. Deshalb leiden auch immer mehr Patienten unter chronischen Ohrgeräuschen (Tinnitus). Viele Menschen beklagen sich über Lärmbelastung, tragen aber selbst gerne dazu bei, wenn es für sie selbst nützlich scheint. Schon Kurt Tucholsky wusste: „Der eigene Hund macht keinen Lärm, er bellt nur."

Dies führt zu einem weiteren Aspekt, den viele in der Hektik des Geschehens vergessen: Es gibt neben dem Bedürfnis nach äußerer Stille auch eine innere Ruhe, die mindestens genauso wichtig ist. Beispiel E-Mail: Als es möglich wurde, mit dem Computer Nachrichten zu verschicken, war das am Anfang ein großer Fortschritt, denn umständliches Briefeschreiben und frustrierendes Telefonieren mit dem Anrufbeantworter waren nun Vergangenheit. Eine E-Mail zu verfassen ist einfach und sie ist schnell beim Empfänger. Der vermeintliche Fortschritt wurde aber schnell durch den Missbrauch dieses Instruments aufgefressen. Nun kommen täglich 20 oder 30 E-Mails. Sie rauben uns unsere Zeit, wenn wir keinen Weg gefunden haben, sinnvoll damit umzugehen. Viele E-Mails sind völlig überflüssig. Sie sind reine Zeitverschwendung und wären vor der E-Mail-Zeit nie geschrieben worden. Dies ist ein Rückschritt und erzeugt Hektik und Verdruss. Ähnliches kann man über die überall quäkenden, summenden und klingelnden Handys sagen. Sie sind im Einzelfall sehr nützlich, haben sich aber auch zu nervtötenden Quälgeistern entwickelt.

Unsere Psyche ist auf diesen technischen Schnickschnack nicht eingestellt. Der schon erwähnte ständige innere Alarmzustand, in den wir dadurch geraten, ist langfristig äußerst schädlich. Die chronische Erhöhung der Stresshormone im Körper schädigt Gefäße und Organe. Wer die unbedingt notwendige innere Ruhe finden will, muss Entscheidungen treffen. Man muss seine E-Mail-Adresse z. B. nicht jedem Dackel geben. Von Zeit zu Zeit könnte sich auch ein Wechsel der Mail-Adresse als nützlich erweisen. Die Konzentration auf das wirklich Wichtige ist entscheidend und dazu gehören auch Perioden von innerer Einkehr und physischer und psychischer Stille. Ist es ein Zufall, dass viele der Menschen, die besonders alt werden und sich dabei bester Gesundheit erfreuen, meist in ländlichen Gegenden wohnen, wo immer noch eine relativ niedrige Lärmbelastung herrscht und wo man sich einfach in die stille Natur zurückziehen kann?

In diesem Zusammenhang gibt es noch ein weiteres Problem, das für viele schwer zu ertragen ist und am Nervenkostüm nagt. Es geht darum, dass in unserer Gesellschaft ständig so genannte „**Mikrotraumen**" erzeugt werden, die uns das Leben vergällen können. Was versteht man darunter? Mikrotraumen sind kleine und eigentlich undramatische, aber trotzdem unschöne Erlebnisse im Umgang mit den Mitmenschen, die jeder von uns fast täglich hat: Die Verkäuferin im Laden ist unfreundlich und schnippisch, hat keine Lust, uns etwas zu verkaufen, wir stören nur. Frustriert verlassen wir den Laden.

Auf einem Amt steht man 20 Minuten in der Schlange an, nur weil man ein bestimmtes Formular und einen Stempel braucht. Endlich am Schalter angekommen, erfährt man von einem Beamten mit süffisantem Lächeln, dass man leider in der falschen Schlange steht und das Formular drei Schalter weiter erhältlich ist. Dort steht auch eine Menschenschlange und die ist doppelt so lang. Was fühlt man? Wut, Ärger und Frustration.

Man beschließt, im Supermarkt schnell noch etwas einzukaufen. Die abendliche Rushhour hat bewirkt, dass alle Parkplätze weg sind. Also bleibt nichts anderes übrig, als falsch zu parken. Nach zehn Minuten kommt man zurück und prompt findet man ein Ticket unter dem Scheibenwischer. Man sieht die blaue Uniform der Politesse noch, rennt ihr hinterher und versucht – unter Mobilisierung des ganzen Charmes – die Situation zu erklären und vielleicht ihr Herz zu erweichen. Aber es hilft natürlich nichts. Sie tut so, also höre sie gar nichts, schaut einem nicht in die Augen, starrt auf ihren Ticketblock, macht belanglose Bemerkungen oder schimpft über uneinsichtige Autofahrer. Frustriert trottet man zum Auto zurück.

Die Partnerschaft bzw. das häusliche Zusammenleben ist leider auch ein klassischer Tatort für Mikrotraumen. Eigentlich wollen wir doch hier emotionale Kraft schöpfen, unsere Batterien für den täglichen Lebenskampf aufladen. Aber es kommt häufig ganz anders. Gerade hatten wir beschlossen zu relaxen, sinken in den Sessel und schlagen die Zeitung auf oder sitzen ganz unschuldig am Tisch, da kommt z. B. eine Bemerkung folgender Art: „Sitz doch nicht schon wieder auf deinem breiten Hintern mit der Zeitung. Wenn ich auch immer nur die Zeitung lesen würde, dann kämen wir zu gar nichts." Wumm! So ein Satz, wahrscheinlich noch nicht mal in besonders böser Absicht gesagt, sondern eher gedankenlos, der haut rein. Wieder so ein kleines Frusterlebnis, wieder kriecht negative Energie in unsere Seele.

Die geschilderten kleinen Episoden sind leider in unserer Gesellschaft mehr als häufig. Der allgemein bekannte deutsche Pessimismus und die deutsche Schwermut, gepaart mit giftiger Direktheit, fehlendem Charme und garniert mit bissiger emotionaler Ungeschicklichkeit, bereiten den Weg für ein freudloses und wenig erbauliches Miteinander. Wer hier nicht gegensteuert, wird leicht zum mürrischen, abweisenden und grimmigen Zeitgenossen. Sie kennen sicher auch genügend Beispiele. Denn steter Tropfen höhlt den Stein. Für viele Ausländer, besonders wenn sie aus Regionen wie Asien kommen, in denen die Höflichkeit und ein respektvoller Umgang sehr wichtig sind, ist der allgemeine Umgangston in Deutschland unfassbar. Für mich auch.

Aber es geht auch anders. Mikrotraumen sind nicht gänzlich zu vermeiden. Aber der falsche Umgang mit ihnen sehr wohl. Die Super-Alten haben auch hier Mittel und Wege gefunden, damit geschickt umzugehen. Der Schlüssel liegt in der **Bewertung** dieser Vorkommnisse. Wie Sie etwas bewerten, liegt nämlich ganz allein bei Ihnen. Wie wichtig subjektive Bewertungen für das Wohlbefinden sind, wissen Sie schon aus dem Kapitel über den „Wurstigkeitsfaktor“ (vgl. S. 61)

Wenn Sie negative Erlebnisse richtig bewerten, werden Sie nach und nach immun gegen Mikrotraumen.

Der Schlüssel im obigen Satz liegt im Wörtchen „richtig“. „Richtig“ heißt hier, dass Sie die Situation so bewerten, dass Sie Ihre Ziele schneller erreichen, dass Sie sich auf das konzentrieren, was getan werden muss. Wenn Sie das wirklich tun, haben Sie für negative Gefühle gar keine Zeit mehr. Sie denken z. B. Folgendes: „*Zwar hat mir mein Partner etwas gesagt, was mir nicht besonders gefällt. Aber auch er (oder sie) hat mal einen schlechten Tag und ich überlege jetzt, wie ich uns das Leben erleichtern bzw. was ich dazu tun kann, um die Situation zu verbessern..*“ Oder: Sie hören zwar eine bestimmte Äußerung, die zunächst bei Ihnen Ärger auslöst, aber dann wird Ihnen die Dimension des Ganzen bewusst und Sie sagen sich: „*Eine Maus bleibt eine Maus und wird nicht automatisch zum Elefanten. Von so etwas lasse ich mich doch nicht beeinflussen.*“ Oder Sie sagen sich: „*Die ‚Knöllchen‘ sind auch nicht teurer als ein Parkschein in der Tiefgarage.*“ Sofort konzentrieren Sie Ihre Aufmerksamkeit auf etwas Neues, etwas Relativierendes oder gar Freudvolles oder Erbauliches. Vielleicht können Sie die

Sache auch humorvoll nehmen. Ich stelle mir bei solchen Erlebnissen immer einen lachenden Clown vor, der gerade wilde Späße macht und sich auf die Schenkel haut. Das „verkleinert" das Problem und weist ihm die geringe Bedeutung zu, die dafür passend und angebracht ist. Was ist ein Strafzettel schon im Vergleich zu Ihrem ganzen Leben?

So aktivieren Sie in Ihrem Gehirn Areale, die etwas mit Belohnung, mit selbst gewählter Aktivität, mit Autonomie zu tun haben. Das Erlebnis wird ganz anders abgespeichert. Es hat nun praktisch keine Chance mehr, unter der Kategorie „Frust" abgelegt zu werden. Außerdem betreiben Sie damit „aktive Löschung". Das heißt, dass die Frustanteile des Erlebnisses auf diese Art und Weise schnell von anderen Gedächtnisinhalten überlagert werden und sich nicht festsetzen können. Sie haben das Ganze in kürzester Zeit vergessen.

Wer also eine wirksame Langfriststrategie gegen den ständigen Alarmzustand unseres Organismus finden will, muss wie erwähnt klare Entscheidungen treffen. Die Super-Alten haben das fast immer getan. Sie wissen zwar in aller Regel nichts über Gehirnphysiologie, folgen aber trotzdem den eben skizzierten Prinzipien. Vielleicht ist es kein Zufall, dass so viele der Super-Alten auf Inseln wohnen. Auf Okinawa, auf Kreta oder auf Sardinien ist das Leben oft noch beschaulich, es geht gemächlich zu und Freunde und Freude sind genug vorhanden. Da kann man auch leicht mal etwas Negatives wegstecken. Jeder von uns kann so seinen ganz persönlichen Spielraum vergrößern und ein Stück psychischer Hygiene für sich verwirklichen. Wer ganz bewusst noch die überaus wichtigen Phasen des Ausruhens, Meditierens, Lachens, von Freude und Spaß vergrößert und verlängert, der ist auf dem richtigen Weg.

Frau Shimizu aus Okinawa, 70 Jahre alt und für dortige Verhältnisse eigentlich noch eine „junge Frau“, hat mir einmal Folgendes gesagt: „Das Leben ist viel zu kurz, um sich nicht jeden Tag zu freuen. Ich habe mir vorgenommen, mich jeden Tag über irgendetwas – und sei es auch noch so klein – zu freuen und dankbar zu sein für all das Schöne und Gute in meinem Leben. Heute beispielsweise habe ich vor dem Fenster gesessen und den Sonnenuntergang beobachtet. Wir hatten schon lange nicht mehr einen solch imposanten Sonnenuntergang.“

Besser als Shimizu-San (San ist das japanische Wort für „Frau“ oder „Herr“) kann man es nicht formulieren. Jeden Tag ein bisschen Freude macht das Leben lebenswert! Stellen Sie sich vor, wie die Freude in Ihrem Herzen wächst, wenn Sie jeden Tag ein bisschen davon kultivieren. Es ist wie ein Bankkonto. Wenn Sie jeden Tag ein bisschen einzahlen, dann haben Sie bald eine erkleckliche Summe. „Freude einzahlen“ ist kostenlos und vielleicht können Sie sogar mit einem anderen Menschen teilen. Dann schaffen Sie etwas, was Ihnen keine Bank der Welt bietet: Sie verdoppeln Ihre Freude, und zwar sofort.

3.5 Haben Sie was zu lachen!

Gott hat dir das Gesicht gegeben, lachen musst du selbst.
(IRISCHES SPRICHWORT)

Deutschland und die Deutschen gelten bei vielen Menschen außerhalb unserer Grenzen als merkwürdig steif, humorlos und emotional verarmt. Die sprichwörtliche deutsche Miesepetrigkeit und der deutsche Pessimismus, samt der dazugehörigen Schwermut haben uns einen zweifelhaften Ruf eingebracht. Daran kann auch das jährlich verordnete kollektive Zwangslachen beim Karneval oder der Fasnacht nichts ändern. Lachen ist eine spontane Gefühlsäußerung und kann nicht „verordnet“ werden. Man kann sich deswegen nicht vornehmen, heute Abend beim Karneval zu lachen. Das geht meistens schief. Die gelangweilten Damen und Herren – oft hohe Würdenträger aus Politik und Wirtschaft – beweisen dies jedes Jahr bei den Prominenten-Bällen, die im Fernsehen übertragen werden. Da man nicht auf Anordnung lachen oder sich amüsieren kann, ist die Stimmung oft so wie in der ersten Tanzstunde: Wollen täte man schon gerne, aber können tut man nicht. Merkwürdig verklemmt und gehemmt, hilflos und unsicher wirken die Damen und Herren. Manchmal hilft der Alkohol etwas, die Gemüter zu entspannen und die Frauenzimmer mit den toupierten Haaren und die Kavaliere mit den Pappnasen aufzuheitern. Kurz und schlecht, wo ist der Humor und wie kann man ihn fördern?

Meine Frau ist Japanerin und erzählt mir manchmal von ihren Beobachtungen bei Partys oder ähnlichen Veranstaltungen: „Komisch, die Deutschen lachen nicht. Sie sind zu ernst und steif. Sie unterhalten sich bei Partys über gesellschaftliche Probleme oder über die Politik. Kriegen sich vielleicht sogar wegen unterschiedlicher Ansichten in die Haare. So etwas gibt es in Japan nicht. Zumindest nicht bei einem netten Zusammensein. Da wollen wir alle Freude und Spaß haben. Ist die deutsche Methode nicht eine große Verschwendung von Lebenslust und spontaner Herzlichkeit?“

Zu viele Menschen denken, dass auch auf einer Party eine große intellektuelle Schau ablaufen muss, bei der sie sich verzweifelt bemühen, gut auszusehen. Sie missbrauchen diesen Ort – der eigentlich für Entspannung und Spaß gedacht war – als Forum für die Predigt der eigenen

Weltsicht. Das andere Extrem – meist bei einfacheren Gemütern anzutreffen – ist das so genannte „Kampftrinken“, das als Ersatz für geistreiche Unterhaltung und Amüsement herhalten muss. Viele Menschen sind in dieser Hinsicht einfallslos, träge und passiv. Sie können es nicht besser. Humorlose Menschen sind arm dran. Sie verpassen zu viel von den lustigen Seiten des Lebens. Jeder von uns kennt humorvolle und humorlose Menschen. Mit den humorvollen ist man gerne zusammen, von denen lässt man sich anstecken und inspirieren. Wenn es bei Ihnen noch nicht so klappt, schauen Sie mal, wie die das machen. Ironie, Witz und Esprit kann man bis zu einem bestimmten Grad lernen und üben.

Wenn Patienten mir von ihren psychischen Problemen erzählen, dann ist das manchmal recht zäh und es gibt nicht viel zu lachen. Wenn sie aber Fortschritte machen, kann ich das unter anderem daran erkennen, dass sie plötzlich wieder spontan lachen, dass sie ironische Bemerkungen aufnehmen und schmunzeln können. Dann ändert sich plötzlich die gesamte Perspektive und die Schwere des Problems relativiert sich – das Leben und seine Probleme werden schon mal ein Stück leichter. Wer nicht richtig lachen kann, kann auch nicht richtig traurig sein. Bei vielen sind die gegensätzlichen Gefühle kaum ausgeprägt. Sie sind immer irgendwie lauwarm: Weder freuen sie sich richtig, noch sind sie richtig traurig. Beides gehört aber zum Leben. Wer nur lacht oder nur weint, macht etwas falsch, ist einseitig und kann Gefühle immer nur mit ständig angezogener Handbremse ausdrücken, das Leben in seiner grandiosen Fülle und Tiefe nicht auskosten. Lassen Sie Freude, Spaß und Humor in Ihr Leben. Lachen ist gesund und hält jung. Viele alte und fitte Menschen haben mich mit einem herzerfrischenden und tiefgründigen Humor überrascht.

Das Lachen kann man üben. In meiner Heimatstadt Wiesbaden gibt es übrigens Deutschlands einziges „Lachmuseum". Der findige und umtriebige Unternehmer Michael Berger hat es ins Leben gerufen und ein Besuch lohnt sich. Was Sie genau erwartet, verrate ich hier nicht. Ich garantiere aber, dass Sie das Museum nicht verlassen (können), ohne schallend und herzhaft gelacht zu haben. Da gibt es Witziges, Kurioses, Überraschendes und Bemerkenswertes in Hülle und Fülle. Wenn Sie mit dem Rundgang fertig sind, fühlen Sie sich wie „runderneuert". Glückshormone fluten durch Ihren ganzen Körper. Sie nehmen das Leben leichter und alle Schwermut hat sich in diesem Moment auf magische Art und Weise in Luft aufgelöst.

Es ist erwiesen, dass Menschen, die in ihrem Leben viel lachen, weniger Krankheiten und weniger Schmerzen haben. Sie sind kreativer und psychisch stabiler. Wenn sie trotzdem einmal krank sind, dann meist weniger schwer. So wie Sie täglich drei Mahlzeiten zu sich nehmen, sollten Sie auch mindestens dreimal am Tag richtig lachen. Das würde die Krankheitskosten in Deutschland sicher um einige Milliarden senken.

3.6 Mehr ist nicht besser!

Lass die Dinge hinter dir und verschenke dein Geld an die Armen. Was das Leben wirklich reich macht, trägst du alles in deinem Herzen.
(BUDDHISTISCHE WEISHEIT)

Die meisten Menschen verbringen zu viel Lebenszeit damit, die materiellen Dinge dieses Lebens anzuhäufen und auf diese Weise ihr Glück zu suchen. Zugegeben, die modernen Spielzeuge unserer Zeit können das Leben verschönern, aber machen Sie uns wirklich glücklich? Ich habe in meinem Leben nur sehr wenige Menschen getroffen, die materiell aufs beste ausgestattet und die gleichzeitig glücklich waren. Die übermäßige Konzentration auf die materiellen Dinge scheint vielmehr geradezu ein Garant zu sein, dass das erstrebte Glück so nicht gefunden werden kann. Je mehr wir das Glück durch den Erwerb von materiellen Dingen einfangen wollen, desto sicherer scheint es uns zu entgleiten. Das ist paradox, aber offensichtlich wahr, denn sonst wären alle Millionäre glücklich. Unter ihnen gibt es aber nach meiner Erfahrung wesentlich mehr Unglückliche als unter der Durchschnittsbevölkerung. Es gibt Untersuchungen über die so genannten „Lottokönige“. Die meisten von ihnen haben spätestens nach zehn Jahren ihr Geld verjubelt, viele Freunde verloren und neigen zu Depressionen. Mehr ist also nicht automatisch besser!

Das sieht man auch dann, wenn man zum Einkaufen in den Supermarkt geht. Die Auswahl ist riesengroß und man weiß nicht, welche von den 25 Margarinesorten und 39 Käsearten man nehmen soll. Da gibt es Käse aus Frankreich, aus Italien, aus Deutschland, mit und ohne Schimmel, dazu entweder streng riechend oder eher neutral, fettreduziert oder besonders kalorienreich, auf der Alm oder auf dem Bauernhof hergestellt, von glücklichen Kühen stammend, aus Roh- oder gekochter Milch. Dazu selbstverständlich noch die verschiedenen Reifegrade und Preisklassen. Und das war nur der Käse! An der Wursttheke oder am Brotstand ist es nicht anders. Es gibt Hunderte Sorten Brot, aus Weizen, Roggen, Dinkel, Gerste, Grünkern, Hafer, Soja, Quinoa, Kamut oder Mais. Mit und ohne Körner, mit Sesam, mit Sonnenblumenkernen, mit Oliven, mit Tomaten, mit Kartoffeln, mit Sprossen oder Keimlingen. Aus Sauer- oder Hefeteig, hart oder mild gebacken, mit Kruste oder ohne, dunkel oder hell. Pumpernickel und Knäckebrot, Grahambrot, Saatenbrot, Bauernbrot, Essener Brot, Landbrot, Baguette und Früchtebrot. Eine ähnliche Riesenauswahl erwartet uns auch bei Seife, bei Kaffee, bei den Haarwaschmitteln und bei der Wurst!

Wir wollten immer und in allem eine große Auswahl, jetzt haben wir sie. Sind wir aber deshalb glücklicher? Wird man sich über den zugrunde liegenden psychologischen Mechanismus klar, findet man vielleicht einen Ausweg aus der materiellen Fülle, die augenscheinlich unserer psychischen Gesundheit nicht automatisch zuträglich ist. Wer keine Wahl hat, ist arm dran, denn er muss nehmen, was kommt, wird vielleicht gar nicht gefragt oder fragen wäre sinnlos. Wie in den früheren kommunistischen Staaten, wenn im so genannten „Kaufhaus" nur eine Sorte Seife vorhanden war oder nur die Einheitsschokolade, die außerdem noch wie trockenes Sägemehl schmeckte. Wer aber zu viel wählen muss, ist auch nicht besser dran. Es könnte ihm gehen wie dem Esel, der, zwischen zwei wunderbar duftenden Heuhaufen hin- und hergerissen, nach einigen Tagen den Hungertod stirbt. Beide Extreme sind offensichtlich nicht gut. Zu wenig Auswahl ist schlecht, aber zu viel auch.

Wie wirkt sich das Problem der ungeheuren Auswahl in anderen Lebensbereichen aus? Beispielsweise kann man bei der Partnerwahl heutzutage sehr schnell in eine paradoxe Situation geraten. Wir dürfen uns heute unsere Partner selbst auswählen, was historisch gesehen eine völlig neue Entwicklung ist. Früher wurde der zukünftige Ehepartner von Eltern und Verwandten ausgesucht und entsprach der oder die Zukünftige nicht dem eigenen Idealbild, so half Protest wenig. Zu viel stand auf dem Spiel. Die ganze Sippe wäre womöglich in Schwierigkeiten geraten, wenn das sorgsam austarierte Gleichgewicht von gegenseitigen Abhängigkeiten, Gefälligkeiten und privaten Verbindungen durch individuelle Verweigerung gestört worden wäre. So fügte und arrangierte man sich.

Heute heiratet man schneller, aber die Ehen halten nicht. So mancher sieht sich mit vierzig noch einmal nach einem neuen Partner oder einer Partnerin um. Das scheint nicht weiter schwer, denn es gibt Internet, Chatforen, Partys ohne Ende, „Single-Nights“ und Clubs und Diskos. Trotzdem scheint die Entscheidung nicht leichter zu fallen, sondern eher schwerer. Denn gerade wer das Internet zu Hilfe nimmt, kann sich mit ein paar Mausklicks ständig neue denkbare Partner auf den Bildschirm holen. Aber das baut einen neuen Zwang auf: Man kann sich nicht entscheiden, denn es könnte ja gut sein, dass der Traummann oder die Traumfrau erst hinter dem nächsten Mausklick auftauchen wird. Also schiebt man potenzielle Partner erst einmal in „Warteposition“ und hofft auf das große Los in Form eines Superweibs oder eines Supermanns.

Neulich war ein Patient in meiner Sprechstunde, nennen wir ihn Peter. Er zeigte mir ganz stolz ein großes

Blatt Papier (DIN A3), das er sorgfältig mit Spalten versehen hatte. Oben waren die Kriterien aufgelistet, die er bei seiner Zukünftigen erfüllt sehen wollte. Da gab es eine Spalte für „Aussehen“, für „Intelligenz“, für „Herzlichkeit“ und für „wohnt am gleichen Ort“. Dazu noch eine für „finanziell gut abgesichert“ und „passt in den Freundeskreis“. Links auf dem Blatt standen die Kandidatinnen, die die jeweiligen Kriterien erfüllen sollten. Zusätzlich gab es „Punktwerte“, je nachdem, wie gut eine bestimmte Kandidatin ein bestimmtes Kriterium erfüllen konnte. „Es hat mich einige Wochen gekostet, das alles in diese Übersicht zu bringen“, meinte er stolz. „Dann habe ich festgestellt, dass ich noch zusätzliche Informationen brauche und mehr Kriterien. Deswegen ist die Liste auch auf DIN A3.“ „Haben Sie denn jetzt Ihre Wahl getroffen?“, fragte ich skeptisch. „Oh nein, wo denken Sie hin, der Auswahlprozess ist noch längst nicht abgeschlossen, ich finde ja auch immer neue Informationen, die mir die Kandidatinnen liefern, und muss sehen, dass ich irgendwann ein vollständiges Bild habe. Dann kann ich mich entscheiden.“ „Ein vollständiges Bild“, murmelte ich. „Glauben Sie wirklich, dass Sie je ein vollständiges Bild haben werden?“ „Doch, doch, es dauert nur noch ein paar Wochen“, meinte er tapfer.

Wahrscheinlich wird Peter mit dieser Methode am Ende die „beste Kandidatin“ schon an einen anderen verloren haben, da er für seinen „Optimierungsprozess“ sicher noch Monate brauchen wird. Schlimmer noch: Er ahnt nicht, dass die „zweit- oder drittbeste Wahl“ womöglich insgesamt besser zu ihm gepasst hätte und dass sein Verfahren mit Sicherheit genau das verhindert, was er sich am meisten wünscht: eine vertrauensvolle und liebevolle Zweisamkeit. Denn selbst wenn er seine „ideale“ Frau finden würde und diese obendrein willig wäre, sich mit ihm zu liieren, wäre er ständig von Zweifeln geplagt, denn unter den nicht Auserwählten könnte womöglich doch die Traumfrau sein.

Auch Frauen sind durchaus für die Falle des „Mehr ist besser" empfänglich. Sie haben im Falle der Partnersuche meist keine Listen, aber die aufgeführten Kriterien sind ähnlich. Sie spielen alles im Kopf durch oder vertrauen sich der besten Freundin an. Bestimmt treffen sie auch den einen oder anderen Mann, der einige ihrer Kriterien erfüllt. Dann aber setzen die nagenden Zweifel ein: Der würde mir schon gut gefallen, aber er hat leider kein Geld und ist ein Hallodri. Der andere ist zuverlässig und herzlich, hat aber einen Beruf, bei dem er nicht mehr vorwärts kommen wird, und daher auch nicht sehr viel Geld. Der andere hat einen tollen Beruf, sieht gut aus, aber er wohnt weit weg und beim Sex klappt es leider auch nicht so richtig. Wieder ein anderer ist rundherum toll, hat aber drei Kinder und will nicht umziehen.

Was lernen wir daraus? Man muss darauf achten, dass die vielen Wahlmöglichkeiten, die sich heute bieten, nicht lähmend wirken. Wir müssen den schmalen Grat zwischen wünschenswerter Auswahl auf der einen und freiwilliger Begrenzung auf der anderen Seite beschreiten. Tun wir das nicht, werden wir immer weiter eine „Optimierung" betreiben wollen, ohne je eine Entscheidung zu treffen. Dadurch verharren wir im Status quo und bekommen nichts außer Frust. So können Jahre ungenutzten Lebens ins Land ziehen. Manch einer wartet nach zwanzig Jahren immer noch auf seinen Traumpartner.

Barry Schwartz hat ein sehr lesenswertes Buch geschrieben.[11] Darin zeigt er eine faszinierende Lösungs-

---

[11] Schwartz, 2005

möglichkeit auf: Aus seiner Sicht gibt es „Optimizer“ und „Satisficer“ (von engl. satisfaction). Die Optimizer sind ständig damit beschäftigt, ihre Lebenssituation zu verbessern, indem sie Optimierung betreiben. Sie suchen stets die beste oder gar perfekte Lösung und treiben einen Aufwand, der höchstens bei einfachen Problemen zum Ziel führen mag (z. B. beim Kauf eines Autos), bei komplexen Situationen (z. B. bei der Partnerwahl) allerdings versagt und nur Frust erzeugt. Der Optimizer versucht, sein Glück zu maximieren. Er wird aber dadurch eher unglücklicher. Denn das praktische Leben erlaubt es meist nicht, den Optimierungsprozess unendlich lange weiter zu betreiben. Es gibt meistens ein Zeitfenster, das sich nach Tagen oder Wochen schließt. Die Gelegenheit ist vorbei. Punkt, Schluss, Ende der Diskussion! Da nützt auch kein weiteres Optimieren.

Satisficer dagegen haben den Mut, Entscheidungen zu treffen. Sie suchen nicht nach der besten Lösung, sondern nach einer guten. Das ist ein fundamentaler Unterschied. Ob etwas wirklich das Beste war, lässt sich in den meisten Fällen ja sowieso erst im Nachhinein herausfinden. Die gute Lösung hat den Vorteil, dass man die ganze Energie, die für das „Optimieren“ verwendet worden wäre, nun benutzen kann, um die gegenwärtige Situation zu verbessern und das Erreichte zu genießen.

Satisficer sind die glücklicheren Menschen.

Satisficer verschaffen sich Wohlbefinden und Befriedigung, denn sie haben ja eine positive Entscheidungen getroffen, mit der sie auch gut leben können.

Es ist ein Privileg des älteren Menschen, Psycho-Fallen wie die beschriebene eher zu durchschauen. Wer schon einige Jahrzehnte Lebenserfahrung auf dem Buckel hat, der tut sich leichter, nach Befriedigung zu suchen und nicht nach Perfektion. Perfektion ist außerdem langweilig und steril. Das Leben ist nie perfekt. Je früher man das für sich selbst herausfindet, desto besser. Freuen wir uns an einer „guten“ Lösung und hecheln wir nicht der besten hinterher. Ich habe bei meinen Studien nirgendwo einen Optimizer gefunden, der glücklich gewesen wäre. Zufriedene Satisficer dagegen habe ich oft getroffen. Die 80-jährige Nakayama-San aus Okinawa habe ich gefragt, wie sie ihren Ehemann gefunden hat und ob nicht damals noch andere potenzielle Kandidaten ihr Herz zum Singen gebracht hätten. Sie antwortete darauf nur ganz trocken: „Mein Mann ist hier aus dem gleichen Dorf, er besuchte die Schule zwei Klassen über mir. Was Sie fragen, ist doch unwichtig. Mein Mann hat ein Leben lang gut für mich gesorgt. Ob ich bei einem anderen glücklicher geworden wäre, interessiert mich nicht. Man muss sich bemühen, selbst ein guter Partner zu sein.“ Von Nakayama-San kann man sicherlich noch etwas lernen.

3.7 Entrümpeln, entmüllen, loslassen

Nur wer loslässt, hat beide Hände frei zum Zupacken.
(Chinesische Weisheit)

Eine der positiven Entwicklungen, auf die Sie sich mit zunehmendem Alter freuen dürfen, ist die Fähigkeit, die wichtigen Dinge des Lebens zu erkennen und sich auf das zu konzentrieren, was die meiste Freude, die größte Lebendigkeit und die intensivsten Glücksmomente auslöst. Wir spüren im fortgeschrittenen Alter eher, was uns gut tut und was nicht. Mit zwanzig sind wir oft wilde

Hüpfer, die sich von ebenso wilden, gleichaltrigen Freunden beeinflussen lassen. Wir sind mal hier, mal da, versuchen mal dies, mal das und wissen nicht so recht, wo es langgeht. Die durchtanzten Nächte mit dröhnender Rockmusik, wenig Schlaf und viel Alkohol werden uns jenseits der dreißig nicht mehr so interessieren. Die Lebensjahre machen uns ruhiger und wir werden milder in unserem Urteil. So fällt es uns leichter, Prioritäten zu setzen und mehr von dem zu tun, was wir schon immer tun wollten. Die Gier nach materiellen Dingen lässt nach, das Loslassen bekommt eine wichtige Dimension. Mit leichtem Gepäck lässt sich besser reisen. Neuorientierung und Neubesinnung sind gefragt.

Wer z. B. demnächst aus Altersgründen seinen Job aufgibt, tut gut daran, sich beizeiten nach etwas umzusehen, was Körper und Geist fordert und fördert. Aber nicht erst ein halbes Jahr vor dem beruflichen Ausstieg, sondern am besten „gleitend“, das kann schon zehn oder zwanzig Jahre vorher anfangen, je früher desto besser. So hat mancher das Hobby zum zweiten „Beruf“ gemacht. Wenn etwa der Hobbyfotograf entdeckt, dass er sich jetzt sehr viel intensiver seiner Leidenschaft widmen und vielleicht sogar eine höhere professionelle Stufe seines Könnens erreichen kann. So wiederum lassen sich neue Kontakte knüpfen und Gelegenheiten ergreifen, die Freude, Spaß und das befriedigende Gefühl erzeugen, etwas Sinnvolles zu tun.

Wieder ein praktisches Beispiel: Dr. Neddermeyer aus Wiesbaden ist Zahnarzt und hatte über Jahrzehnte eine gut gehende Praxis. Jetzt hat er sie verkauft. Aber schon lange vor seinem Ausscheiden aus dem so genannten „aktiven Berufsleben“, bereiste er die Welt und hat als ehrenamtlicher Zahnarzt bei vielen Projekten in Entwicklungsländern mitgeholfen. Inzwischen hat er beste

Kontakte in Indien, Thailand, Japan und Afrika. „Ich kann mir als Zahnarzt aussuchen, wo und auf welche Weise ich arbeiten möchte“, sagt er. „Überall bin ich willkommen und es macht einfach Freude, denjenigen zu helfen, die ohne mich überhaupt keine Zahnbehandlung bekämen. Das ist ein wundervolles Geben und Nehmen, denn ich bekomme von den Menschen viel Dankbarkeit und Freude zurück.“

Merken Sie, wie hier der Schwerpunkt des Lebens geändert wird, wie sich die Aufmerksamkeit und die Arbeit auf Dinge und Menschen konzentrieren, die Freude und Befriedigung ins eigene Leben bringen? Dr. Neddermeyer hat sich über viele Jahre ein großes soziales Netz aufgebaut und kann seine Reiselust mit guten Taten für die lokale Bevölkerung verbinden. Zusätzlich hält er Vorträge und arbeitet in internationalen Gremien mit. Als wäre das noch nicht genug, hat er jetzt noch eine Karriere als Hypnose-Therapeut begonnen. So werden ihm neuerdings von seinen Zahnarzt-Kollegen die Patienten empfohlen, die Angst vorm Zahnarzt haben oder nachts mit den Zähnen knirschen. Beides kann man mit Hypnose gut behandeln. Er hat auf seinem Weg auch immer wieder altes Gerümpel entsorgt, und zwar physisches genauso wie psychisches.

Das Entrümpeln und Loslassen ist ein Privileg des späteren Lebensalters und in dieser Lebensphase zunehmend wichtig. Bei vielen ist das ganze Sinnen und Trachten ein Leben lang auf mehr gerichtet. Mehr Geld, mehr Urlaub, ein größeres Auto, eine neue Wohnung usw. Also vor allem mehr materielle Dinge. Jetzt ist die Zeit, innezuhalten und sich zu fragen, was erhöht denn wirklich meine Lebensqualität? Brauche ich wirklich den zweiten Fernseher, eine Faxmaschine oder einen neuen Computer, gar ein neues Auto oder tut’s das alte noch eine Weile? Kann ich mein Geld vielleicht für bessere Dinge oder Aktivitäten ausgeben, die mein Leben intensiver, innerlich reicher machen, mir mehr Lebensqualität verschaffen? Entrümpeln und entmüllen rufen zunächst Abwehrreflexe in uns hervor. Denn sonst hätten wir es ja schon längst getan. Aber einmal damit angefangen, kommt eine Dynamik in Gang, die eine tiefe Befriedigung verschafft. Es ist wie beim Joggen oder wie beim Putzen der Wohnung: Die ersten zehn Minuten sind fürchterlich, dann wird es besser und zum Schluss fühlt man sich richtig gut.

Sicher haben Sie schon einen oder sogar mehrere Umzüge hinter sich gebracht. Waren Sie nicht entsetzt, was sich da im Laufe der Jahre alles in der Wohnung, im Keller oder auf dem Dachboden angesammelt hat? Die gebrauchten Briefumschläge, die Bilder von Tante Emmas Bali-Reise von vor 20 Jahren, alte Illustrierte, die Sie aufgehoben haben und nun überhaupt nicht mehr wissen, warum? Dazu noch reichlich Nippes und Klunker von eigenen Reisen, Geschenke von gut meinenden Verwandten, die man aus Höflichkeit aufbewahrt hat. Die schreckliche Vase von Onkel Heribert und Tante Frieda, die immer dann schnell aus dem Keller geholt wurde, wenn sie zu Besuch kamen? Kurz und schlecht: Das Zeug muss endlich weg! Mit viel Gepäck reist's sich schlecht!

Jeder, der schon einmal die Zähne zusammengebissen und einen total zugemüllten Schreibtisch aufgeräumt hat, wird bestätigen, wie wohl man sich danach fühlt. Man muss dann nämlich Prioritäten setzen: Wichtiges von Unwichtigem unterscheiden, was gehört in den Müll, was will ich wirklich aufheben und was muss noch bearbeitet werden? Das Gleiche kann man mit dem Kellerraum, dem Dachboden oder mit dem übervollen

Bücherregal machen. Eine „Chaos-Ecke“ gibt es fast in jeder Wohnung.

Die Prinzipien des Entmüllens bzw. Loslassens beschränken sich nicht auf die materiellen Dinge des Lebens. Sie sind vielleicht für die nichtmateriellen noch wichtiger. Welche Beziehungen will ich weiter pflegen, welche bedeuten für mich eigentlich nur Stress und welche sind für mich wirklich eine Quelle von Inspiration und Freude? Gibt es Menschen, mit denen ich regelmäßig Umgang pflege und bei denen ich anschließend ausgepowert, frustriert oder gar wütend bin? Schon wieder eine der unzähligen Auseinandersetzungen, die doch nichts bringen? Es gibt in diesen Fällen nur zwei sinnvolle Möglichkeiten: Entweder die Beziehung ändern, so dass man sich dort zumindest „emotional neutral“ verhalten kann, oder die Beziehung beenden.

Niemand zwingt Sie dazu, verletzende oder krank machende Beziehungen weiter zu pflegen. Wie Sie bereits wissen, gibt es „emotionale Analphabeten“, die aufgrund eigener Traumata nicht in der Lage sind, eine emotional tragfähige Beziehung zu leben. In jungen Jahren lässt sich so etwas schon einmal ertragen. Wenn man älter ist, ist dies meist reine Zeitverschwendung. Für so etwas ist das Leben zu kurz. Die meisten Menschen schrecken vor wirklicher Klarheit im Leben zurück. Denn dafür muss man den Mut haben, Entscheidungen zu treffen, und die Bereitschaft, sich auch mal unbeliebt zu machen.

Lieber gar keine Beziehung als eine kranke Beziehung.

Das mag hart klingen, ist aber im Zweifelsfall die bessere Lösung für alle Beteiligten. Wenn Sie die Beziehung nur aus Mitleid, weil Sie sich einen Vorteil versprechen oder dem Gefühl der Verpflichtung fortführen, betrügen Sie sich nicht nur selbst, sondern auch den anderen. Denn Sie wollen ja eigentlich gar keine Beziehung. Sie waren bisher lediglich zu feige oder zu faul, den Zustand zu ändern. Früher oder später wird so eine Beziehung aber sowieso enden. Entweder laut, mit Gezeter und Getöse oder heimlich, still und leise, im Sand verlaufend. Wenn das so ist, dann ist es meist ehrlicher und besser, das Ganze gleich zu entscheiden. Denn dann liegt das Heft des Handelns bei Ihnen und Sie machen konsequent einem Zustand ein Ende, der sowieso überaus ungesund war. Vielleicht lässt sich dieses Prinzip nicht sofort und nicht bei allen „Kandidaten" durchsetzen. Dann beginnen Sie langsam und erst mal bei einer Person. Am besten bei derjenigen, die Sie schon lange nervt und bei der sich Ihre Nackenhaare sträuben, wenn Sie nur an sie denken. Viele Menschen haben mindestens eine Beziehung in ihrem Leben, auf die das Gesagte zutrifft, eine Beziehung, die vergiftet oder doch so schwer geschädigt ist, dass dort nie etwas Positives herauskommen wird. Sie auch? Verschieben Sie die Entscheidung nicht, machen Sie einen Plan. Sie sind es sich selbst schuldig.

Das Gegenteil ist natürlich genauso wichtig. Suchen Sie sich neue Freunde und Menschen, die Sie inspirieren, von denen Sie etwas lernen können und mit denen Sie einen freudvollen Umgang haben. Nach einem guten Gespräch, einem herzlichen Austausch haben Sie nämlich auch mehr Energie als vorher. Bei einem schlechten ist es genau umgekehrt. Das Entmüllen und Loslassen ist eine lebenslange Aufgabe. Wenn wir älter werden, besteht eine großartige Möglichkeit für mehr Lebensqualität darin, die Prioritäten im Leben neu zu ordnen. Das befreit, lässt uns tiefer durchatmen und lenkt den Blick nach vorn. Unser Leben bekommt mehr Klarheit und

Fokus. Wir sind bereit für neue Taten und erhöhen unsere Lebensqualität.

3.8 Kluge Menschen haben viele Fragen

Das Problem besteht darin, dass Narren und Fanatiker ihrer Sache immer so sicher sind, während weise Menschen voller Zweifel sind.
(BERTRAND RUSSELL)

Manchmal halte ich Vorträge in Volkshochschulen, bei Firmen oder sonstigen Einrichtungen. Der direkte Kontakt mit den Menschen und der unmittelbare Austausch machen mir Freude und ich bemühe mich, mit meinen Zuhörern ins Gespräch zu kommen. Ich will ihnen etwas Neues mitteilen, aber nach Möglichkeit auch von ihnen etwas erfahren. Meist klappt das gut. Aber nicht immer. Dann und wann bin ich überrascht, wie wenig aktiv, wie wenig engagiert manche Menschen hinsichtlich ihrer eigenen Gesundheit und der Gestaltung ihres Lebens sind. Manche haben es sich in ihrer eigenen „Komfort-Zone" allzu bequem gemacht. Sie sind einfach passiv. Sie leben nach dem Motto: „Alles soll sich möglichst von selbst zum Besten wenden." Dass das nicht funktioniert, wissen sie insgeheim. Das hilft aber nicht. Die Bequemlichkeit siegt über das Wissen. Sie verlassen sich ganz auf andere. Die sollen für sie wichtige Entscheidungen fällen, Informationen einholen, Dinge besorgen, kurz, ihnen ein angenehmes Leben bescheren. Einige vermitteln auch den Eindruck, dass alles, was irgendwie nach Anstrengung aussieht, unter allen Umständen vermieden werden muss. Es sind meist die gleichen Menschen, die sich lauthals über die Zustände in unserer Gesellschaft beklagen oder darüber, dass es mit ihrer Gesundheit immer weiter bergab geht. Dabei spekulieren sie auf das Mitgefühl ihrer Umgebung und wollen auf jeden Fall ihre passive Haltung beibehalten. Die lautet nämlich allzu oft: „Die anderen sind schuld."

Das gute Alter ist auch eine Bringschuld. Wir dürfen das Heil nicht nur von anderen erwarten.

Das ist zum Glück nach meiner Beobachtung den meisten klar und sie handeln auch entsprechend. Und Sie, die oder der Sie dieses Buch lesen, gehören gewiss nicht zu der Kategorie der Passiven. Sie machen es anders. Denn heutzutage gibt es gerade für ältere Menschen eine Fülle von Möglichkeiten, das eigene Leben in die eigenen Hände zu nehmen und aktiver zu werden. Übrigens: Je jünger Sie sind, wenn Sie diese Zeilen lesen, desto besser. Denn dann können Sie die Weichen noch rechtzeitig stellen und früh genug Veränderungen im eigenen Lebensstil einleiten, die sich in vermehrter Lebensfreude, mehr Gesundheit, Fitness und persönlichem Glück auszahlen.

Am Ende eines Vortrages gibt es bei mir immer Gelegenheit zur Diskussion, man kann eigene Anmerkungen loswerden und vor allem Fragen stellen. Nicht, dass ich davon ausgehe, auf alles eine Antwort zu wissen. Aber Fragen sind ein Anfang. Und wie man weiß, gibt es keine dummen Fragen. Es ist wunderbar, wenn ein produktiver Dialog entsteht, und wenn alles gut läuft, ergeben sich vielleicht Lösungsansätze für konkrete Probleme. Wer wirklich etwas wissen will, dem steht die Welt mit ihren unerschöpflichen Wissensangeboten offen: Volkshochschulen, Bibliotheken, Lexika, das Internet, Expertenforen, Vorträge, gute Bücher und Buchhandlungen – die Liste könnte man problemlos verlängern.

Ich freue mich, wenn ich auf „unruhige Geister" treffe. Die sind mir am liebsten. Auf Menschen, die wissen wollen, wie die Welt (oder wenigstens ein kleiner Teil davon) funktioniert, wie was miteinander zusammenhängt. Die Anstrengungen unternehmen, das eigene Wissen zu vertiefen und zu verbreitern und danach trachten, das neue Wissen in die Praxis umzusetzen und dadurch auch das eigene Leben zu verbessern. Dann entsteht eine wunderbare Atmosphäre, ein tolles Klima der gegenseitigen Anregung und Inspiration. Hoffnung und Zuversicht breiten sich aus und im besten Falle gehen alle Zuhörer und auch ich mit einem Gefühl der Freude über den gelungenen Austausch auseinander.

Ich will aber nicht verschweigen, dass es manchmal anders kommt. Da versuche ich alle rhetorischen Register zu ziehen, aber es scheint kein Klima der Begeisterung, der sprühenden Ideen oder der interessierten Fragen aufzukommen. Dann blicke ich in alte und gelangweilte Gesichter. Sie schauen mich an, als ob ich in einem besonders obskuren Dialekt aus dem Althebräischen spräche. Ich habe es dann mit Menschen zu tun, die anscheinend in den letzten Jahren niemanden irgendetwas gefragt haben und die auch keine Lust haben, sich Gedanken um Dinge zu machen, die über die tägliche Routine hinausgehen. Das ist schade. Denn hier wird ein großes Stück Lebensqualität verschenkt.

Das hat übrigens nichts mit Schulbildung zu tun. Manchmal führe ich interessante Gespräche mit formal wenig gebildeten Menschen. Die können aber trotzdem innig, herzlich und von dem „unruhigen Geist" beseelt, sein, den ich erwähnt habe. Formale Bildung ist nur ein

Mosaikstein im großen Kunstwerk des geglückten Lebens.

Die, die mir richtig Spaß machen, sind immer dieselben: Die Fitten, Geistreichen und Aktiven, die sind sofort mit Fragen bei der Hand, sprühen vor Begeisterung und beleben die Diskussion. Die haben es „eigentlich“ nicht nötig, denn sie tun meist sowieso schon, was getan werden muss, denn sonst wären sie nicht so agil. Sie setzen eine wunderbare Spirale nach oben zu mehr Glück und Zufriedenheit in Gang. Auf der anderen Seite stehen diejenigen, die es ganz besonders angeht, also die Unbeweglichen, Passiven und Unzufriedenen. Die bleiben oft passiv, sagen nichts, fragen nichts und haben keine Meinung zu irgendetwas. Sie sitzen nur da, ihnen kann man schwerlich helfen. Ausgeprägte Passivität ist eine Störung, die ich letzten Endes für nicht behandelbar halte und die wahrscheinlich weiter verbreitet ist, als man gemeinhin annimmt. Diese Menschen setzen auch eine Spirale in Gang. Aber leider eine nach unten.

Die Super-Alten, von denen in diesem Buch die Rede ist, waren für mich auch deswegen so interessant, weil sie sich bis ins hohe Alter ihre geistige Beweglichkeit, ihren unruhigen Geist und ihren Wissensdurst bewahrt haben. Viele sind bis ins hohe Alter aktiv, tanzen auf vielen Hochzeiten, machen sich hier und da nützlich und unterstützen manchen, der in einer ungünstigeren Lage ist. Das kann jeder, der gesundheitlich noch einigermaßen auf der Höhe ist.

Sehen Sie sich beide Gruppen an. Entscheiden Sie für sich, zu welcher Sie gehören wollen. Es ist nicht so wichtig, in welcher Situation Sie jetzt stecken. Es ist nämlich keine Schande, in einer miserablen Lage zu sein. Es ist allerdings schon eine Schande, nichts dagegen zu tun oder nur auf andere zu hoffen. Die beste Hilfe ist immer die zur Selbsthilfe. Das macht allen Beteiligten Spaß, vor allem denen, die dann selbst wieder aktiv werden und die Verantwortung für ihr Leben übernehmen. Packen Sie's an, werden Sie aktiv und fragen Sie! Werden Sie zu einem unruhigen Geist! Nur dumme Menschen haben keine Fragen.

Lassen Sie mich ein Erlebnis schildern, das sich neulich in einer Volkshochschule hatte: Am Ende meines Vortrages kam eine nicht mehr ganz junge, attraktive Frau auf mich zu. Gut gekleidet, vielleicht 50 Jahre alt. Sie sprach leise, so dass die anderen es nicht hören konnten, und sagte mit leicht zitternder Stimme: „Ich habe mir ihren Vortrag angehört und er hat mich tief beeindruckt. Ich weiß jetzt, wo bei mir der Schlendrian eingerissen ist, wo ich mich hängen lasse. Ich habe keine Lust, in zwanzig Jahren meinen Lebensstil von heute zu bereuen. Ich habe soeben zwei Dinge beschlossen: erstens werde ich eine schädigende Beziehung beenden, die ich nur noch aus Bequemlichkeit aufrechterhalte. Außerdem werde ich meine Ernährung umstellen und vor allem die blöden Süßigkeiten weglassen. Dann kann ich auch die acht Kilo loswerden, die sich um meine Hüften gepackt haben. Es ist einfach ein Unding, dass man tagaus, tagein immer in denselben Bahnen denkt und dumme Gewohnheiten aus Bequemlichkeit immer weiter fortführt. Das Leben ist einfach zu kurz, um es derart zu vergeuden. Danke, dass Sie mir die Augen geöffnet haben, auf Wiedersehen." Ehe ich etwas sagen konnte, war sie wieder verschwunden.

Solche Bekenntnisse sind nicht häufig, aber sie kommen vor. Dann füllt sich mein Herz mit Freude und meine Seele singt, denn ich habe erreicht, was ich erreichen will, und diesem Menschen geholfen, das eigene Leben mit mehr Lebensqualität und Freude auszufüllen. Das hätten Sie auch gerne? Es geht ganz einfach: Überlegen Sie sich zwei Dinge, die Sie in Ihrem Tages- oder Wochenablauf ändern wollen. Dann schreiben Sie Ihre Vorhaben in Ihren Kalender und setzen sie in die Tat um, ohne Wenn und Aber. Ausreden akzeptieren Sie von diesem Zeitpunkt an nicht mehr. Joggen, walken, gesündere Lebensmittel kaufen, mehr Zeit mit Ihrem Partner verbringen oder Ihre Kinder in den Arm nehmen: Wenn Sie das tun, haben Sie ein Stück Freiheit gewonnen und eine gehörige Portion Weisheit gezeigt, womit wir beim nächsten Thema wären.

3.9 So viele Jahre und kein bisschen weise?

Das Meisterwerk der Weisheit besteht darin,
zu wissen, wie man alt wird. Es ist das Schwierigste
in der großen Kunst des Lebens.
(Henry Amiel)

Wer wünschte sich nicht, dass der Zuwachs an Lebensjahren auch automatisch mit einem Zuwachs an Weisheit einhergehen möge. Aber mit der Weisheit ist es so ähnlich wie mit dem Glück: Kaum glaubt man das Glück gepackt zu haben, so entwischt es einem wieder. Weise Menschen gab es zu allen Zeiten. Waren sie auch alle alt und muss man überhaupt ein bestimmtes Lebensalter „auf dem Buckel" haben, um weise zu sein? Sind ältere Menschen weiser als junge, trifft es zu, dass man generell von einer Zunahme an Weisheit in späteren Lebensjahren sprechen kann? Das sind schwierige Fragen, denn die Weisheit ist einer direkten Beobachtung oder gar wissenschaftlichen Betrachtung nur sehr schwer zugänglich. Versuchen wir's trotzdem.

Wenn Sie sich in Ihrem Bekanntenkreis umsehen, fallen Ihnen dann weise Menschen auf? Haben Sie einen Freund, einen Bekannten, gar einen Verwandten, den Sie als „weise“ ansehen? Die meisten Menschen, die ich gefragt habe, hatten darauf keine positive Antwort. Weise Menschen sind anscheinend rar, Weisheit ist also offensichtlich Mangelware. Was nicht sonderlich überrascht, wenn man z. B. einen Blick auf unsere Politiker wirft. Die meisten von ihnen sind sicher gut ausgebildet und auch intelligent, weise sind sie in aller Regel nicht. Woran mag das liegen? Sicher auch am politischen Geschäft, das hauptsächlich ein Spiel um die Macht ist, da bleibt für die Weisheit kein Spielraum. Gerade Politiker, Wirtschaftsführer und sonstige hohe „Würdenträger“ der Macht sind besonders gefährdet, in die folgenden psychologischen Fallen zu tappen:

- **Egozentrik-Falle:** „Ich glaube, dass sich alles nur um mich dreht und dass die beste Lösung die ist, bei der ich einen Vorteil habe. Die Auswirkungen dieses Verhaltens auf andere ignoriere ich. Was gehen mich die anderen an?“
- **Allmachts-Falle:** „Ich weiß schon alles über ein bestimmtes Problem. Ich brauche daher nicht zuzuhören und der Rat und das Wissen anderer interessieren mich nicht.“
- **Unverletzlichkeits-Falle:** „Ich kann tun und lassen, was ich will. Was andere von mir denken, ist mir egal, ich schere mich nicht darum. Mich beeindruckt gar nichts und ich bin unverletzlich.“
- **Unnahbarkeits-Falle:** „Die anderen können mir sowieso nicht das Wasser reichen. Daher ist es eine Vergeudung von Zeit und Energie, mich auf deren Niveau herabzulassen. Menschlichen Kontakt brau-

che ich mit diesen ‚Durchschnittsbürgern' keinen. Ich mache meinen Kram alleine. Alles andere ist Zeitverschwendung."

- **Macht-Falle:** „Wenn ich nur noch etwas mächtiger werde und auf der Karriere-Leiter noch zwei Stufen höher komme, dann wird es mir und anderen besser gehen, dann kann ich alles selbst bestimmen und das ist sicher das Beste für alle."

Wieder einmal zeigt sich, dass gerade „die da oben" mit vielerlei psychischen Einschränkungen leben müssen. Vielleicht ist ihr Leben nicht so glamourös, wie wir uns das manchmal vorstellen. Wir müssen also auf der Suche nach Weisheit woanders suchen.

Beim Thema Weisheit denkt man vielleicht an Menschen aus der Geschichte, die man als „weise" betrachtet, und man kann sich fragen, was deren „Weisheit" ausgemacht hat oder wodurch sie sich auszeichneten. Jeder kennt z. B. Albert Einstein, Bertolt Brecht oder Mahatma Gandhi. Waren dies weise Menschen? Einstein war sicher ein Genie, vielleicht war er auch weise. Das kann man an vielen überlieferten Äußerungen ablesen, die manchmal frech und verschmitzt daherkamen und trotzdem tiefgründig waren: „Zwei Dinge sind unendlich, das Universum und die menschliche Dummheit, aber bei dem Universum bin ich mir noch nicht ganz sicher."

Er hat auch gesagt: „Es gibt keine großen Entdeckungen und Fortschritte, solange es noch ein unglückliches Kind auf Erden gibt."

Beide Zitate zeigen, dass er über den Tag hinausdenken konnte, Humor hatte, nicht glaubte, für alles eine Lösung zu haben, und außerdem wohl ein schrulliger, aber angenehmer Mensch war, der immer ein Herz für Schwächere und wenig Begünstigte hatte. Mahatma

Gandhi hat den gewaltlosen Widerstand in Indien propagiert. Er führte das riesige Land gegen gigantische Widerstände mit nichts als Worten in die Unabhängigkeit. War er ein weiser Mensch?

Psychologen haben versucht, der Weisheit empirisch auf die Spur zu kommen. Es gibt bestimmte Fragestellungen, die man Versuchspersonen vorgelegt hat, z. B.: „Sie hören von einem guten Freund, dass sich dessen Sohn oder Tochter umbringen will.“ Oder: „Ein sechzehnjähriges Mädchen will heiraten, weil ein Kind unterwegs ist.“ Was raten Sie in diesen Fällen? Solche Fragen sind komplex, es gibt keine „richtigen“ oder „falschen“ Antworten. Aber bestimmte Äußerungen zeigen, wie wenig weise man hier reagieren kann. Antwortet man einer Sechzehnjährigen „Du bist einfach noch zu jung, warte noch ein paar Jahre“, ist eine solche Reaktion zwar verständlich, aber nicht weise. Wenn man einem potenziellen Selbstmörder – in bester Absicht – sagt „Jeder von uns hat mal einen Tiefpunkt. Kopf hoch, das wird schon wieder“, wird man mit dieser Äußerung erstens alles noch schlimmer machen und zweitens nur die eigene Hilflosigkeit demonstrieren, bestimmt jedoch keine Weisheit.

Brechts Novelle „Der Kaukasische Kreidekreis“ ist ein literarisches Beispiel für die Kraft der Weisheit: Zwei Frauen streiten um ein Kind und behaupten, die rechtmäßige Mutter zu sein. Der Richter lässt einen Kreis ziehen, das Kind steht innen, die Frauen außen. Dann fordert er sie auf, das Kind notfalls mit Gewalt aus dem Kreis zu sich zu ziehen. Diejenige Frau, die das Kind nicht herausreißt, weil sie es nicht verletzen will und deswegen nachgibt, liebt es von ganzem Herzen und hat nur sein Wohl im Auge. Das Urteil des Richters ist daher klar: Er spricht es ihr zu, nicht der „zupackenden“ Rivalin.

Sicherlich ein Beispiel für eine weise Entscheidung. Denn der Richter braucht dafür Lebenserfahrung, eine gute Kenntnis der menschlichen Psyche, die Fähigkeit, widersprüchliche Informationen unter einen Hut zu bringen, und die Fantasie, aus einer verworrenen Situation eine gute Lösung zu suchen. Alles Eigenschaften, die weise Menschen auf sich vereinigen.

Der Berliner Altersforscher Paul Baltes hat versucht, die Weisheit zu ergründen[12] und dabei einige interessante Dinge herausgefunden. So ist es keinesfalls so, dass weise Menschen alt sein müssen. Es gibt auch Junge, die sich überraschend weise verhalten können. Für die Alten gibt es jedoch die große Hoffnung, dass sie in punkto Weisheit nicht nur mit den Jungen konkurrieren, sondern sie vielleicht aufgrund ihrer Lebenserfahrung und eines größeren Wissensschatzes übertreffen können. Sie haben also einen potenziellen Vorteil. Das heißt aber nicht, dass alle Alten automatisch weise wären, ganz im Gegenteil: Weise Menschen sind auch unter Alten äußerst rar und man muss sich beizeiten bemühen, die Weisheit im eigenen Leben zu kultivieren. Richten Sie daher Ihre Aufmerksamkeit auf die folgenden Fragen:

- „Kann ich mit widersprüchlichen Informationen umgehen und dabei gelassen bleiben?"
- „Bin ich geneigt, im Zweifelsfall Verzeihung und Versöhnung den Vorzug zu geben?"
- „Weiß ich um die Endlichkeit meines Lebens und darum, was wirklich wichtig ist für mein Leben?"
- „Kenne ich die Relativität von Werten und Lebenszielen, ist mir klar, dass es keinen ‚Königsweg' gibt?"

---

[12] DIE ZEIT, Nr. 33, 2003 und Nr. 48, 2002

- „Kann ich zuhören und nicht nur Rat geben, sondern gleichermaßen von anderen Rat erbitten oder neige ich dazu, zu predigen und meine Weltsicht ungefragt zu verbreiten?"
- „Weiß ich, dass alle Menschen fehlbar sind (auch ich), und kann ich trotzdem nachsichtig bleiben?"

Die Fragen scheinen sich zunächst leicht mit Ja beantworten zu lassen. Wenn es aber konkret wird, dann wird es schwieriger. Leicht tappt man in die oben aufgeführten „Weisheits-Fallen". Aber auch Weisheit kann man lernen. Indem man sich z. B. zunächst mit dem eigenen Urteil zurückhält, dem Dialog Raum gibt, das vorhandene Wissen erst einmal prüft, vor widersprüchlichen Informationen keine Angst hat und vor allem viel Toleranz zeigt. Wer all das übt, wird nicht automatisch weise, hat aber bessere Chancen.

4 Die stärkste Waffe gegen das Altern: Du bist, was du isst

Die besten Vorsätze und die größte Weisheit helfen nicht viel, wenn man es versäumt, auf seinen Körper zu hören und ihn mit dem Besten zu versorgen, was Küche, Keller, Bioläden und Supermärkte zu bieten haben. Das ist jedoch einfacher gesagt, als getan. Auf Plakatwänden und in schlauen Zeitschriftenartikeln werden uns ständig widersprüchliche Botschaften vermittelt: „Fleisch ist ein Stück Lebenskraft", „Butter statt Margarine", „Fett macht fett", „mehr Kohlenhydrate", „weniger Zucker", so prasselt es auf uns nieder. „Was denn nun?", mag mancher fragen. All diese wohlfeilen Empfehlungen haben Sie sicher auch schon gehört. Was für die Menschen die beste Ernährung ist, ist seit Jahren umstritten und hinsichtlich der „besten" Ratschläge gibt es einen vielstimmigen, aber dissonanten Chor von Wissenschaftlern, Gurus, Geschäftemachern, Gutmenschen und Fanatikern. Es ist wie beim Thema Fußballnationalelf: Jeder weiß etwas, fühlt sich kompetent und gibt seinen Senf dazu. Je obstruser und wackliger eine Theorie ist, desto lautstärker wird sie vorgetragen.

Damit wollen wir uns aber nicht zufrieden geben. Wir brauchen eine solide Basis, auf der wir urteilen können.

Zu diesem Zweck lade ich Sie zu einer spannenden Reise zu unseren Urahnen ein, bei der wir die Grundlagen für unsere Ernährung erforschen wollen, die auch heute noch in unseren Genen vorhanden sind. Bei dieser Reise in eine längst vergangene Zeit werden wir den Hauch unserer Vergänglichkeit spüren, aber auch die Genialität der Evolution, die uns durch ständiges Ausprobieren und Verbessern zu dem gemacht hat, was wir heute sind.

4.1 Sind wir alle Steinzeitmenschen?

Irgendwo in der Mitte Afrikas vor mehr als einer halben Million Jahren. Die weite Savanne erstreckt sich bis zum Horizont. Es gibt Büsche, hohes Gras und ein paar Bäume. Es ist still, nur der Wind weht leise. Die glutrot aufgehende Sonne taucht den Morgen in ein bizarres Licht. Ein paar Vögel zirpen, ganz oben am Himmel kreisen ewig hungrige Geier auf der Suche nach Aas. Es ist warm, aber noch nicht glühend heiß.

Plötzlich bewegt sich etwas: Eine Gruppe Steinzeitmenschen kommt noch etwas unausgeschlafen aus einer Höhle. Ihr Anführer, ein muskulöser und drahtiger Mittzwanziger, schaut prüfend in die Morgensonne. Was wird der heutige Tag bringen? Können die Männer Wild erlegen, um ihre Sippe zu versorgen, oder müssen sie mit Beeren, essbaren Pflanzen oder Insekten vorlieb nehmen? Es ist schon ein paar Tage her, dass sie eine Gazelle erlegt haben. Das war schwierig genug und gelang nur, weil das Tier schon alt und geschwächt war und nicht mehr so leichtfüßig durch die Savanne laufen konnte. Bei jungen und gesunden Tieren haben die Männer normalerweise keine Chance. Dann können sie nur die Geier beobachten, die ihnen den Weg zu toten Tieren weisen.

Jählings kommt Leben in die Gruppe. Weit draußen bewegen sich kleine braune Punkte, kaum gegen das grelle Sonnenlicht auszumachen. Aber ihre scharfen Augen und ihre Erfahrungen sagen den Männern: „Essen am Horizont. Jetzt Ruhe bewahren, äußerste Konzentration und aufpassen!“ Sie setzen sich vorsichtig in Bewegung, laufen geduckt in die angepeilte Richtung und sind nach einer knappen Stunde dem Ziel etwas näher gerückt. Es ist eine Herde von Springböcken bei der Morgenäsung. Jetzt gilt es, alles richtig zu machen. Die Aussicht auf Nahrung lässt den Adrenalinspiegel der Männer steigen. Der Anführer gibt ein Zeichen, die Gruppe teilt sich und je fünf der Männer kreisen die nichts ahnenden Springböcke von zwei Seiten ein. Die Entfernung beträgt jetzt vielleicht noch 50 Meter. Haben die Springböcke etwas gemerkt? Jede falsche Bewegung, jedes falsche Geräusch kann alles zunichte machen. Man muss die Tiere vorsichtig von einer Seite in die andere Richtung treiben, so dass sie geradewegs den dort wartenden Jägern der zweiten Gruppe in die Arme laufen. Jetzt sind alle bereit. Ein kurzer Kampfschrei ertönt. Die Herde erschrickt und läuft in die gewünschte Richtung. Dort warten die Jäger tief geduckt im Büffelgras. Puls und Blutdruck steigen. Jetzt noch dreißig Meter ... noch zwanzig ... noch zehn ... Die Nerven sind zum Zerreißen gespannt. Dann ein kehliger Schrei und eine primitive Keule saust durch die Luft. Jetzt geht alles rasend schnell. Die Tiere fliehen in weiten, hohen Sprüngen und sind nach wenigen Sekunden verschwunden. Eines aber ist getroffen. Es erkennt die Gefahr und läuft seitlich in die halbhohen Büsche, nur schlecht zu sehen. Ganz anders als geplant. Die Männer haben keine Chance mehr. Auch dieser Bock ist verschwunden, ehe man etwas dagegen tun kann. Grunzende Flüche sind zu hören. Heute gibt es wieder nichts Vernünftiges zu essen. Jetzt erst mal ausruhen und eine wohlverdiente Pause.

So mag ein typischer Tag im Leben unserer Urahnen verlaufen sein. Er spielte sich nicht vor hundert, nicht vor tausend, nein, vor unvorstellbaren 500.000 Jahren ab. Solche frustrierenden Erlebnisse gab es damals viele. Lassen Sie uns generell einen Zeitraum betrachten, der vor ungefähr 2,5 Millionen Jahren begann und vor ca. 15.000 Jahren endete. Wir nennen unseren Urahnen vereinfachend den „Steinzeitmenschen". Irgendwann am Anfang dieser Zeit hat er sich von seinen Vorfahren aus dem Reich der Affen verabschiedet und ist seiner eigenen Wege gegangen. Dieser Steinzeitmensch hat damals unter für uns heute unvorstellbaren Bedingungen sein Leben gestalten müssen. Kein Strom, kein künstliches Licht, kein Kühlschrank, kein Telefon, kein Fortbewegungsmittel irgendwelcher Art, kein Händler, bei dem er irgendetwas hätte kaufen können, kein Arzt, keine Krankenversicherung. Nichts von alledem, was heute für uns selbstverständlich ist. Im Sommer sengende Hitze weitgehend ohne Schutz, im Winter Eiseskälte ohne Ofen oder Heizung. Dazu große und gefährliche Tiere, die das Leben ständig bedrohten. Dann noch allgegenwärtige tückische Krankheiten, gegen die es noch nicht einmal den Ansatz einer Behandlung gab. Die Menschen hätten angesichts dieser Umstände auch aussterben können. Aber irgendwie haben sie es geschafft zu überleben.

„Was hat das mit mir zu tun?", werden Sie fragen. Es ist eine Tatsache, dass wir praktisch die gleiche genetische Ausstattung in uns tragen und sich unsere Biologie bzw. Physiologie seit dieser Zeit nur wenig geändert hat. Es wird geschätzt, dass sich genetische Veränderungen ungefähr mit 0,5 % pro einer Million Jahre abspielen.[13] Die kleinen Neuerungen: Wir haben einen wesentlich größeren Schädel, der uns – eigentlich – zum besseren Denken befähigen sollte. Dass sich diese Hoffnung leider nicht bewahrheitet hat, wissen wir ja alle. Größe allein bringt es nicht. Wir sind ansonsten etwas höher gewachsen und leben viel länger. Alles andere sind Veränderungen, die man für die folgenden Betrachtungen getrost vernachlässigen kann.

Was also hat der Steinzeitmensch hauptsächlich gegessen, wie sahen seine Möglichkeiten aus, an Nahrung zu kommen? Es gab ja weder einen Bauern, der ihm etwas verkauft hätte, noch einen Supermarkt, in den er hätte gehen können. Auch der Bäcker um die Ecke fehlte unbequemerweise gänzlich, er kam erst ein paar 100.000 Jahre später. Der Steinzeitmensch musste daher praktisch seine ganze tägliche „Arbeitszeit" dafür verwenden, etwas Essbares zu finden, sich gegen große Tiere zu verteidigen und zu versuchen, kleine zu erlegen. Auch sonntags war ihm keine Ruhe vergönnt. Für Besinnlichkeit und so luxuriöse Fragen wie die nach der Art und Zusammensetzung seiner Ernährung hatte er keine Zeit, aber dafür sehr viel Hunger. Er nahm einfach, was er kriegen konnte, und das war manchmal knapp genug. Denn trotz großer körperlicher Anstrengungen musste er durch lange Perioden von Dürre, Hunger und Entbehrung gehen. Was also hat er bei seinen Streifzügen durch Steppen, Wälder und Savannen gefunden, gejagt und gegessen?

Dieser Frage hat sich Professor Loren Cordain[14], Physiologe und Sportmediziner an der Colorado State University, ein ganzes Forscherleben gewidmet. Er hat Fossilien gesammelt, sie genauestens untersucht, vermes-

---

[13] Simopoulos, 2002
[14] Cordain, 2002

sen, klassifiziert und ihr Alter bestimmt. Darüber hinaus hat er „moderne Steinzeitmenschen" in verschiedenen Teilen unserer Welt studiert, z.B. Indianer am Amazonas, Aborigines in Australien oder die Ureinwohner Indonesiens. Penibel hat er seine Aufzeichnungen und Forschungsergebnisse aufgeschrieben. Er fand Folgendes heraus:

- Mageres Fleisch von wilden Tieren war Hauptbestandteil der Ernährung.
- Es wurde kein Getreide gegessen, denn die Landwirtschaft fing erst vor ca. 15.000 Jahren an. Wilde Gräser waren ein seltener Notbehelf.
- Es gab keinen raffinierten Zucker, nur ganz selten etwas Honig.
- Steinzeitmenschen konnten keine Milchprodukte essen. Auch Ihnen würde es kaum gelingen, ein großes wildes Tier lebend zu fangen und es dann auch noch zu melken!
- Kohlenhydrate lieferten ausschließlich wilde Früchte und Gemüse. Deshalb war der Anteil an Kohlenhydraten sehr viel geringer und der Eiweißanteil sehr viel höher als heute.
- Fett gab es überwiegend in Form von Omega-3-Fetten. Diese gesunden Fette sind z. B. in Fischen wie Lachsen, Sardinen und Makrelen enthalten, aber auch im Fleisch von Wildtieren. Gesättigte Fette (Butter, Käse, Wurst, Süßigkeiten) gab es nicht oder nur wenig (aus fettem Fleisch).

Was lernen wir daraus? Es ist sicher eine gute Idee, zur Kenntnis zu nehmen, dass die beschriebene Ernährung für uns Menschen ungefähr zwei Millionen Jahre lang gegolten hat und wir daher genetisch an diese Art der

Ernährung angepasst sind. Ob uns das gefällt oder nicht. Gleichzeitig ist es das längste und überzeugendste Experiment zur Ernährungsforschung, das je unternommen wurde. Heißt das, dass man die beschriebenen Prinzipien befolgen muss? „Müssen“ sicherlich nicht, wir können aber, wenn wir wollen. Es wird sich heute niemand sklavisch genau an die genannten Erkenntnisse halten (wollen). Das ist auch nicht nötig und nicht empfehlenswert, denn wer wollte oder könnte schon selbst wilde Tiere jagen? Es gibt jedoch heute so viele Möglichkeiten der Nahrungsauswahl, dass man die obigen Grundsätze leicht an eine moderne, schmackhafte und gesunde Kost anpassen kann. Bei meinen Reisen und Studien hinsichtlich der Super-Alten war ich oft überrascht, denn:

Die Super-Alten lehnen sich auffallend häufig an die genannten Prinzipien der Ernährung an.

Schwere Ernährungsfehler, z. B. den massenhaften Verzehr von konzentrierten Kohlenhydraten in Form von Süßigkeiten, Pommes frites oder Kuchen, konnte ich nirgends beobachten. Wertlose Kalorienbomben wie Kartoffelchips oder Cola-Getränke wurden in aller Regel nicht verzehrt. Auch war der Eiweißanteil in der Nahrung dieser Menschen insgesamt relativ hoch, sie verzichteten meist nicht auf Fleisch oder Fisch, in Japan aßen sie zusätzlich viele eiweißreiche Sojaprodukte. Es wäre auch ein biologisches Wunder gewesen, wenn sich die gesündesten und fittesten Menschen dieser Erde völlig anders als unsere Urahnen ernährt hätten. Jetzt muss man nur noch überlegen, wie man diese Erkenntnis mit den Ergebnissen der modernen Ernährungsforschung kombinieren kann, so dass eine top-gesunde Ernährungsform bzw. ein entsprechender Lebensstil herauskommt, der auch relativ einfach im Alltag von modernen Menschen umzusetzen ist.

Wo die Menschen üblicherweise ihre Lebensmittel einkaufen, lauern Fallstricke und Fußangeln. Damit sie Ihnen nichts anhaben können, müssen Sie Ihr Bewusstsein schärfen und auf der Hut sein. Kommen Sie mit mir an einen Ort, von dem der Steinzeitmensch nur träumen konnte. Dort gibt es Nahrungsmittel in Hülle und Fülle, und damit eigentlich alles, was unser Körper zum Leben braucht – eigentlich.

4.2 Wer Schrott isst, rostet schneller

Eine beliebige Stadt irgendwo in Deutschland. Supermärkte gibt es viele. Doch Supermärkte sind eigenartige Einrichtungen: Auf der einen Seite geben sie uns die Möglichkeit, unsere Wünsche und Träume vom „guten Leben" unmittelbar umzusetzen. Zumindest was Essen und Trinken betrifft. Wir können aus einer schier unendlichen Fülle von Köstlichkeiten wählen. Der alte Traum der Menschheit ist auch in Europa erst in den letzten beiden Generationen wahr geworden: Nahrungsmittel stehen uns quasi unbeschränkt und jederzeit zur Verfügung. Für die Menschen vor uns war dies dagegen undenkbar. Sind wir aber deshalb glücklicher oder wenigstens gesünder?

Die Fülle ist zweifellos auch ein Segen. Doch nicht immer gereicht sie uns zum Vorteil. Wie wir schon wissen: Mehr bedeutet keinesfalls besser! Die Quantität ist da, aber wo ist die Qualität? Viele können mit den Wahlmöglichkeiten, die sich ihnen bieten, nicht umgehen. Sie kaufen keine Lebens-, sondern höchstens Nahrungsmittel. Denn zum „Leben" tragen viele Produkte im

Supermarkt nichts bei, ganz im Gegenteil. Nahrungsmittel dieser Art haben zwar meist viele Kalorien, aber sonst kaum etwas, was unserem Körper wirklich gut tut. Die Lebensmittelindustrie ist allerdings nicht ungeschickt, denn eines muss man ihr lassen: Sie schafft es häufig, dass gerade die schlechtesten Produkte am besten schmecken. Das wissen wir alle von Mohrenköpfen, Schokoriegeln, Sahnetorten und fetttriefenden Pommes frites mit Mayonnaise. Der gute Geschmack täuscht uns Wohlbefinden und Gesundheit vor, auch wenn tatsächlich genau das Gegenteil der Fall ist. Diese Waren beinhalten jede Menge Zucker, schlechte Kohlenhydrate oder schlechtes Fett und machen daher krank. Es gibt sie leider massenhaft und viele Menschen sind ganz wild darauf.

Begeben wir uns zur genaueren Beobachtung des alltäglichen Wahnwitzes in einen beliebigen Supermarkt. Wir befinden uns an der Kasse. Es gibt nur wenige Orte in unserer Gesellschaft, an denen sich jedes Individuum „entblättern“ muss und die ganze sorgsam gehütete Privatheit einer interessierten Öffentlichkeit zum freien Augenschein dargeboten wird. Die Kasse des Supermarktes ist ein solcher Ort. Dort muss jeder seine Ware fein säuberlich aufs Band legen und wenn man direkt dahinter steht, kann man gleich erkennen, wes Geistes und Körpers Kind der Vordermann oder die Vorderfrau ist. Alles liegt offen da. Für jedermann zur Einsicht und Betrachtung. Das klappt auch gut, wenn man in der Reihe nebenan steht und von der Seite auf die ganze ausgebreitete Pracht schielen kann. Man tut das natürlich diskret, denn man weiß ja, dass man gleich selber dran ist. Aber dafür dürfen wir uns jetzt mal Gedanken über unseren Vordermann machen und kräftig über seinen Lebensstil, sein Gesundheitsbewusstsein und seine generelle Esskultur spekulieren.

Nehmen wir an, Frau Gedankenlos steht vor uns und hat gerade ihre heiß geliebte Ware auf das Band gelegt. Direkt vor uns hat allerdings gerade eine Frau, die fast so breit wie hoch ist, für 2,99 Euro eingekauft und nestelt jetzt umständlich ihre Kreditkarte aus ihrer Handtasche. Diese Angelegenheit wird noch etwas länger dauern – sicher ist gerade im Moment auch kein Papier im Kassendrucker oder die Telefonleitung zur Bank überlastet oder es passiert sonst eine dieser Unwägbarkeiten, die immer dann auftreten, wenn wir an der Kasse stehen. Da wir aber brave Bürger sind, nehmen wir es mit Gelassenheit und schauen mit gespannter Konzentration auf die Produkte, die auf dem Band liegen. Da entdecken wir Dinge, die wir vielleicht dem Tierheim spenden würden, aber nur, wenn wir den Tieren eins auswischen wollten, und das täten wir nie. Besser wäre da vieles vielleicht als Füllmaterial für den Straßenbau oder bestenfalls als Kompostbeimischung geeignet. Aber jetzt konkret: Was finden wir da?

Es ist häufig eine grausige Mischung: z. B. übersüße Cola-Getränke, die durch den vielen Zucker fett machen und die arme Bauchspeicheldrüse traktieren. Bratwürste, deren ungesundes Fett die Gefäße verstopft. Süßigkeiten, überwiegend aus Industriefett und Zucker. Zigaretten, die Krebs verursachen und die Luft auch für andere verpesten. Fertiggerichte, die uns fertig machen. Eine billige Salami-Pizza für 1,99 Euro. Brühwürfel, fast nur aus Geschmacksverstärkern. Zwei Erdbeerjoghurts, in denen alles drin ist, nur keine Erdbeeren. Auch eine Flasche vom billigsten Rotwein, damit die Leber auch etwas vom Leben hat. Vier Croissants mit viel schlechtem Fett, denn die Franzosen ernähren sich ja angeblich gesund. Noch ein Pfund Hackfleisch, von dem wir nicht wissen, was drin ist und wo es herkommt. Zwei Konservendosen, deren Inhalt totgekocht und industrieverarbeitet ist und daher einen gesundheitlichen Wert von Null aufweist. Für Tante Käthe noch eine Schachtel Pralinen, damit die erhöhten Fett- und Zuckerwerte im Blut ja nicht sinken. Für die Kinder gibt's Gummibärchen mit viel Farbstoff, Fett und Zucker. Prost Mahlzeit!

So oder ähnlich sieht der Inhalt vieler Einkaufskörbe aus. Würde ein Mercedes-Besitzer je auf den Gedanken kommen, in den Tankstutzen seines geliebten Gefährts Jauche zu füllen? Bei ihrem Körper sehen das offensichtlich viele anders und haben kein Problem, das entsprechende Äquivalent – geschmacklich nur etwas aufgepeppt – in sich hineinzuschaufeln. Damit nicht genug: Da die genannten Nahrungsmittel auf jeden Fall möglichst billig sein sollen, können sie nur industriell erzeugt werden. Das geht zwangsläufig einher mit einer Zerstörung der Umwelt durch industrielle Landwirtschaft und bei Fleisch, Wurst und Eiern mit tierquälerischen Zuständen, die wir unserem ärgsten Feind nicht wünschen.

Selbstverständlich gibt es auch Menschen, die ihre Gesundheit ernst nehmen und daher bei der Auswahl ihrer Lebensmittel Sorgfalt und kluge Auswahl an den Tag legen, die wissen, dass sie auch eine Entscheidung über Anbaumethoden, Umweltschutz und die Art der Lebensmittelproduktion fällen. Das ist sogar eine steigende Anzahl. Es sind allerdings immer noch viel zu wenige. Den Supermarkt trifft dabei keine Schuld. Supermärkte sind nicht dazu da, uns mit den wertvollsten Lebensmitteln zu versorgen, sondern sie sollen für ihre Eigentümer Geld erwirtschaften. Der Besitzer eines Supermarkts wird nur reagieren, wenn wir Lebensmittel verlangen, die diesen Namen verdienen, und die minderwertigen Produkte in den Regalen vergammeln. Dann müssten wir aber auch bereit sein, etwas mehr als 9 %

unseres Einkommens für Lebensmittel zu bezahlen, so wie wir das im Moment im Durchschnitt tun. Eigentlich ein lächerlich geringer Betrag.

Lebensmittel sind – im Vergleich zu anderen Dingen – in Europa viel zu billig. Vor 50 Jahren musste man etwa 50 % des Einkommens für Lebensmittel ausgegeben und vor hundert Jahren etwa 90 %. Lebensmittel kosten also heute real nur ein Zehntel dessen, was sie im Durchschnitt vor hundert Jahren gekostet haben. Wir leben also wirklich in paradiesischen Verhältnissen, was die Preise angeht. Merkt das aber irgendjemand? Man könnte mit geringem zusätzlichem Aufwand köstliche und vor allem gesunde Lebensmittel zu sich nehmen, die die Umwelt nicht zerstören und den Tieren ein lebenswertes Leben zugestehen. Die Frage ist also nicht das Können, sondern das Wollen. Bei Ihnen, dem geschätzten Leser dieses Buches, bin ich mir da sicher. Sie wollen bestimmt. Also kaufen Sie Ihre Lebensmittel hauptsächlich beim Biobauern und unterstützen damit eine verantwortungsvolle Landwirtschaft und lebenswerte Umwelt, die auch unseren Kindern und Enkeln noch eine Erde zurücklässt, die wir nicht in eine Müllhalde verwandelt haben.

Es ist gut möglich, sich zunächst einmal teilweise im Bioladen zu versorgen und Schritt für Schritt den Anteil der gesunden Lebensmittel auszuweiten und gleichzeitig den schlimmsten Schrott, z. B. Zigaretten oder Cola-Getränke, wegzulassen. Dem Diktat der Billigheimer kann man sich entziehen. Wer bereit ist, auch im Supermarkt nach guter Ware zu greifen, wer auf Qualität statt auf schrille Niedrigpreis-Aktionen schielt, der wird am Ende der Gewinner sein. Man muss es nur denjenigen nachmachen, die das über viele Jahrzehnte vorexerziert haben. Die fitten und gesunden Menschen, die sich noch das eigene Denkvermögen bewahrt haben und daher dort kaufen, wo Qualität vor Quantität geht. In den Mittelmeerländern gibt es jede Woche Bauernmärkte, auf denen die Erzeuger um die Kunden werben müssen. Hier wird noch Qualität geboten. Minderwertiges kann hier nicht verkauft werden. Auch bei uns lässt sich diese Art des Einkaufs praktizieren. Ein Plausch mit der Gemüseverkäuferin auf dem Markt macht allemal mehr Spaß als der anonyme Einkauf im Supermarkt.

4.3 Lebensenergie pur: Obst und Gemüse

Hören wir doch zunächst einmal hin, was uns Ernährungsexperten und Mediziner zu sagen haben, wenn sie ausnahmsweise einer Meinung sind. Die Botschaft ist einfach und klar:

Esst mehr Obst und Gemüse!

„Genau das tue ich doch", werden Sie sagen und das trifft sogar für die große Masse der Deutschen zu. Leider sind es im Durchschnitt so geringe Mengen, dass man hiervon keine große gesundheitliche Wirkung erwarten darf. Oft ist es immer noch so, dass das panierte Schnitzel oder das Steak riesengroß ist, der dazugehörige Salat- oder Gemüseteller allerdings eher symbolischen Charakter hat und die entsprechenden Zutaten mit der Lupe gesucht werden müssen. Das jämmerliche Salatblatt kann einem fast Leid tun, denn es liegt einsam und verloren neben dem zu großen Kotelett mit den fettigen Pommes.

Viel Obst und Gemüse auf dem Teller ist in der Tat eine großartige Idee, wenn Sie Ihre Gesundheit entscheidend verbessern wollen. Je mehr die Forschung herausfindet, desto mehr Wunderdinge werden von einer obst- und gemüsebetonten Diät berichtet. Diese Produkte enthalten viele Ballaststoffe, die den Darm reinigen, für eine gute Verdauung sorgen und den Cholesterinspiegel senken. Die Faserstoffe verkürzen die Passagezeit des Stuhls und begünstigen eine regelmäßige Darmentleerung. Damit werden zahlreiche schädliche Stoffe, die sich aus der Stoffwechseltätigkeit des Organismus im Darm ansammeln, schnell eliminiert. So unappetitliche Dinge wie Fäulnisbildung, Gärung und Wachstum von Schimmelpilzen werden verhindert. Nicht umsonst sagt schon Paracelsus: „Der Tod sitzt im Darm." Viele Menschen, die chronisch krank sind, haben ihre diesbezügliche „Karriere" mit einer falschen Ernährung begonnen, die dann auch in einen kranken Darm mündete.

Obst und Gemüse können aber noch viel mehr: Sie enthalten mächtige Vitalstoffe, nämlich Antioxidanzien, Enzyme, Vitamine und Mineralstoffe, die alle vielfältige Aufgaben im Organismus haben und gemeinsam für eine große Gesundheitswirkung sorgen. Über Vitamine und Mineralstoffe und deren gesundheitliche Wirkungen haben Sie schon viel gehört. Besonders interessant sind aber auch die so genannten „sekundären Pflanzenstoffe", wie Farbstoffe, pflanzliche Hormone, pflanzliche Antibiotika (z.B. in Senf oder Meerrettich) oder Duftstoffe. Mutter Natur ist freigebig und schenkt uns aus ihrem riesigen Schatz viele Vitalstoffe und sogar Medikamente. Zusammengenommen schützen sie sogar vor schlimmen Leiden und können uns – in Kombination mit anderen Maßnahmen, über die wir noch sprechen werden – wahrscheinlich vor ca. 50 % aller Krebskrankheiten bewahren. In Deutschland sterben jedes Jahr rund 200.000 Menschen an Krebs. Die Hälfte von ihnen könnte gerettet werden.

Die meisten könnten durch ihren Lebenswandel dazu beitragen, gesund zu bleiben. Gäbe es eine „Wunderpille“ mit vergleichbaren Fähigkeiten, hätte jeder Pharmakonzern einen solchen „Blockbuster“ gerne in seinem Angebot, denn man könnte damit einen Riesen-Gewinn machen.

Sie aber können der Pharmaindustrie ein Schnippchen schlagen. Besser als jede Pille ist der gesteigerte Konsum von Obst und Gemüse. Mir geht es dabei nicht so sehr um das Geld, das die Versichertengemeinschaft sparen könnte. Mir geht es vor allem um das unsägliche Leid von kranken Menschen, die manchmal jahrelange körperliche und seelische Verstümmelung, Stahl, Strahl und aggressive Vergiftung (Operation, Bestrahlung und Chemotherapie) und generell viel zu frühes Siechtum ertragen müssen. Freilich muss auch gesagt werden, dass viele sich dieses Schicksal ersparen könnten, wenn sie bei der Auswahl ihrer Lebensmittel etwas mehr Sorgfalt an den Tag legen und lediglich ein paar einfache zusätzliche Maßnahmen (z. B. nicht rauchen, Sport treiben, übermäßigen Stress vermeiden) beherzigen würden. Obst sollte übrigens immer roh gegessen werden, möglichst auf leeren Magen, so hat es noch die wertvollen Enzyme und Vitamine. Nicht mit anderen Nahrungsmitteln (z. Brot oder Fleisch oder Fisch) mischen, denn dies kann bei empfindlichen Menschen Verdauungsprobleme verursachen und Gärungs- oder Fäulnisprozesse im Darm in Gang setzen.

Wie aber erhöht man seinen Obst- und Gemüsekonsum? 500-800 Gramm sollten es – über den Tag verteilt – schon sein. Wir folgen mit diesen Mengenangaben nur dem, was in anderen Regionen dieser Erde üblich ist. Sie wissen, dass die Menschen in den Mittelmeerländern länger leben und im Schnitt gesünder und fitter sind als wir, von den Japanern ganz zu schweigen. Was machen die Menschen dort? Sie essen unter anderem im Vergleich zu uns die doppelte Menge Obst und Gemüse. Dadurch bekommen sie all die Wunderstoffe, die ich beschrieben habe.

„Wie soll ich das packen, so viel Obst und Gemüse?“, fragen Sie vielleicht. Nichts einfacher als das. Die meisten von uns haben morgens keinen großen Hunger und auch keine Zeit (besser gesagt, sie nehmen sich die Zeit nicht oder wollen länger schlafen). Da macht man doch aus der Not eine Tugend! Morgens essen Sie also einen Obstsalat, der in fünf Minuten zubereitet ist: Wählen Sie aus fast unendlichen Variationsmöglichkeiten: Äpfel, Birnen, Kiwis, Brombeeren, Himbeeren (auch aus der Gefriertruhe, am Vorabend in den Kühlschrank gestellt), Erdbeeren, eine halbe Banane, Apfelsinen, Grapefruit – was Sie mögen. Nur sehr süße Früchte in größeren Mengen meiden Sie, wegen des hohen Zuckergehalts (z.B. Feigen oder Datteln). Warum der Zucker schlecht ist, erfahren Sie im folgenden Kapitel „Die Zucker-Connection“ noch genauer. Damit sich keine Einseitigkeit einschleicht, wechseln Sie die Früchte häufig.

Praxistipp: Exotischer Obstsalat „Tropensonne“

Zubereitungszeit: fünf Minuten

Tropische Früchte, z. B. Ananas, Mango, Papaya, Guaven, Kiwis oder Wassermelonen (Äpfel und Birnen gehen auch) waschen, klein schneiden, einen kleinen Becher ungesüßten Magerjoghurt oder Kefir dazu, eine halbe Banane mit einer Gabel zerdrücken, umrühren, fertig! Schmeckt köstlich, geht schnell und ist Vitalität pur. So fängt Ihr Tag gut an. Die Hälfte Ihres Obstkonsums haben Sie dadurch schon fast geschafft. Wer will, gibt noch einen Esslöffel Weizenkeime als zusätzliche Vitalbombe hinzu. Einfacher geht's nicht!

Im Büro oder am Arbeitsplatz essen Sie um 11 Uhr einen weiteren Apfel oder anderes Obst. Bestens geeignet sind auch Gemüsesticks, die man aus roten oder gelben Paprika, Sellerie, Mohrrüben, Brokkoli, Lauch oder Blumenkohl leicht zubereiten kann. So kriegen Sie schon in der ersten Tageshälfte Ihre Portion Gemüse ab. Dazu noch ein leichter Tofu-Dip oder Joghurtsoße, einfach köstlich. Das alles bringen Sie in einer Frischhaltedose mit und haben es griffbereit am Arbeitsplatz. Nach der Mittagsmahlzeit zu Hause oder in einer guten Kantine machen sich vielleicht am späten Nachmittag wieder leichte Hungergefühle bemerkbar, denn Sie schlagen sich ja mittags nicht den Bauch voll. Sie knabbern also weiter und siehe da, ein Pfund Obst und Gemüse ist locker geschafft. Wenn Sie mittags oder abends noch einen Salatteller oder eine Gemüsebeilage essen, haben Sie Ihr Soll sogar übererfüllt.

Dafür dürfen wir uns jetzt auch belohnen. Wir machen gemeinsam eine Reise in die aufregende Welt der Südsee.

4.4 Die Zucker-Connection

Die unermessliche Weite des Wassers ist das Erste, was einem auffällt, wenn man mit dem Flugzeug von Hawaii zu den Cook Islands fliegt. Nach dem langen Flug bin ich gespannt, was mich auf dieser Südsee-Insel erwartet. Ich habe schon viel gehört: Da soll es warmherzige Menschen geben, die sich noch des Lebens freuen können und den lieben Gott einen guten Mann sein lassen. Die sich von dem ernähren, was ihnen die Natur liefert, vor allem Früchte, Gemüse und fangfrische Fische. Nachdem das Flugzeug die Insel einmal umrundet hat, kommt der kleine Flughafen Rarotonga in Sicht. „Hoffentlich kann der Pilot hier landen und setzt die Maschine nicht ins Wasser“, denke ich. Der Landeanflug verläuft aber ohne Probleme und nach dem Aufsetzen rollen wir sanft zum Abfertigungsgebäude. Das sieht so aus wie bei uns eine größere Haltestelle für den Stadtbus. Ich stolpere etwas ungelenk die Gangway hinunter und bin noch etwas groggy von dem langen Flug. Warme Südseeluft schlägt mir entgegen. Ich halte meinen Pass bereit und bin auch auf mürrische Zöllner eingestellt. Aber weit gefehlt!

Eine Südsee-Schöne kommt auf mich zu und hängt mir mit einem strahlenden Lächeln einen Kranz Orchideen um den Hals. „Womit habe ich das denn verdient?“, frage ich. Ich kriege aber keine Antwort, denn sie ist schon bei einem weiteren Ankömmling. Vor dem „Abfertigungsgebäude“ spielt eine Band und es erklingt rhythmische Südsee-Musik, die mit Trommeln und der Ukulele, einer Art viersaitigen Gitarre, gespielt wird. Ich bin mehr als angenehm überrascht und denke: „Das könnte man doch auch in Frankfurt einführen, oder?“ Auch der Zöllner ist freundlich, lacht mich an und setzt mit großem Schwung und einem hörbaren „plopp“ einen Stempel in meinen Pass. Das war's. Die Koffer werden auf Handkarren herangefahren. Ein Bus bringt mich ins Hotel, ein Deckenventilator surrt in der Eingangshalle. Schnell bin ich auf meinem Zimmer und lege mich aufs Bett. Erschöpft, aber neugierig bin ich im „Paradies“ angekommen. Was kann ich von diesen Menschen lernen?

In den nächsten Tagen mache ich mich mit den Sitten und Gebräuchen der Insulaner vertraut. Mich interessiert, was sie essen, wie sie leben, wie sie feiern und wie sie lieben. Es gibt viel zu entdecken. Die umwerfende Freundlichkeit der Menschen lässt sich nicht beschreiben, man muss es erlebt haben. Es ist z. B. unmöglich, auf irgendeiner Seitenstraße zu laufen, ohne dass ein Auto anhält. „Wohin wollen Sie, Mister“, fragt ein dickbäuchiger Insulaner. „Steigen Sie ein!“ Eine angeregte Unterhaltung beginnt. „Ah, Germany“, sagt er. „Good country, good cars.“ Er lacht herzlich und seine Goldzähne blitzen in der Sonne. So geht das dauernd. Wildfremde Menschen halten mich auf der Straße an, wollen mir Früchte schenken oder mich zum Essen einladen. „Ich bin ja hier wirklich im Paradies“, denke ich.

Der dicke Insulaner, der mich im Auto mitnimmt und bis an mein Hotel bringt, erinnert mich allerdings daran, dass ich wissen will, was die Leute essen, wie alt sie werden, wie fit sie sind und welche Probleme es dabei gibt. Ich hatte von der Schattenseite dieses Paradieses gehört. Nach und nach erfahre ich die Wahrheit: Diabetes ist seit 1997 um 71 Prozent gestiegen. 18 Prozent der Bevölkerung leiden unter der Krankheit,[15] die Dunkelziffer nicht eingerechnet. Solche Zahlen sind erschreckend. Sie sind mit die höchsten auf der Welt und zeigen drastisch, wie man es nicht machen darf. Was ist passiert?

Die Insulaner ernährten sich traditionellerweise von viel Obst, Gemüse und Fisch. Auf den Cook Islands muss keiner hungern. Mangos, Papayas, Kokosnüsse, Orangen, Süßkartoffeln, Brotfrucht und Fische in Hülle und Fülle. Es ist alles vorhanden und vieles kann man sogar selbst ernten, wenn man will. Da sonst keine Einkommensquelle verfügbar ist, mussten die Menschen über Jahrhunderte hart arbeiten. Entweder auf den Feldern oder als Fischer, die in den umliegenden, fischreichen Gewässern allerlei Meeresgetier aus dem Wasser holten. Solange sie dies taten, ging es ihnen gut. Dann kam mit Macht die moderne Zeit. Besucher aus aller Welt brachten allerlei fremde Genüsse mit: Süßigkeiten, Kuchen, Konserven, Junk Food.

Durch die vielen Touristen und deren Dollars brauchte man plötzlich nicht mehr körperlich hart zu arbeiten. Das Auto und andere moderne Fortbewegungsmittel sorgten dafür, dass man kaum mehr zu Fuß ging. Es ergab sich ein Lebensstil, für den die Insulaner genetisch nicht ausgestattet waren. Sie bewegten sich nicht mehr genug, verließen den Pfad ihrer traditionellen Ernährungsweise und schwenkten um auf „moderne Nahrungsmittel“. Weißbrot ist eines davon und die einzige Art Brot, die es auf den Cook Islands gibt. Es schmeckt toll, keine Frage, insbesondere wenn es frisch aus dem

[15] Cook Islands, 2004

Ofen kommt. So greifen natürlich auch die Einheimischen kräftig zu.

Diese Kombination aus schlechter Ernährung, mangelnder Bewegung und Unkenntnis brachte innerhalb weniger Jahrzehnte eine wahre Epidemie an Zuckerkranken hervor, unter der die kleine Insel furchtbar leidet. 50 % der Bevölkerung gelten als krankhaft übergewichtig. Die Folgeschäden des Diabetes bringen unsägliches Leid über die Menschen und ihre Angehörigen: Nierenschäden, Netzhauterkrankungen bis zur Erblindung und Nervenschädigungen bis zur Amputation von Gliedmaßen. Es wird lange dauern, bis die lokalen Behörden durch massives Umsteuern bei Ernährung und Lebensstil eine wesentliche Besserung der Gesundheitslage erreichen werden.

Das Beispiel der Cook Islands führt drastisch vor Augen, was passiert, wenn man konsequent gegen die genetische Ausstattung des Körpers handelt. Man kann das zwar ungestraft einige Jahre tun, aber irgendwann holt einen das Schicksal ein. Unser Körper lässt sich auf die Dauer nicht beschummeln. Das haben die Super-Alten natürlich längst erkannt und machen diese Fehler nicht. Sie hüten sich vor allzu hohem Zuckergenuss, ohne ihn pauschal zu verteufeln. Ein kleines Stück Kuchen oder eine kleine Portion Eis, ab und zu mit Genuss gegessen, verträgt jeder ohne Schaden. Der massenhafte Verzehr von Zucker bringt allerdings große gesundheitliche Probleme mit sich. Jeder Deutsche isst jährlich 43 kg raffinierten Zucker, das sind mehr als 20 Teelöffel täglich. Solche Mengen kann der Körper nicht ohne Schaden verkraften.

Wir sind erst die zweite Generation, die unbeschränkte Zuckermengen zur Verfügung hat. Noch die Generation unserer Großeltern kannte das nicht. Es geht nicht darum, dass ich Ihnen den süßen Genuss nicht gönnen würde, sondern darum, dass ich keinen Super-Alten getroffen habe, der viel Zucker gegessen hätte. Auch die jüngeren der Super-Alten tun dies nicht. Inzwischen ist bewiesen: Hoher Zuckerkonsum macht alt, krank und fett. Das Zuckerhormon Insulin senkt nicht nur den Zuckergehalt im Blut, es verhindert zusätzlich den Fettabbau. Übermäßiger Zuckergenuss führt zu hohen Insulinspiegeln und hohe Insulinspiegel machen dick. Zweitens „verzuckern“ die Zellen und sie altern schneller. Labortiere **altern bei einer hohen Zuckerdiät doppelt so schnell** wie ihre Artgenossen. Nach allem was man weiß, ist das auch beim Menschen der Fall.

Zucker ist ein Alters-Turbo ersten Ranges.

Es gibt kaum ein besseres Mittel, um vorschnell alt zu werden: Man wird im Eiltempo grau und faltig. Wer dagegen lange jung und vital bleiben will, sollte also beim Zucker Zurückhaltung üben. Das „süße Leben“ hält leider nicht, was es verspricht.

Wer zu hohe Zuckerwerte hat, ist oft zu dick, leidet an Bluthochdruck und hohen Blutfettwerten. Man nennt diesen Komplex von Symptomen auch „metabolisches Syndrom“ oder „Syndrom X“. Wer aber vorhat, gesund, schlank und fit zu bleiben und auch im Alter keinen Diabetes zu bekommen, der muss den **Zucker wie ein Gewürz verwenden**, nicht wie ein Nahrungsmittel. Was also ist empfehlenswert, wie macht man es besser und wie bleibt man fit, auch wenn man gerne mal etwas Süßes isst? Es ist ganz einfach und mit keinerlei Einschränkungen verbunden:

Wir können auf das zurückgreifen, was wir in der Natur schon immer gefunden haben und was uns süßen Geschmack ohne Reue liefert: frische Früchte. Früchte dürfen Sie im Prinzip unbeschränkt essen. Ihr Zuckergehalt ist nicht so hoch, wie man vermuten könnte, denn sie enthalten viele Ballaststoffe, Wasser, Vitamine, Mineralstoffe und Spurenelemente, also alles, was das Herz des Vitalstoff-Begeisterten erfreut. Alle diese bioaktiven Substanzen sind in Früchten in ihrer idealen Umgebung eingebunden und wirken synergistisch, das heißt, sie wirken zusammen viel besser, als wenn man beispielsweise per Tablette die Einzelstoffe separat einnehmen würde. Abgesehen davon, dass es solche Wunderpillen nicht gibt, da in jedem Apfel Hunderte, vielleicht Tausende von Wirkstoffen enthalten sind, die man noch nicht einmal alle kennt und erst recht nicht in einer Tablette verpacken könnte.

Bei den Früchten gibt es lediglich eine Einschränkung: die Trockenfrüchte, die leider so gut schmecken, dass man sich damit gerne mal den Bauch voll schlagen möchte. Ist doch sicher besser als ein Stück Torte, oder? Doch Vorsicht: Trockenfrüchte sind streng genommen kein Naturprodukt, da sie ja in der Natur nicht vorkommen. Ihnen fehlt das Wasser der frischen Frucht und das geringe Volumen gaukelt uns vor, nur eine kleine Menge zu essen. Leider sind Trockenfrüchte wahre Kalorienbomben und haben enorm viel Zucker. Sehen Sie sich die folgenden Tabellen[16] an. Die erste zeigt den Zuckergehalt von frischen Früchten, die zweite den Zuckeranteil von Trockenfrüchten. Bei den Trockenfrüchten stehen außerdem Angaben zu verschiedenen konzentrierten Zuckerformen, z. B. zum weißen Haushaltszucker.

[16] auszugsweise nach Prof. Cordain: www.paleodiet.com

Zuckergehalt von frischen Früchten	
Zucker in Gramm (pro 100 Gramm Früchte)	
Trauben	18.1
Bananen	15.6
Mango	14.8
Süße Kirschen	14.6
Äpfel	13.3
Ananas	11.9
Kiwi	10.5
Birne	10.5
Himbeeren	9.5
Aprikosen	9.3
Orangen	9.2
Wassermelone	9.0
Pfirsich	8.7
Nektarinen	8.5
Pflaumen	7.5
Feigen	6.9
Grapefruit	6.2
Papaya	5.9
Erdbeeren	5.8

Zuckergehalt von Trockenfrüchten und einigen Zuckerarten	
Zucker in Gramm (pro 100 Gramm Früchte)	
Weißer Haushaltszucker	97.0
Brauner Zucker	89.7
Honig	81.9
Maissirup	80.0
Mangos, getrocknet	73.0
Rosinen, getrocknet	70.6
Datteln, getrocknet	64.2
Feigen, getrocknet	62.3
Melasse	60.0
Papaya, getrocknet	53.5
Pflaumen, getrocknet	44.0
Aprikosen, getrocknet	38.9

Vergleichen Sie den Zuckergehalt von frischen und getrockneten Früchten. Sind Sie von dem hohen Gehalt an Zucker bei Trockenobst nicht auch überrascht? Besondere Vorsicht ist daher angebracht und man sollte nur eine kleine Menge essen, sonst läuft der Stoffwechsel aus dem Ruder.

Zwar ist in den Trockenfrüchten neben der Glukose auch immer Fruchtzucker enthalten, der für unseren Körper weniger schädlich ist, weil Fruchtzucker – in Maßen genossen – ohne Beteiligung der Bauchspeicheldrüse verstoffwechselt werden kann. Diabetiker dürfen daher auch Fruchtzucker essen. Trotzdem ist zu viel Fruchtzucker auch nicht gesund. Fettpolster und Karies werden auch durch Fruchtzucker erzeugt, die Fettwerte im Blut steigen.

Freuen Sie sich über eine Feige oder ein Stück Trockenpflaume auf einem Dessert. Kaufen Sie aber nicht die 500-g-Packung und vertilgen diese „zwischendurch". Sie würden sich bald über Hüftspeck oder einen Fettbauch ärgern.

Was ist das Problematische am Zucker? Zucker war über Jahrhunderte ein reines Gewürz und wurde auch so verwendet. Ein Anstieg des Zuckerverbrauchs pro Person und Jahr von ganzen 6 kg um 1900 bis auf 43 kg heute musste in unserem Körper irgendwann eine Spur der Verwüstung hinterlassen. Trotz aller Diätprogramme und einer wahren Flut von Diätratgebern, trotz kalorien- und fettreduzierten Lebensmitteln scheinen sich die gefürchteten „Rettungsringe" bzw. der Hüftspeck bei allzu vielen Menschen immer weiter anzuhäufen. Schon Kinder sind heute fettsüchtig.

Wir sind genetisch nicht ausgestattet, um solche enormen Zuckermengen unbeschadet verarbeiten zu können. Denken Sie an den Steinzeitmenschen, der froh sein konnte, wenn er ein paar Mal im Jahr etwas Honig fand und manchmal ein paar wilde Früchte. Die Früchte von damals waren aber Wildformen, die noch nicht auf „süß" gezüchtet waren. Sie schmeckten mit ziemlicher Sicherheit eher sauer, enthielten also höchstwahrscheinlich sehr wenig Zucker. Kurz und gut: Der Steinzeitmensch bekam einfach keinen Zucker, auch wenn er ihn gern gehabt hätte. Als seine Nachfahren können wir deshalb große Zuckermengen nicht problemlos verarbeiten.

Heute ist Zucker längst keine Mangelware und auch kein Gewürz mehr, sondern allgegenwärtig: Nicht nur dort, wo Sie es sowieso vermuten, also in Kuchen, süßen Getränken, Plätzchen, Bonbons und Schokolade, sondern auch in Fertigsuppen, im Ketchup, im Senf, in der Pizza, im Räucherlachs, im Schinken, im Gurkenglas, in Fischkonserven, in den meisten Brotaufstrichen, in Mayonnaise, im Fleischsalat, im Früchtejoghurt und in Konserven. Die Liste ließe sich beliebig verlängern. Sie wäre vermutlich kürzer, wollte man aufzählen, wo kein Zucker drin ist.

Das ist aber noch nicht alles. Auch ein paar „unverdächtige Lebensmittel" kann man fast in die gleiche Kategorie wie reinen Zucker einordnen: z. B. Kartoffeln, weißen Reis, Weißbrot, Croissants, Cornflakes oder Bier. Das ist so, weil diese Lebensmittel praktisch wie Zucker wirken. Auch sie treiben den Blutzuckerspiegel in die Höhe und benötigen daher große Mengen Insulin zur Verstoffwechslung. Sie machen daher auf die Dauer auch dick und krank.

Durch die hohen Zuckermengen muss die Bauchspeicheldrüse massenhaft Insulin produzieren, um den Zuckerspiegel wieder zu senken. Insulin wirkt als „Türöffner", um den Zucker dorthin zu schleusen, wo er gebraucht wird: in der Zelle. Das geht ein paar Jahre gut. Bald aber sagt sich die Zelle: „Wenn so viel Zucker vorhanden ist, dann brauche ich ihn ja nicht prompt in die Zelle zu lassen. Ich kann mich ja jederzeit bedienen." Sie lässt die Insulinrezeptoren „stumpf" werden, so dass mehr Insulin gebraucht wird, um die gleiche Wirkung zu erzielen. Die Zelle wird immer unempfindlicher gegen Insulin. Auch große Mengen können den Zucker nicht mehr in die Zelle einschleusen. Das nennen die Mediziner „Insulinresistenz" und es ist die Vorstufe des Diabetes.

Auch die Bauchspeicheldrüse macht dies nur ein paar Jahre oder bestenfalls Jahrzehnte mit, denn auf diese Schwerstarbeit ist sie nicht ausgelegt. Irgendwann kann sie diese hohen Insulinmengen nicht mehr produzieren und sie macht schlapp. Es bleibt dauerhaft ein hoher Zuckerspiegel im Blut: Der Mensch hat Diabetes. Gleichzeitig meist einen hohen Blutdruck und hohe Fettwerte. Später kommen Nieren- und Netzhautschäden sowie Durchblutungsstörungen und Nervenschäden dazu. Tausende verlieren jedes Jahr durch Amputation einen Fuß oder müssen an die Dialyse. Bei den meisten hat es irgendwann einmal mit zu viel Zucker im Blut angefangen. Das Desaster wäre durch eine geringfügige Änderung des Lebensstils zu verhindern gewesen.

In Deutschland haben ungefähr 7 Millionen Menschen Diabetes. Das sind aber nur die erkannten Fälle. Die Dunkelziffer ist weit höher. Sie können davon ausgehen, dass jeder zehnte Mensch, den Sie auf der Straße sehen, Diabetes hat. Ich entdecke in meiner Praxis jeden Monat ein paar „Neue". Viele wissen nicht, dass sie krank sind, denn Diabetes tut nicht weh. Meist sind sie dick und treiben keinen Sport.

So weit wollen Sie es nicht kommen lassen. Am einfachsten ist das alles am Anfang zu stoppen. Wenn ihr Nüchternblutzucker schon öfter mal um die 100 ist, haben Sie in aller Regel schon eine Insulinresistenz. Dann, oder besser schon vorher, wenn Sie sich schlapp fühlen oder der Gürtel spannt, legen Sie den Rückwärtsgang ein und tun das, was die Super-Alten dieser Welt schon immer getan haben: Weg mit dem konzentrierten Zucker und den schlechten Kohlenhydraten, die Ernährung umstellen und her mit einem maßvollen Sportprogramm und der langfristigen Änderung der Lebensgewohnheiten. Es ist leicht, wenig oder keinen Zucker mehr zu essen. Es ist auch leicht abzunehmen. Es ist aber nicht leicht, von einem bequemen und passiven Lebensstil dauerhaft umzuschalten. Das braucht Entschlusskraft, Motivation und Hartnäckigkeit, denn der innere Schweinehund sorgt dafür, dass lange eingeübte Gewohnheiten nicht so schnell verändert werden. Es ist aber allemal besser, als blind zu werden, ein Bein amputiert zu bekommen oder irgendwann an der Dialyse zu hängen. Also lassen Sie es gar nicht so weit kommen und steuern Sie bei den ersten Anzeichen dieser Entwicklung dagegen. Sie schaffen das. Fragen Sie sich einfach: Wer ist eigentlich der Boss in meinem Leben? Ist es der Zucker oder bin ich es?

Zurück zur Ernährung. Wer den Zucker vermeiden will, braucht ein Maß, das angibt, wie hoch der Zuckergehalt bzw. die Insulinausschüttung von bestimmten Lebensmitteln ist. Die neueste Einteilung der Kohlenhydrate, die letztlich alle zu Zucker verstoffwechselt werden, gibt eine gute Orientierung. Man kann so leicht feststellen, wo die gefährlichsten Zuckerbomben lauern. Die so genannte **„glykämischen Last“** verrät es. Das ist eine Weiterentwicklung des „glykämischen Index“, der die Nahrungsmittel nach ihrer Insulinausschüttung einteilt. Eine hohe Insulinausschüttung muss man möglichst vermeiden. Entsprechende Tabellen finden Sie in jedem besseren Ernährungsbuch.[17]

Eher meiden sollten Sie außer Süßigkeiten bzw. offensichtlich Zuckerhaltigem auch Weißbrot, Alkohol in größeren Mengen, Cornflakes oder Bier (alles „schlechte Kohlenhydrate“). Auch bei Kartoffeln, Pasta oder weißem Reis sind Sie lieber vorsichtig, ohne dass Sie diese

[17] z. B. Nicolai Worm: Low Carb. Die Ernährungsrevolution. So kochen Sie sich schlank. GU, 2004

Lebensmittel völlig von Ihrem Speiseplan streichen müssten. Man kann das Ganze auch umgekehrt ausdrücken:

Wer öfter Fisch, magere Milchprodukte, Hülsenfrüchte, Sojaprodukte, Gemüse, Salate, rohes Obst, Vollkornprodukte und dazu gesunde Öle (Leinöl, Olivenöl, Rapsöl) auf den Tisch bringt, bleibt gesund und schlank.

Wenn Sie dazu noch viel Mineralwasser oder Tee trinken und regelmäßig viel Bewegung haben oder Sport treiben, dann sind Sie auf dem besten Weg, auch ein Super-Alter zu werden.

4.5 Und gib uns unser täglich Brot?

Die Deutschen essen Brot. Und das nicht zu wenig. Laut Ernährungsbericht der Bundesregierung sind es pro Person (also Babys und Greise eingerechnet) ca. 85 kg jährlich. Nicht nur angesichts der Tatsache, dass in ganzen Erdteilen praktisch kein Brot oder nur sehr wenig gegessen wird (z B. in Asien), sollte man trotz der zahlreichen Lobeshymnen auf das Brot einmal ketzerisch fragen, ob es wirklich so uneingeschränkt gut für die menschliche Ernährung ist.

Da lohnt sich wieder ein Blick zurück zum Steinzeitmenschen. Brot bzw. Getreideprodukte sind eine relativ neue Errungenschaft in der menschlichen Ernährung. Die Forscher gehen heute davon aus, dass Brot frühestens vor ca. 12.000 Jahren in unsere Ernährung Eingang gefunden hat. Das hört sich zwar lang an, ist aber evolutionsbiologisch eine sehr kurze Zeit. Der Körper ist deswegen nicht besonders gut für die Verdauung und Verwertung von Brot und Getreide ausgestattet. Es fehlen uns wichtige

Enzyme, um das Brot richtig verdauen zu können. Wir sind keine Wiederkäuer und haben keinen Pansen, um ideal auf Getreide eingestellt zu sein. Manche Menschen leiden deswegen auch unter „Zöliakie", d. h., sie können bestimmte Brotsorten (z. B. Weizen) überhaupt nicht essen, weil sie Durchfall und Blähungen bekommen. Langfristig wird die Schleimhaut des Darms bei diesen Menschen durch Getreideverzehr schwer geschädigt. Ideale „Brot-Verwerter" sind wir Menschen also nicht.

Trotzdem ist Brot für die meisten Menschen nicht ungesund. Es enthält generell viele Ballaststoffe, Mineralstoffe und wertvolle Vitamine, besonders der Vitamin-B-Gruppe und Vitamin E. Diese Vorteile gelten aber nur für Vollkornbrot, in dem sich noch die meisten Inhaltsstoffe des vollen Korns erhalten haben. Allerdings werden die Brote beim Backvorgang erhitzt und dadurch geht – auch beim Vollkornbrot – ein Teil der Vitamine verloren. Besonders Vitamin B_1, Vitamin E und Folsäure sind empfindlich gegen Hitze. Die muss man sich also anderweitig holen.

Brot enthält außerdem Acrylamid, ein Krebs erregendes Gift, das immer entsteht, wenn Eiweiß und Kohlenhydrate zusammen stark erhitzt werden (über 150 Grad). Das ist beim Backvorgang normalerweise unvermeidlich. Ausnahmen sind Essener Brot, das lange und bei niedriger Temperatur gebacken wird, und Pumpernickel, der ebenfalls bei niedrigen Hitzegraden hergestellt wird. Viele Anbieter von Backwaren haben in den vergangenen Jahren Anstrengungen unternommen, das Acrylamid durch veränderte Herstellungsprozesse zu vermindern. Das ist jedoch bis heute nur zum Teil gelungen.

Wer gesund leben will, sollte sehr genau darauf achten, welches Brot er isst. Über die labbrigen und gummiartigen Grau- und Weißbrotvarianten, die häufig in den Supermärkten zu finden sind, werden auch Sie sicherlich nur verächtlich die Nase rümpfen und stattdessen lieber Vollkornbrot essen. Weißmehl ist nicht viel besser als raffinierter Zucker und der ist ein Gesundheitsschädling erster Klasse, wie Sie ja schon im vorigen Kapitel gelesen haben. Am besten ist übrigens Brot aus Sauerteig, weil er bestimmte unerwünschte Stoffe im Brot abbaut, z. B. das Phytin. Phytin beeinträchtigt die Aufnahme von Zink und Eisen. Zinkmangel kann man leicht bekommen, insbesondere wenn man wenig Fleisch isst. Eisenmangel findet man häufig bei Frauen, die sich dann schlapp, müde und ausgepowert fühlen.

Über die weniger guten Seiten des Brotes wird nicht so gerne gesprochen. Das Brot habe so viele von den „guten" Kohlenhydraten und die gelte es vermehrt zu essen, sagt die Deutsche Gesellschaft für Ernährung, DGE. Aber wie ist das mit den „guten Kohlenhydraten" im Brot? Sie wissen ja, dass ein langsamer Insulinanstieg beim Genuss von Kohlenhydraten anzustreben ist. Dies ist im Prinzip bei echtem Vollkornbrot auch der Fall, aber: Wenn man in den Tabellen nachsieht,[18] wird man sehen, dass z. B. Weizenschrotbrot eine relativ hohe glykämische Last hat, nämlich den Wert 20. Wie Sie wissen, ist die „glykämische Last" ein Maß für den Insulinbedarf eines Lebensmittels. Alles, was unter 10 liegt, ist niedrig, alles über 20 hoch. Vollkornbrot kommt da schon gefährlich an die obere Grenze heran. Die vielen Kohlenhydrate werden natürlich auch beim Vollkornbrot letzten Endes in Zucker umgewandelt und verlangen eine entsprechend starke Insulinantwort der Bauchspeicheldrüse. Diesen hohen Insulinanstieg gilt es unbedingt zu vermeiden. Eine reine Brotmahlzeit ist also ernäh-

[18] Nicolai Worm, 2004

rungsphysiologisch nicht empfehlenswert. Wenn es schnell gehen muss und sonst nichts da ist, sollte man wenigstens vorher einen oder zwei Äpfel oder ein paar Nüsse zu sich nehmen (Obst möglichst immer auf nüchternen Magen essen). Dann ist der stärkste Hunger schon gestillt, man hat Vitamine und Vitalstoffe getankt und wird nicht zu gierig und schnell zu viele belegte Brote essen.

Getreide hat außerdem einen stark säuernden Einfluss auf den Organismus. Der Körper kann jedoch nur optimal funktionieren, wenn Säuren und Basen einigermaßen ausgeglichen sind. Am besten ist sogar ein leicht basenüberschüssiges Milieu. Das bekommen Sie, wenn Sie viel Obst und Gemüse essen und wenig Brot. Ob Ihr Körper eher basisch oder eher sauer verstoffwechselt, können Sie mit Teststreifen aus der Apotheke feststellen. Einfach den Teststreifen in den Morgenurin halten und auf der Skala ablesen. Der PH-Wert wird Ihnen angezeigt. Es geht aber überhaupt nicht darum, das Vollkornbrot zu verteufeln. Zwei oder drei Scheiben pro Tag schaden sicherlich nicht und sind wegen der vielen Mineralstoffe und Vitamine sogar gesund.

Gesund sind auch die vielen Ballaststoffe im Vollkornbrot (nicht im Weißbrot). Brot und Brötchen aus Roggenmehl sind als Bestandteile unserer täglichen Nahrung besonders geeignet. Roggen enthält mit 13,4 Prozent die meisten Ballaststoffe aller Getreidesorten, teilt die Vereinigung Getreide-, Markt- und Ernährungsforschung (GMF) in Bonn mit. Es folgen Dinkel, Weizen, Hafer und Gerste mit jeweils 9 bis 10 % Ballaststoffanteil. Mais und Reis liegen dagegen auf den hinteren Plätzen. Da der Körper die Ballaststoffe nicht verwerten kann, liefert eine ballaststoffreiche Diät bei gleich großen Portionen deutlich weniger Kalorien. Die Ballaststoffe quellen im Darm auf und verstärken dadurch das Sättigungsgefühl. Ballaststoffe halten den Darm sauber, beschleunigen die Passagezeit des Stuhls und sorgen für eine schnelle Elimination von Giftstoffen, die ansonsten durch den Darm in den Körper aufgenommen würden.

Am besten nimmt man seine Ballaststoffe durch einen genügend hohen Konsum von Obst und Gemüse zu sich. Das hat den Vorteil, dass man sehr viel „nährstoffdichter" isst. Man bekommt einfach mehr Vitamine, sekundäre Pflanzenstoffe und Mineralstoffe pro Portion. Kalorienärmer ist so eine Schwerpunktsetzung auch. Trotzdem: Vollkornbrot ist ein gesundes Lebensmittel. Wie so häufig ist aber die Menge entscheidend. Lassen Sie sich daher Ihr Vollkornbrot ruhig schmecken. So wie das die Super-Alten tun, die auch Brot essen, aber sehr viel mehr Obst und Gemüse. Sie essen Brot in Maßen und nicht in Massen.

4.6 So kriegen Sie Ihr Fett weg

Noch ein exotischer Ort: Thailand. Gibt es auch dort Menschen, von denen man hinsichtlich der Ernährung und der Lebensweise etwas lernen kann? Thailand ist das Land der prächtig-goldenen buddhistischen Tempel und der Traumstrände. Dazu das immer gute, warme Wetter mit viel Sonnenschein. Die freundlichen Thais machen es einem außerdem leicht, ebenfalls freundlich zu sein und das eher grimmige deutsche Wesen zu Hause zu lassen. Hier hatte ich mein Schlüsselerlebnis zum Thema veränderte Ernährungsweise.

Zwar war ich nie fett, aber im Laufe der Jahre zeigte sich schon ein kleines Bäuchlein, das zwar noch gut durch die Kleidung verdeckt werden konnte, aber in der Badehose nicht mehr zu verbergen war. „Naithon Beach" ist ein kleiner, aber feiner Strandabschnitt auf der Ferieninsel Phuket. An diesem Strand gibt es nur wenige Touristen, einige kleine Restaurants und Übernachtungsmöglichkeiten. Hier geht es noch gemütlich zu und die Auswüchse des Massentourismus sind nicht spürbar. Meine Frau und ich sind schon immer von der Thai-Küche begeistert gewesen. Was gibt es Schöneres, als nach einem heißen Tag auf Erkundungsfahrt über die Insel abends am Strand zu sitzen, sich eine kühle Brise vom Meer her ins Gesicht wehen zu lassen und von freundlichen Menschen mit köstlichem Essen und kühlen Drinks bedient zu werden? Dazu noch kostenlos der Blick auf die Weite des Meeres, auf schaukelnde Segelboote und die untergehende Sonne, die langsam und majestätisch im Meer versinkt. Die schnell beginnende Nacht zeigt dann einen glitzernden Himmel mit Tausenden von Sternen, die man dank der klaren und sauberen Luft weit besser als bei uns sehen kann.

An dieser Atmosphäre teilhaben zu dürfen, empfand ich immer als große Freude und eine tiefe Dankbarkeit erfüllte mein Herz. Angesichts der unendlichen Weite des Firmaments schrumpfen unsere Sorgen und Nöte auf ein klitzekleines Häufchen zusammen. Eine wunderbare Erfahrung für alle, die glauben, sie hätten große und drängende Sorgen, wenn sie vielleicht doch nur den etwas niedrigen Kontostand oder die nervige Schwiegermutter meinen. So wird hier die Psyche „mitbehandelt" und wer offen und dazu bereit ist, erweitert seine Lebensperspektive und kann Freude und Dankbarkeit kultivieren.

Doch zurück zur Ernährung: Die Thai-Küche zeichnet sich durch eine Vielzahl von Köstlichkeiten aus, vor allem die unglaubliche Frische aller Zutaten. Alle exotischen Früchte wachsen praktisch vor der Haustür: Mangos, Papayas, Guavas, Orangen, Grapefruits oder Kokosnüsse. Fische in allen Variationen kommen fangfrisch auf den Teller. Die besten und schmackhaftesten Gewürze dieser Erde wachsen hier und können ihre geschmacklichen und gesundheitlichen Vorzüge voll entfalten. So aßen wir jeden Abend ein wunderbares Thai-Gericht, meist eine Mischung aus viel Gemüse, schmackhaftem Fisch und ein wenig Reis. Obwohl ich nie im Traum daran gedacht hatte, im Urlaub auch noch abzunehmen, fiel mir nach ein paar Tagen auf, dass die Hosen weit wurden und der Gürtel ein Loch enger geschnallt werden musste. Nach zwei Wochen waren es schon zwei Löcher. Das nahm ich en passant zur Kenntnis, ohne mir großartig Gedanken darüber zu machen. Am Ende des Urlaubs meinte meine Frau zu mir: „Dein Hintern füllt kaum noch die Hose richtig aus!" Das nahm ich als freche Bemerkung zur Kenntnis, aber es ging mir immer noch kein Licht auf.

Wieder zu Hause angekommen, stellte ich mich auf die Waage – und die zeigte mir mein Idealgewicht an. „Was habe ich denn gemacht?", durchfuhr es mich. „Auf keinen Fall weniger gegessen." Dann fiel es mir wie Schuppen von den Augen: Ich hatte zwei Wochen ganz konsequent eine modifizierte „mediterrane Diät" zu genommen. Zwar nicht am Mittelmeer, sondern in Thailand. Berge von Gemüse und Obst, dazu als Eiweißquelle den besten Fisch und etwas Soja (Tofu). Keine Süßigkeiten, keine Kartoffeln und fast kein Brot (morgens am liebsten frische Früchte mit Quark). Das war genau der Speiseplan, der heute unter „Low-Carb" läuft („verminderte Kohlenhydrate"). Die Basis der Ernährung ist Obst und Gemüse, Fisch, gute Öle und mäßig Vollkornprodukte. Bis auf die Vollkornprodukte hatte ich in Thailand genau das gegessen.

Nichts von diesen Nahrungsmitteln erhöht den Zucker- bzw. den Insulinspiegel übermäßig. Dann noch regelmäßig Bewegung auf Ausflügen oder am Strand. So hatte ich eine kleine „Diät" gemacht, ohne es zu wissen. Ich hatte dabei nicht nur nicht gehungert, sondern tendenzmäßig sogar eher mehr gegessen, weil es einfach zu gut schmeckte. Trotzdem pendelte sich das Gewicht auf Idealniveau ein und das Bäuchlein verschwand ebenfalls.

Was hilft Ihnen das, wenn Sie die Pfunde purzeln lassen wollen? Nun, in dieser Geschichte verbirgt sich das Geheimnis des erfolgreichen Abnehmens und Sie brauchen dazu weder Diätbücher noch besondere Kochkenntnisse und erst recht nicht mit irgendwelchen Einschränkungen zu leben.

Sie müssen nur die folgenden Prinzipien beachten:

- Viel Obst und Gemüse („gute Kohlenhydrate") bilden die Grundlage Ihres Essens.
- Wertvolle Eiweißquellen sind Fisch, mageres Fleisch, Hülsenfrüchte und Sojaprodukte.
- Vollkornprodukte essen Sie mäßig, aber regelmäßig.
- Salate gibt es in allen Variationen, Gemüse-Dips zwischendurch.
- Fette Wurst und fetten Käse meiden Sie eher (schlechte Fette verstopfen Ihre Gefäße).
- Gleiches gilt für Zucker und Süßigkeiten.
- Kartoffeln, Reis, Weißbrot oder Nudeln essen Sie wenig.
- Gute Öle sind Olivenöl, Rapsöl und Leinöl.
- Alkohol trinken Sie wenig, ab und zu aber ruhig ein Glas Wein.

- Ungefähr zehn Minuten, bevor Sie richtig satt sind, hören Sie mit dem Essen auf (Ihr Gehirn braucht etwas Zeit, bis es die Sättigung registriert).

Das ist alles! Keine Diäten, kein besonderer Aufwand, kein Hungern, kein Kalorienzählen. Was ist der Unterschied zur weit verbreiteten „gutbürgerlichen" Küche? Die obigen Empfehlungen basieren darauf, dass Dickmacher wie Weißbrot, Süßigkeiten, Croissants, Kartoffeln, Nudeln und heller Reis weggelassen oder zumindest reduziert werden.

Übrigens: Es kommt sehr darauf an, wo sich das Körperfett befindet. Wer eher dazu neigt, dicke Oberschenkel oder einen dicken Hintern zu haben, ist nicht ganz so gefährdet. Die meisten Menschen haben ihr Fett aber um die Bauchregion und da ist es besonders schädlich. Dieses Bauchfett ist nämlich nicht nur eine „Sparbüchse" oder ein Aufbewahrungsbehältnis für Fett, sondern in diesen Fettzellen laufen physiologische Prozesse ab, die Krankheiten begünstigen. Bauchfett hat eine andere Zusammensetzung als das Fett an anderer Stelle, es erhöht den Cholesterinspiegel, verschlechtert die Zuckerwerte und begünstigt Entzündungen im Körper. Bauchfett ist also ausgesprochen unerwünscht.

Wenn Sie die genannten Tipps beherzigen, sind Sie auf einem guten Weg. So kriegen Sie nämlich Ihr Fett weg. Was jetzt noch fehlt, ist ein mäßiges Sportprogramm. Denn ohne Bewegung können Sie nicht abnehmen. Es sei denn, Sie kasteien sich und hungern. Und das ist vollkommen unnötig, ungesund und vergällt die Lebensfreude. Außerdem sind die so verlorenen Pfunde spätestens nach sechs Wochen wieder drauf („Jo-Jo-Effekt").

Folgende Sportarten sind empfehlenswert:

- Power-Walking,
- Joggen,
- Radfahren,
- Schwimmen.

Genaueres erfahren Sie im Kapitel „Das Power-Aging-Bewegungsprogramm“ (vgl. S. 217). Am besten kombinieren Sie eine oder mehrere dieser Sportarten mit Ihrem Ernährungskonzept. Wenn Sie das wirklich tun, werden Sie auch abnehmen.

4.7 Powerfood: Das Beste ist gerade gut genug

Es gibt bestimmte Lebensmittel, die das Herz eines jeden Gesundheitsbewussten höher schlagen lassen. Sie zeichnen sich durch eine **hohe Nährstoffdichte** aus. Das bedeutet, dass ihr Genuss gesundheitliche Vorzüge hat, weil so viele Vitalstoffe in konzentrierter Form enthalten sind und sie deswegen in die Küche eines jeden gehören, der sich um Gesundheit und Vitalität Gedanken macht. Darüber hinaus sind die meisten **kalorienarm** und helfen damit, überflüssige Pfunde loszuwerden. Die Quintessenz dessen, was ich in meiner Praxis, auf meinen Reisen durch die Welt und in der Literatur zum Thema „besonders gesunde Nahrungsmittel“ erfahren habe, will ich Ihnen jetzt weitergeben. Alle Empfehlungen beruhen auf langjähriger praktischer Erfahrung mit vielen Patienten, sind im Alltagsleben leicht umzusetzen und haben eindeutig positive – zum Teil erstaunliche – gesundheitliche Auswirkungen. Die Liste ist natürlich subjektiv, sie kann und soll von Ihnen ergänzt werden.

Alles, was hier vorgestellt wird, schmeckt übrigens bei richtiger Zubereitung köstlich. Gesundheit und Geschmack können sehr wohl eine wunderbare Symbiose eingehen. Ich weigere mich selbst, irgendetwas zu essen, was zwar gesund ist, mir aber nicht schmeckt. Das ist allerdings keine Entschuldigung für Faulheit bzw. für sklavisches Festhalten an alten Ernährungsgewohnheiten. Auch ich habe im Laufe meines Lebens meine Ernährung geändert und viel experimentiert und ausprobiert. Meine japanische Frau hat mir in dieser Hinsicht vieles beigebracht. Es macht erfahrungsgemäß viel Spaß, auch mal in ein Kochbuch zu schauen und neue Rezepte auszuprobieren. Reisen in andere Länder sind eine weitere wertvolle Quelle neuer Inspirationen und Erkenntnisse.

Die wichtigsten Inhaltsstoffe und die gesundheitlichen Vorteile der „Superfoods“, die ich Ihnen empfehle, werden genau beschrieben. Die generelle Frage lautet: „Was ist drin und warum ist das gut für uns?“ Die meisten dieser Lebensmittel finden sich in irgendeiner Form auch bei unseren Freunden, den gesunden und fitten älteren Menschen.

Von fetten Fischen, schöner Haut und gesunden Herzen

Tokio, morgens um vier. Die schnelllebige Riesenstadt, die nie schläft, scheint für ein oder zwei Stunden tatsächlich so etwas wie eine Pause einlegen zu wollen. Die grellsten Neonreklamen sind abgeschaltet, der nie endende Chaos-Verkehr auf erträgliches Normalmaß geschrumpft. Der letzte Barbesucher ist – vom vielen Sake-Trinken benebelt – in den letzten Zug getorkelt, oder war es der erste? Gerade könnte man die Ruhe etwas genießen, da hört man aus einer Ecke der Stadt, ganz in der Nähe des Vergnügungsviertels Ginza, schon wieder nervenaufreibenden Lärm.

Wir sind in Tsukiji, dem Riesen-Fischmarkt Tokios. „Irashaimasse“ – „Willkommen“ – brüllen die Fischhändler. Besucher dürfen zwar zuschauen, aber kaufen dürfen sie nichts. Es ist ein chaotisches Durcheinander von beschürzten Fischhändlern in Gummistiefeln, von zu allem entschlossenen Gabelstaplerfahrern, die Container mit eisbepackten Fischen durch die Gegend fahren, und wild gestikulierenden Händlern, die um Preise feilschen und dabei wirre Handzeichen in die Luft malen. Große Fische, kleine, braune, gelbe, weiße Fische, es gibt nichts, was es hier an essbarem Meeresgetier nicht gäbe. Die Besitzer von Restaurants, Hotels und Lebensmittelläden kaufen hier ein. Es muss die beste und frischeste Ware sein, denn die Japaner verstehen etwas von Fisch. Und keiner kann es sich erlauben, schlechte Qualität zu kaufen oder zu verkaufen.

Die Müdigkeit sitzt mir noch in den Knochen, denn es ist jetzt erst halb fünf Uhr morgens. Ich traue mich, einen jungen Fischhändler anzusprechen. Er macht einen freundlichen Eindruck und sieht mich etwas verwundert an. „Was will der denn hier“, mag er denken. „Sumimasen (Entschuldigung)“, sage ich. „Wie schaffen Sie es eigentlich, hier in diesem ganzen Getümmel die Übersicht zu behalten. Keiner scheint hier mit Geld zu bezahlen, wie geht das eigentlich?“, kommt es staunend über meine Lippen. Er mustert mich etwas ungläubig. Er weiß nicht so recht, was er von mir halten soll, antwortet aber dann doch: „Wissen Sie, es sieht so aus, als wäre es das reinste Chaos. Aber es ist alles ganz genau geregelt. Wir Fischhändler haben bestimmte Zeichen für das Kaufen und Verkaufen verabredet. Auch die Preise werden per Handzeichen vereinbart. Alles basiert auf langjährigem Vertrauen. Und es funktioniert.“ Ich nicke bewundernd. „Wollen Sie ein Stück Sashimi?“, fragt er und schwingt gleich ein Furcht erregendes Messer über einer Eisbox. „Nein danke“, kann ich gerade noch sagen. „Dann eben nicht", meint er. Und schiebt sich selbst ein Stück rohen Fisch in den Mund. So früh am Morgen ruft bei mir der Gedanke an Fisch – besonders in dieser Umgebung – leider wenig Begeisterung hervor.

Jetzt wissen Sie, wo der Fisch herkommt, den die Japaner bzw. die Menschen in Tokio essen. Womit wir beim Thema wären. Wie Sie schon erfahren haben, essen viele der langlebigsten und dabei gesündesten Völker dieser Erde besonders viel Fisch. Das gilt natürlich für Japan und besonders Okinawa, aber auch für Spanien, Italien oder Island. Selbstverständlich auch für die Eskimos. Die essen ihren Lachs pfundweise. Was sie davon haben, werden wir noch sehen.

Worin bestehen die „Wundereigenschaften" von Fisch? Die Wissenschaft hat sich Gedanken darüber gemacht, warum viele Fischesser weniger krank sind und über eine erstaunlich robuste Gesundheit verfügen. Dabei kommt es anscheinend auf die Fischart an. Nicht alle sind geeignet, es muss schon der richtige Fisch sein. In Frage kommen nur solche, die über besonders viele „Omega-3-Fettsäuren" verfügen. Sie haben komplizierte Namen wie „Docosahexaensäure" und „Eicosapentaensäure", die ich hier nur nenne, weil Sie sie vielleicht irgendwo erwähnt finden. Diese Fettsäuren produzieren über verschiedene Stoffwechselwege die so genannten „guten Eicosanoide". Diese so genannten „Eicos" sind wichtige Gewebshormone, die man erst seit einigen Jahren intensiv erforscht. Wir sind hier mit der Bezeichnung „Omega-3-Fette" oder auch einfach nur „Fischöl" zufrieden. Und dieses Fischöl hat es in sich.

Zurück zu den Eskimos: Sie essen ihren Lachs seit Jahrhunderten mit wachsender Begeisterung. Bei dem vielen Fett müssten sie eigentlich massenweise von Arteriosklerose und Herz-Kreislauf-Krankheiten dahingerafft werden. Sie denken aber gar nicht daran. Zwar haben uns viele Ernährungsexperten jahrzehntelang eingebläut: „Fett macht fett und krank." Die Eskimos haben aber für diese Aussage nur ein müdes Lächeln übrig. Auch Franzosen, Spanier und Italiener essen eher fettreich, leben aber trotzdem länger als wir, und das bei relativ guter Gesundheit. Am Fett bzw. Öl kann es also nicht liegen. Ganz im Gegenteil: Die **richtigen** Fette und Öle sind überaus gesund.

Auf diese „richtigen" Öle kommen wir später noch zurück. Hier interessiert zunächst das Fischöl, das Sie mit jeder Fischmahlzeit zu sich nehmen können. In Japan gibt es praktisch keine Woche, in der nicht mindestens zweimal Fisch gegessen wird, meistens öfter. Herzinfarkte bzw. Herz-Kreislauf-Krankheiten sind deswegen dort wesentlich seltener als bei uns.

Wie gut die Omega-3-Fette für uns sind, hätte man eigentlich schon lange wissen müssen, denn die Muttermilch enthält einen besonders hohen Anteil davon. Sie stecken ansonsten in besonders hoher Konzentration in Kaltwasserfischen wie **Lachs, Makrele, Hering, Sardinen, Thunfisch**. Verwertbare Mengen gibt es auch in Wildtieren. Wildfleisch ist daher wesentlich gesünder als Fleisch von gezüchteten Tieren. Ganz abgesehen von den tierquälerischen Bedingungen der typischen Fleischproduktion in vielen so genannten „Mastbetrieben".

Leinöl und Rapsöl sind pflanzliche Öle und enthalten auch Omega-3-Fette, allerdings in einer Form, die der Körper erst umwandeln muss. Dadurch wird nur ein kleiner Teil tatsächlich im Körper wirksam. Trotzdem sind Lein- und Rapsöl sehr gesund und unbedingt empfehlenswert. Aber ihr Verzehr reicht nicht aus, regelmäßiger Fischkonsum von Lachs, Makrele oder Hering sollte dazu kommen. Ein weiterer Vorteil: Da es sich bei

Sardinen, Makrelen, Heringen und Lachsen um relativ kleine Fische handelt, befinden sie sich am Anfang der Nahrungskette. Sie enthalten daher weit geringere Giftmengen als größere Fische. Aber jetzt mal „Butter bei die Fische“: Was bringt uns der Fischgenuss?

1. Verbesserung der Blutfett-Werte, weniger Herz-Kreislauf-Erkrankungen

Die Wissenschaft hat in zahlreichen Untersuchungen bewiesen, dass sich mit den Omega-3-Fetten zum Teil dramatische Effekte hinsichtlich der Herzgesundheit erzielen lassen.[19] Die Herzinfarktrate nimmt deutlich ab, die Fließeigenschaften des Blutes werden verbessert, es gibt weniger Thrombosen und als Resultat weniger plötzliche Herztode. Auch bei den häufigen Herzrhythmusstörungen wirken sie günstig, denn sie scheinen die elektrische Leitfähigkeit der Herzzellen bzw. deren Kommunikation zu verbessern.

Zwar hieß es jahrelang, man müsse den Cholesterinspiegel senken. Dafür sollten wir weniger Fett und mehr gute Kohlenhydrate essen. Die werden von einigen Autoren sogar als „Fatburner“ bezeichnet. Das mit dem Fettverbrennen hat aber anscheinend nicht so funktioniert, wie man sich das vorgestellt hatte: Wir werden vielmehr immer fetter und trotz boomender fett- und kalorienreduzierter Lebensmittel, die man überall in den Supermärkten kaufen kann, gibt es nicht weniger Fettleibigkeit, Diabetes, Schlaganfälle oder Herzkrankheiten, sondern mehr. Erst seit kurzer Zeit hat bei den Ernährungsexperten ein Umdenken eingesetzt. Die richtigen Fette sind nichts Schlechtes. Wenn man die besten

---

[19] Erkkila, 2003

auswählt, sind sie sogar außerordentlich gesund. Omega-3-Fette senken in dramatischer Weise die Triglyzeride (Neutralfette) und erhöhen das „gute" HDL-Cholesterin. Wer also ein gesundes Herz haben will, der muss Omega-3-Fette zu sich nehmen bzw. Fisch essen. Für die Puristen unter Ihnen, die sich vor Fisch fürchten, weil er möglicherweise Quecksilber, Blei oder Cadmium aus den industriellen Einleitungen in die Weltmeere aufgenommen hat, gibt es die Möglichkeit, Fischölkapseln zu sich zu nehmen. Dabei auf den Zusatz „hochgereinigt" achten, diese Kapseln enthalten dann Fischöl und sonst nichts.

2. Hilfe bei Rheuma bzw. Gelenkschmerzen

Millionen Menschen leiden in Deutschland unter Rheuma und der besonders schmerzhaften Polyarthritis: Die Gelenke schmerzen in mehreren Körperregionen, schwellen an, die Beweglichkeit vermindert sich, die Steifigkeit nimmt immer mehr zu. Dort, wo der richtige Fisch mit den vielen Omega-3-Fetten gegessen wird, gibt es weit weniger Erkrankungen, z. B. in den Mittelmeerländern und auch bei den Inuit im hohen Norden Kanadas, die sich weitgehend von Fisch ernähren.

3. Positive Ergebnisse bei Depression und Demenz

Dass die Menschen immer älter werden, ist eine gute Entwicklung und wir dürfen alle hoffen, älter als unsere Vorfahren zu werden, und das bei besserer Gesundheit und vor allem weit höherer Lebensqualität. Leider geht die verlängerte Lebenszeit mit einer Entwicklung einher, die gar nicht positiv ist: Die Zahl der an Alzheimer bzw. Demenz Erkrankten steigt ständig an. In Deutschland gibt es jetzt schon etwa eine Million Alzheimerkranke. Wenn man die frühen Fälle hinzuzählt, die meist unentdeckt bleiben, sind es noch deutlich mehr. Die schlechte Nachricht zuerst: Es gibt im Moment keine Behandlung, die die Krankheit – wenn sie erst einmal ausgebrochen ist – zu heilen vermag. Die gute Nachricht: Man kann offensichtlich sehr viel zur Vorbeugung tun. Was lässt sich in dieser Hinsicht von denjenigen Menschen lernen, die bis ins hohe Alter geistig gesund sind? Dass ständiges geistiges Training enorm wichtig ist, haben Sie schon erfahren (vgl. Kapitel 3). Und sonst? Vielleicht ahnen Sie es schon: Fischöl hilft auch bei der Vorbeugung gegen Depression und Demenz. In unserem Gehirn befindet sich besonders viel Fett. Welches Fett wohl? Es wird Sie kaum überraschen, dass es vor allem Omega-3-Fette sind. Wenn wir geistig fit bleiben wollen, müssen wir demnach für regelmäßigen Nachschub sorgen. Zwar ist auch das keine Garantie für geistige Fitness bis ins hohe Alter, aber wir erhöhen unsere Chancen und das nehmen wir gerne zur Kenntnis.

In Japan gibt es wesentlich weniger Depressionen und weniger Demenzkranke als bei uns, in Okinawa extrem wenige.[20] Einer der Gründe ist sicherlich der erhöhte Fischkonsum. Und noch etwas hat die Wissenschaft herausgefunden: Gut gelaunte Menschen haben einen relativ hohen Serotoninspiegel, Depressive umgekehrt einen erniedrigten. Wahrscheinlich bewirken die Omega-3-Fette im Gehirn eine Ankurbelung der Serotonin-Produktion. Vielleicht gelingt es uns, durch eine einfache Modifizierung unserer Essgewohnheiten ein sehr unglückliches Schicksal als Demenz- oder Alzheimerpatient

[20] Willcox, 2001

zu vermeiden. Da essen wir doch gern zweimal pro Woche Fisch.

4. Mehr Augengesundheit

Sind Sie schon einmal mit wachen Augen durch die Stadt gelaufen und haben sich angesehen, wie viele Menschen eine Brille tragen? Zwei Drittel der Bevölkerung in Deutschland. Kurzsichtigkeit bei Kindern und Jugendlichen ist eine Seuche, die später auch andere Erkrankungen des Auges nach sich ziehen kann (z. B. Erkrankungen der Netzhaut). Die Netzhaut unseres Auges hat eine ungeheuer feine und delikate Struktur (wesentlich kleiner und dünner als eine Briefmarke). Trotzdem können wir nur mit Hilfe dieses klitzekleinen Stückchens Netzhaut die Welt um uns herum scharf sehen, die Herrlichkeit der Natur bestaunen und überhaupt visuelle Eindrücke aufnehmen. All das muss durch diesen winzigen Filter „Netzhaut“. Welche Substanzen sind in der Netzhaut besonders stark konzentriert und daher wichtig für das Augenlicht? Neben Zink und Antioxidanzien sind es wieder die Omega-3-Fette.[21] Viele ältere Menschen leiden unter Macula-Degeneration, bei der die Netzhaut an zentraler Stelle geschädigt ist und das Sehen immer schwächer wird. Starke Sehbehinderungen können die Folge sein. Fischöl kann neben der Vermeidung von zu viel Zucker einen Beitrag leisten, die Sehkraft bis in hohe Alter zu erhalten.

[21] Sears, 2002

5. Weniger Hautprobleme

Manche westlichen Männer (und Frauen) wundern sich, warum so viele asiatische Frauen einen sehr jugendlichen Eindruck machen, auf jeden Fall meist jünger aussehen, als sie tatsächlich sind, und über eine so schöne Haut verfügen. Haben sie ein gut gehütetes Geheimnis, das sie sorgsam vor uns verbergen? Vielleicht sogar den viel beschworenen Jungbrunnen, nach dem sich so viele sehnen? Die „Jugendlichkeit" hat sicher mehrere Ursachen, aber eine davon – Sie ahnen es schon – liegt auch in den Omega-3-Fetten bzw. dem Fischgenuss begründet.

Was passiert da genau, wie kann man sich das vorstellen? Für eine gesunde Haut sind so genannte Melanozyten wichtig. Das sind Hautzellen, die Melanin produzieren, das gegen die UV-Strahlung schützt. Auch das Ergrauen der Haare und die viel beklagten „Altersflecken" beruhen auf einem Mangel an Melanozyten. Diese Zellen benötigen für ihr Funktionieren auch die richtigen Eicosanoide – die kennen Sie ja schon. Sie sind im Fischöl enthalten und sorgen für genügend Nachschub. Auch die Entwicklung der bei Frauen über 30 gefürchteten Falten kann zumindest hinausgeschoben werden. Dafür braucht die Haut diese Eicosanoide. Wer also gut aussehen und eine schöne Haut haben will, sollte zwei Fischmahlzeiten pro Woche zu sich nehmen.

Brokkoli

Genug vom Fisch. Jetzt geht es um Gemüse, und zwar ein ganz spezielles: Brokkoli. „Muss das sein?", fragen Sie. Dabei verzieht sich Ihr Gesicht, als hätten Sie gerade in eine Zitrone gebissen. Wenn das so ist, haben Sie die richtige Zubereitungsform noch nicht probiert oder sind ein Opfer schlechter Erfahrung mit zu Tode gekochtem Gemüse, das traurig in einer viel zu wässrigen Soße schwimmt und nach nichts schmeckt. Dem kann man aber abhelfen und die Zubereitung so kreativ gestalten, dass einem das Wasser im Munde zusammenläuft und der Körper nach mehr verlangt. Ich habe früher auch keinen Brokkoli gemocht, heute ist es mein Lieblingsgemüse. Bei Kennern ist Brokkoli schon lange ein Star unter den Gemüsearten und hat in den letzten Jahrzehnten einen wahren Siegeszug durch die halbe Welt angetreten. Ein Ende ist noch nicht in Sicht. Wer Brokkoli aber ganz und gar nicht mag, kann auf Alternativen zurückgreifen: auf Grünkohl, Rosenkohl oder Blumenkohl. Für die gilt Ähnliches wie für den Brokkoli. Was also findet man im Brokkoli und warum ist er so gut für uns?

Im Brokkoli ist fast alles, was das Herz gesundheitsbewusster Menschen erfreut: Er ist gut gegen Krebs, weil er Sulphoraphane enthält, die bestimmte Enzyme aktivieren, die wiederum Krebszellen vernichten können. Daneben jede Menge Beta-Karotin und Vitamin C (wichtige Antioxidanzien). Zusätzlich Kalium fürs Herz, Kalzium für die Knochen, Eisen für die Blutbildung, Folsäure gegen Arteriosklerose und Selen gegen Krebs. Für Menschen mit Venenproblemen („Schaufensterkrankheit") gibt es Rutosid, das die Venen abdichtet und vor dem Ausleiern schützt. Die Ballaststoffe im Brokkoli sind ebenfalls nicht zu verachten.

Brokkoli ist ein natürliches Antibiotikum und kann das, woran ein Heer von Forschern der Pharmaindustrie seit Jahren scheitert: Brokkoli wirkt als Antibiotikum, ohne Resistenzen hervorzurufen. Es gibt inzwischen Krankheiten, bei denen die Ärzte am Ende ihrer Kunst angelangt sind, weil alle modernen Antibiotika versagen, z. B. bei bestimmten Formen der Tuberkulose. Nach dem

Siegeszug der Antibiotika als „Wundermittel", hatte sich dieses Problem ergeben, das dazu führen kann, dass einige Bakterienstämme und damit bestimmte Krankheiten überhaupt nicht mehr wirksam bekämpft werden können.

Brokkoli ist ein hervorragendes Mittel bei der männlichen Prostatitis, für die die Schulmedizin auch keine guten Behandlungsmöglichkeiten hat. Oft wird sie chronisch und bedeutet für die betroffenen Männer ein langes Martyrium. Auch die Vergrößerung der Prostata, von der jeder zweite Mann über 50 Jahre in Deutschland betroffen ist,[22] lässt sich über verschiedene Inhaltsstoffe in Brokkoli präventiv beeinflussen (Flavonoide und Indole).

Wer über Sodbrennen und Magenschleimhautentzündung klagt, für den ist Brokkoli ebenfalls ein willkommener Helfer. Brokkoli ist – wie alle Gemüse – basenüberschüssig und kann so einen Teil der überschüssigen Magensäure aufnehmen. Daneben gibt es noch einen speziellen Schutzfaktor für den Magen (Anti-Ulcus-Faktor), der die Magenschleimhautentzündung günstig beeinflussen kann. Brokkoli enthält sehr viel Magnesium und ist daher das ideale „Anti-Stress-Mittel". Magnesium weitet die Blutgefäße, senkt den Blutdruck und wird als wichtiges Enzym bei vielen Stoffwechselvorgängen im Körper gebraucht (z. B. beim Zuckerstoffwechsel).

Speziell für Frauen hat Brokkoli auch einiges zu bieten: Wertvolle Inhaltsstoffe (z. B. das Indol-Carbinol) können helfen, bestimmte Formen des Brustkrebses zu verhindern. Dabei spielt der weibliche Hormonhaushalt eine Rolle, weil bestimmte Brustkrebsarten hormonsensitiv sind. Manche pflanzlichen Stoffe können diese Hormone blockieren und so einen Beitrag zur Krebsvorbeu-

---

22 www.Medizininfo.de

gung leisten. Übrigens bleiben viele Frauen in Japan in erstaunlicher Weise von Brustkrebs verschont. Das liegt wahrscheinlich an pflanzlichen Östrogenen (Phytoöstrogenen) in der Nahrung. Diese Phytoöstrogene im Brokkoli können außerdem Wechseljahresbeschwerden mildern.

Diese positiven Wirkungen kann man noch unterstützen, wenn man ein weiteres Nahrungsmittel öfter auf den Tisch bringt: Soja.

Rezept-Tipp: Asiatischer Mandel-Brokkoli

Zubereitungszeit: zehn Minuten

Eine klein gehackte Zwiebel und eine Zehe Knoblauch in der Pfanne mit Rapsöl anbraten (ca. zwei Minuten). Brokkoli mundgerecht schneiden und zu den Zwiebeln und dem Knoblauch geben. Das Ganze vier weitere Minuten in der Pfanne oder im Wok unter ständigem Rühren kurz anbraten. So wird alles „al. dente“ und die wertvollen Vitamine bleiben erhalten. Einen Esslöffel Sojasoße oder alternativ Austernsoße dazugeben. Wer will, macht sich noch zusätzlich eine köstliche Nusssoße: Zwei Esslöffel Mandelmus (oder alternativ Erdnussmus) mit einem kleinen Becher Magerjoghurt und zwei Esslöffel Milch verrühren, einen knappen Teelöffel Honig dazu. Dazu ein Esslöffel Sojasoße. Die Soße über den Brokkoli gießen. Optional: dekorieren mit Mandelplättchen. Fertig!

Sojaprodukte

Sojaprodukte sind in den asiatischen Ländern seit vielen Jahrhunderten eine Selbstverständlichkeit. Sie kommen dort in den verschiedensten Variationen häufig auf den Teller. Manche kennen Sie schon, z. B. den inzwischen auch hier bekannten **Tofu**, der meist in einem mehr oder weniger harten Block in Plastik verpackt verkauft wird. Tofu selbst ist geschmacksneutral, weswegen Sie ihn mit Gewürzen, Kräutern oder eingelegt in Marinade, süß, pikant oder mild, nach eigenem Gusto gestalten können (siehe Rezeptvorschlag). Sojaprodukte werden aber auch fertig gewürzt als Soja-Würstchen oder Soja-Burger verkauft. Sie sind ausgezeichnete Proteinquellen und bestens als Ersatz für tierisches Protein geeignet.

Neben Tofu gibt es **Miso**, eine dunkelbraune Paste, die noch gesünder ist als Tofu, da sie aus fermentierten Sojabohnen hergestellt wird. Miso eignet sich gut zum Würzen von Suppen oder als Zugabe für selbst gemachte pikante Brotaufstriche. **Tempeh** wird ebenfalls aus fermentierten Sojabohnen hergestellt und ist außerordentlich gesund. Tempeh kommt ursprünglich aus Indonesien und ist dort einer der Hauptbestandteile der Ernährung. Tempeh wird auch in Blockform im Bio- oder Asialaden verkauft, man schneidet dünne Scheiben davon ab und brät sie im Wok oder in der Pfanne mit Zwiebeln und Knoblauch. Es lohnt sich, im Bioladen einmal nachzusehen, die Auswahl ist inzwischen groß. Tempeh ist eine sehr wertvolle Quelle für Vitamin B_{12}, das oft von Vegetariern zu wenig aufgenommen wird.

Sojamehl enthält spektakuläre 50 % Protein und man kann es mit Weizen- oder Roggenmehl mischen, wenn man Brot backen will. Viele Bäcker verkaufen auch schon Sojabrot.

Bevor man Sojaprodukte in seine Ernährung einbaut, will man natürlich wissen, warum man dies tun sollte. Wir machen dazu wieder eine kulinarische Reise und lernen dabei die beachtlichen gesundheitlichen Vorteile kennen. Ohne es zu wissen und zu wollen, haben Millionen von Japanern an einem riesigen Experiment mitgewirkt, das über mehr als ein Jahrhundert stattgefunden hat – und immer noch stattfindet: Sie haben sich, aus welchen Gründen auch immer, entschlossen, ihre Heimat zu verlassen und nach Amerika auszuwandern. Sie taten dies, weil sie sich in dem neuen Land ein besseres Leben für sich und ihre Familie erhofften. An die Ernährung dachten sie dabei zuallerletzt. Trotzdem kann man durch dieses Experiment eine Frage beantworten, die hinsichtlich bestimmter Ernährungsgewohnheiten äußerst aufschlussreich ist: Was passiert mit der Gesundheit, wenn ein Mensch, der jahrzehntelang eine typisch japanische Kost gegessen hat, plötzlich seine Ernährungsgewohnheiten ändert und sich ganz anders ernährt?

Genau das ist nach dem Zweiten Weltkrieg millionenfach passiert und so nahm das Unheil seinen Lauf: Innerhalb von wenigen Jahren war der gesundheitliche Vorteil der ursprünglichen japanischen Ernährung dahin und die ausgewanderten Japaner passten sich dem weit ungünstigeren Durchschnitt in den USA an. Sie litten also in Amerika nach einigen Jahren an genau den gleichen Krankheiten wie die Amerikaner: Herz-Kreislauf-Krankheiten, Fettstoffwechselstörungen, Diabetes, Schlaganfälle und Krebs entwickelten sich in der neuen Heimat unerwünscht häufig. Mit der Angleichung der Kost haben die Japaner ihren traditionellen Vorteil zur Gesunderhaltung verloren.[23] Dies ist ein eindrucksvoller Beweis dafür, wie

[23] Iwasaki, 2004

die richtigen Ernährungsgewohnheiten vor Krankheiten schützen können. Es hat sich gezeigt, dass nicht die genetische Ausstattung, das Klima, irgendwelche Charaktereigenschaften, sondern vor allem die Essgewohnheiten eine wesentliche Auswirkung auf Gesundheit und Wohlbefinden haben.

Doch zurück zu Soja. Die Inhaltsstoffe in Sojaprodukten haben so viele günstige Eigenschaften, dass man schwerlich auf sie verzichten kann, wenn man sich um eine gesunde Ernährung bemüht. Folgendes können Sie erwarten, wenn Sie regelmäßig Sojaprodukte verzehren:

- Reduziertes Risiko für Herz-Kreislauf-Krankheiten und bessere Fettwerte im Blut. Das „schlechte" LDL-Cholesterin und die Triglyzeride vermindern sich und können daher weniger Schaden an den Gefäßen anrichten.
- Vermindertes Risiko für Krebserkrankungen, insbesondere Brustkrebs und Prostatakrebs. Japanische Männer und Frauen leiden wesentlich seltener an diesen Krankheiten. In Sojaprodukten ist Genistein enthalten, das verhindert, dass Krebszellen Blutgefäße erreichen und damit wachsen können. Das Genistein unterbricht außerdem die Signalübertragung von freien Radikalen zum Zellkern und blockiert daher deren schädliche Wirkungen.
- Das Genistein hemmt außerdem die bei Frauen so ungern gesehene Zellulitis. Es ermöglicht der Haut, der Auswölbungstendenz des darunter liegenden Fettgewebes besser entgegenzuwirken. Darüber hinaus greift Genistein direkt in den Fettmetabolismus ein, indem es die Entwicklung von Fettzellen und damit die Ausbildung von Fettgewebe reduziert.
- Weniger Verlangen nach „schlechten Kohlenhydraten", besonders Süßigkeiten, Zucker und Gebäck und

damit niedrigere Insulinproduktion. Das hält das Gewicht stabil bzw. reduziert Übergewicht.

- Geringeres Risiko für Osteoporose. Besonders Japanerinnen leiden weit weniger an Osteoporose als westliche Frauen.
- Senkung des Blutdrucks und damit Vorbeugung gegen Herz-Kreislauf-Krankheiten, Schlaganfall und Arteriosklerose. Sojaeiweiß erhöht die Produktion von Stickstoffmonoxid. Stickstoffmonoxid weitet die Gefäße, vermindert Plaquebildung und verbessert die Fließeigenschaften des Blutes. Das kann auch Thrombosen und Embolien verhindern.
- Phytoöstrogene erleichtern den Frauen in den Wechseljahren das Leben und verbessern die Symptome, ohne die Nachteile einer herkömmlichen Hormontherapie. Die Einnahme von künstlichen Hormonen in den Wechseljahren, wie sie von Gynäkologen Jahrzehnte empfohlen wurde, kann sehr gefährlich sein und ist durch eine große Studie in Amerika[24] stark in Verruf geraten, denn das Risiko für Herzerkrankungen, Schlaganfälle und Krebs erhöhte sich.
- Möglicherweise ein besserer Schutz gegen Demenz und Alzheimer, da die Menschen auf Okinawa sehr viel Tofu essen und weit weniger häufig an diesen Erkrankungen leiden. Diese Hypothese ist allerdings noch nicht genügend bewiesen.

Sie wissen jetzt, warum Sojaprodukte einen wichtigen Teil Ihres Speiseplanes ausmachen dürfen. Es ist einfacher, als Sie denken. Im Bioladen hält man alles bereit, was Sie brauchen. Damit Sie Ihr Wissen gleich umsetzen können, folgt ein Rezept für eine köstliche Tofuzubereitung:

---

[24] Fletcher, 2002

Rezept-Tipp: Tofu „Juwel Asiens“

Zubereitungszeit: zehn Minuten

Im Bioladen marinierten Tofu oder Kräutertofu kaufen. Diese Produkte sind schon gewürzt und verlangen weniger eigene Zutaten. Tofu in kleine Würfel schneiden. Shiitake-Pilze sowie je eine grüne und eine rote Paprika ebenfalls klein schneiden. Zuerst den Tofu mit Rapsöl kurz anbraten, bis er goldbraun ist. Aus der Pfanne auf einen Teller geben. Danach Paprika und Shiitake in gleicher Weise kurz anbraten. Jetzt den Tofu wieder in die Pfanne geben und alles zusammenrühren. Zum Schluss einen Esslöffel Sojasoße oder Austernsoße hinzugeben. Fertig!

Nüsse

Diesmal reisen wir nicht ganz so weit. Die grünste Insel der Kanaren ist La Palma. Dort herrscht „ewiger Frühling“ und man kann daher dort das ganze Jahr über großartig Urlaub machen. La Palma hat sich noch seinen ursprünglichen Charme bewahrt, weil hier Touristenmassen wegen der fehlenden Strände nicht zu ihrem Recht kommen und daher auf andere Inseln und deren überfüllte Strände ausweichen. Dem Kenner und Genießer ist das gerade recht. Man kann hier wunderbar wandern, durch grüne Täler und zerklüftete Schluchten streifen. Ab und zu sieht man eine Schaf- oder Ziegenherde. Abends kann man seine heißen Füße ins Meer hängen oder eine Runde schwimmen. Dann kehrt man ein und erfreut sich an gesundem Essen bei freundlichen Wirtsleuten. Die Gegend war immer recht arm, die Menschen lebten von Fischfang und der Produktion von Gemüse und Nüssen. Womit wir beim Thema wären.

Wer im Monat Februar von Los Llanos kommend die steile Straße nach Tijarafe hochfährt, sich die Zeit lässt, am atemberaubenden Aussichtspunkt „El Time“ die weite Landschaft auf sich wirken zu lassen, der sieht auf der Hochebene ein faszinierendes und kilometerweites Meer von rosa blühenden Mandelbäumen. Der Eindruck ist so stark, dass man unwillkürlich den Drang verspürt, hier zu bleiben und in dieses Blütenmeer einzutauchen.

Hier leben die Einheimischen seit Jahrhunderten im Rhythmus der Jahreszeiten, die wegen des milden Klimas mehrere Ernten erlauben. Ich bin mit Alfonso verabredet. Er ist 72, sieht aber aus wie 60, ist schlank und drahtig. Er hat eine eigene Schafs- und Ziegenzucht und baut Gemüse, Obst und Mandeln an. Seine Vitalität führt er auf die regelmäßige Bewegung zurück, außerdem auf das stets frische und gesunde Essen, mit viel Obst und Gemüse, Fisch, Lamm- und Ziegenfleisch (erinnern Sie sich an die Omega-3-Fette?).

Er will mir heute etwas über den Anbau von Nüssen, insbesondere von Mandeln erzählen. Ich erfahre, wie die Mandelbäume durch regelmäßigen Schnitt gepflegt werden, dass sie im September mit Hilfe langer Stangen geerntet und dann weiter verarbeitet werden. Aus Mandeln werden vielerlei Endprodukte hergestellt, z. B. lecker schmeckende Riegel, die sich lange halten, aber auch Brotaufstriche milder oder pikanter Art, die in Gläser abgefüllt werden. Alfonso klärt mich auf: „Ich esse täglich Nüsse, die schmecken gut und machen satt“, sagt’s und reicht mir ein paar Mandeln aus einer kleinen Vorratsdose. Dann mixt er mir einen Nussdrink, eine „Horchata“, die man auch in den Lokalen kaufen kann:

Mit dem Mixer püriert er Mandeln mit ein bisschen Honig und Wasser. Schmeckt köstlich!

Nüsse führen in der gesunden Ernährung ein Schattendasein, sie werden weithin ignoriert und unterschätzt. Dabei sind sie ernährungsphysiologisch äußerst wertvoll. Das weiß man in der so genannten mediterranen Küche schon lange, denn rund ums Mittelmeer werden viele Nüsse gegessen. Bei uns hat sich das bei den meisten leider noch nicht herumgesprochen. Nüsse enthalten einen ganzen Cocktail wertvoller Inhaltsstoffe:

- **Magnesium** ist für unzählige Enzymreaktionen im Körper wichtig, es weitet die Gefäße, senkt den Blutdruck, verbessert den Zuckerstoffwechsel, beugt Muskelkrämpfen vor.
- **Selen** ist wichtig zur Krebsvorbeugung, es kann Schwermetalle (z. B. Amalgam) eliminieren.
- **Vitamin E** ist ein wirksames Antioxidans, es hemmt Arteriosklerose.
- **Cholin** hat eine positive Wirkung auf die Gedächtnisleistung, weil es in den Gehirnzellen besonders gebraucht wird.
- **Zink** fehlt bei den meisten Menschen, es ist wichtig für den Zuckerstoffwechsel, die Haut und das Immunsystem, es wirkt als Co-Faktor für unzählige Enzymfunktionen.
- Wertvolles **Eiweiß** macht munter und wirkt dem Abbau von Körpersubstanz entgegen.

Nüsse wirken als **Emulgator**, d. h., sie sorgen dafür, dass die Fette im Körper flüssig bleiben und sich nicht an Gefäßen oder Organen ablagern können (Arteriosklerose). Auch dadurch senken sie die Fettwerte.

Klinischen Studien wie der Nurses´-Health-Studie zufolge beruht der positive Effekt vor allem darauf, dass Nüsse den Cholesterinspiegel und vor allem das schädliche LDL-Cholesterin senken. Dabei scheint es keine wesentliche Rolle zu spielen, welche Nüsse man isst. Egal, ob Mandeln, Walnüsse, Macadamia-Nüsse, Erdnüsse oder Haselnüsse: Immer zeigte sich ein Vorteil, der umso größer war, je mehr Nüsse verzehrt wurden.

Welcher Inhaltsstoff es genau ist, der all dies bewirkt, ist bisher nicht geklärt. Wahrscheinlich ist es die Kombination aus allen (siehe oben). Das Nuss-Eiweiß ist auch reich an Arginin, aus dem der Körper Stickstoffmonoxid herstellt, das der Arteriosklerose entgegenwirkt, indem es die Gefäße erweitert und das Verklumpen von Blutplättchen hemmt. Eventuell sind auch Spurenelemente, Ballaststoffe oder sekundäre Pflanzenstoffe die Wohltäter.

Walnüsse und **Macadamia-Nüsse** enthalten die obigen Inhaltsstoffe und zusätzlich besonders viel Omega-3-Fettsäuren, deren vielseitige günstige Wirkungen auf den Organismus Sie ja schon kennen. Vorsicht nur bei Pistazien: Sie enthalten leicht Afflatoxine, die ein starkes Krebsgift darstellen. Ich esse sie daher nicht.

Das einzige Manko bei den Nüssen ist der relativ hohe Fettgehalt (ca. 50 %). Essen Sie daher Nüsse in Maßen und nicht in Massen. Das Fett sorgt aber auch dafür, dass die Kohlenhydrate in Nüssen nur langsam freigesetzt werden, so dass der Zuckerstoffwechsel günstig beeinflusst wird. Auch Diabetiker können also zu Nüssen greifen. Nur wer stark übergewichtig ist, sollte etwas vorsichtig sein.

Tee für ein langes Leben

Grüner Tee ist zuerst Medizin, danach Getränk.
(Kakuzo Okakura, japanischer Philosoph)

Eine japanische Teezeremonie ist für westliche Ausländer eine verzwickte Sache. Es ist nicht damit getan, dass man sich die Zeremonie passiv ansieht, sondern es wird eigentlich erwartet, dass man selbst aktiv daran teilnimmt. Das ist leichter gesagt, als getan. Meine erste Teezeremonie durfte ich durch Vermittlung eines japanischen Freundes bei einem berühmten Teemeister in Fukuoka (südliches Japan) genießen. Zwar hatte ich mir bereits theoretisches Wissen angeeignet und glaubte mich gut vorbereitet, doch der Praxistest sollte dann doch einige Überraschungen bereithalten.

Das alte unscheinbare japanische Holzhaus lag in einer kleinen Seitenstraße. Alleine hätte ich es nie gefunden. Es war etwas verwittert, aber gepflegt und geschmackvoll, außerdem sah es irgendwie geheimnisvoll aus. Bevor wir das Haus betraten, zogen wir traditionsgemäß unsere Schuhe aus. Der Meister begrüßte uns mit vielen Verbeugungen. Er trug den traditionellen Kimono japanischer Teemeister. Wir tauschten Höflichkeiten aus und dann verschwand er ohne weiteren Kommentar. Uns wurde bedeutet, im Teezimmer sitzen zu bleiben – und zwar auf dem Boden, auf den Fersen sitzend. Allein das ist schon eine Herausforderung für einen Ausländer, insbesondere wenn er länger als fünf Minuten in dieser Position sitzen muss.

In dem Zimmer war es ruhig, man hörte nur leichte Geräusche von laufendem Wasser aus dem Nebenraum. Eine Weile geschah nichts. Ich sah meinen Freund fragend an, doch der sagte nichts. Nach einer Weile öffnete sich plötzlich eine winzige Tür in einer Ecke des Raumes, die ich vorher gar nicht bemerkt hatte. Sie war gerade so groß, dass der Meister auf Knien vorwärts rutschend hindurchschlüpfen konnte. Gleichzeitig balancierte er noch diverse Tee-Utensilien auf seiner Hand und ließ sich dann ebenfalls auf seinen Fersen nieder. Danach rührte er sorgfältig und mit größter Konzentration den Tee in zwei kleine Schalen, setzte sie ab, begutachtete sein Werk, rührte erneut um, verbeugte sich und reichte jedem von uns eine der Schalen. Ich wollte zu trinken anfangen, wurde jedoch von meinem Freund durch einen kurzen Stoß mit dem Ellenbogen daran gehindert. „Nicht gleich trinken", sollte das wohl bedeuten.

Mein Freund hob die Schale mit dem Tee in Augenhöhe, drehte sie ein paar Mal herum, so als wolle er die Rückseite der Schale ebenfalls begutachten, und sagte dann: „Ein wundervolle Schale, die Sie da haben. Wo kommt sie denn her, sie war bestimmt sehr teuer und wurde von einem berühmten Porzellanmeister gefertigt." Der Meister darauf: „Oh nein, die Schale ist ganz billig und überhaupt nicht schön. Nicht der Rede wert." Später erfuhr ich, dass das alles ein fein austariertes Ritual darstellt. Die Äußerungen des Meisters und der Gäste sowie jeder Handgriff sind vorgeschrieben, von einem Gast wird erwartet, dass er den Ablauf kennt. Das eigentliche Trinken des Tees ist nur Nebensache, es geht um die Konzentration auf das Wesentliche, um die Beherrschung des eigenen Körpers und um Schlichtheit und Selbstvervollkommnung. Teemeister müssen in eine lange Lehre gehen, bevor sie selbst Teezeremonien zelebrieren dürfen.

Ich war zwar beeindruckt, gleichzeitig aber von der Zeremonie und dem Ablauf des Ganzen etwas verunsichert. Man konnte praktisch hier nicht herauskommen, ohne einen Fehler zu machen. Aber einem „Gaijin", einem westlichen Ausländer, wird viel verziehen. Nach einem ebenso komplizierten Abschiedsritual hatte ich wieder einmal viel gelernt.

In ganz Asien und besonders natürlich in Japan und China wird viel Tee getrunken, wobei der grüne Tee mit Abstand der häufigste ist. Lange dachte man in Europa, dass grüner und schwarzer Tee von verschiedenen Pflanzen stammen. Tatsächlich ist es die gleiche Pflanze, nämlich *Camellia sinensis*, der Teestrauch. Grüner Tee ist im Gegensatz zum schwarzen jedoch nicht fermentiert und daher medizinisch weit wertvoller. Wir wollen hier natürlich wissen, was so gut an ihm ist und was wir an gesundheitlichen Vorteilen erwarten können.

Grüner Tee enthält stark wirkende Polyphenole und Antioxidanzien. Der entscheidende Stoff ist das Epigallo-Catechin-Gallat (EGCG). Es wird geschätzt, dass die antioxidative Wirkung des grünen Tees bis zu fünfzigmal stärker ist als die von Vitamin C oder Vitamin E. Diese Eigenschaft macht ihn zu einem hervorragenden Kandidaten der Krebsprävention.[25] In einer Gegend Japans, wo es besonders wenig Krebserkrankungen gibt – der Region um Shizuoka –, wird besonders viel grüner Tee getrunken. Wie Sie schon wissen, gilt der grüne Tee natürlich auch auf Okinawa als tägliches Standardgetränk. Auch dort scheint er also an der Langlebigkeit und Vitalität der Bewohner beteiligt zu sein.

Der grüne Tee ist in der Tat ein mächtiger Verbündeter im Kampf gegen vorzeitiges Altern. Er bewirkt, dass die so genannte „Angiogenese" gehemmt wird, dass also die Krebszellen gehindert werden, sich mit dem Blutkreislauf zu verbinden. Sie kennen diesen Mechanismus schon von

[25] Moyers, 2004

den Sojaprodukten. Das ist aber bei weitem nicht alles. Neben der Krebsprävention kann man von grünem Tee Folgendes erwarten:

- Eine leichte **Senkung erhöhten Blutdrucks**, da die Katechine im Tee eine entsprechende Wirkung haben. Sie hemmen ein Enzym im Körper, das für den Blutdruckanstieg verantwortlich ist.
- **Verbesserung der Fettwerte** im Blut durch Erhöhung des „guten" HDL-Cholesterins und Senkung des „schlechten" LDL-Cholesterins.
- **Regeneration der Leber** und verbesserte Entgiftungsfunktion, was sich auch an besseren Leberwerten im Blut messen lässt.
- **Erhöhung des Glutathion-Spiegels** im Körper. Glutathion hat ebenfalls eine wichtige Regenerations- und Entgiftungsfunktion. Die Zellalterung wird gehemmt. Es kann Schwermetalle (z. B. Blei, Arsen, Cadmium) binden und zur Ausscheidung bringen. Glutathion ist ein äußerst wirksames Antioxidans, das Sie im Kapitel „Nahrungsergänzung" (vgl. S. 248) noch näher kennen lernen werden.
- **Verhinderung der Verzuckerung der Zellen.** Die ergibt sich bei gleichzeitigem Genuss von Protein und Zucker. Wer also nach dem Steak noch ein Eis isst, sollte zumindest eine Tasse grünen Tee trinken.
- **Wirksamer Schutz vor freien Radikalen.** Grüner Tee blockiert die Signalübertragung der freien Radikale zum Zellkern der Zielzelle. In der Schulmedizin werden neue Krebsmedikamente eingesetzt, die dieses Grundprinzip therapeutisch nutzen („Tyrosin-Kinase-Hemmer"). Die bekommen Sie ohne Nebenwirkungen im grünen Tee.

- **Weniger Altersflecken:** Gerade Frauen schätzen die brauen Flecken an Gesicht und Händen überhaupt nicht. Sie bestehen aus „Lipofuszin“ und sind auch für Männer eine unerwünschte Alterserscheinung. Es handelt sich um eine Pigmentstörung. Besonders viel Lipofuszin lagert sich übrigens im Gehirn ab, dort ist es ebenfalls schädlich, auch wenn man es nicht sieht. Grüner Tee wirkt dem entgegen.
- Zu guter Letzt: Eine alte japanische Erfahrung besagt, dass grüner Tee hilft, den **Geruch von Knoblauch** zu eliminieren. Sollten Sie also vor einem Rendezvous Knoblauch gegessen haben, erhöhen Sie möglicherweise mit einer Tasse grünem Tee Ihre Chancen beträchtlich!

Gönnen Sie sich also täglich zwei bis drei Tassen grünen Tee. Das ist einfach und leicht in den Tagesablauf zu integrieren:

Praxistipp: Japanischer grüner Tee („Sencha“)

Für zwei Tassen grünen Tee einen halben Teelöffel Teeblätter in ein kleines Kännchen geben. Wasser separat erhitzen, aber Vorsicht: Nicht bis es kocht, sondern höchstens bis 80 Grad. Das heiße Wasser in das Kännchen geben, eine Minute warten und den Tee dann in eine Tasse gießen. Das Kännchen ist jetzt leer, aber unten befinden sich noch die Teeblätter. Danach wieder heißes Wasser hineingießen und erneut eine Minute warten. Die zweite Tasse ist etwas kräftiger.

Weizenkeime

Vielleicht haben Sie schon von Weizenkeimöl gehört oder benutzen es sogar in Ihrer Küche. Weizenkeimöl sollte man wegen seiner Eigenschaft als Fett (alle Öle bestehen übrigens zu 100 % aus Fett) nicht in größeren Mengen zu sich nehmen. Weizenkeime selbst sind jedoch das ernährungsphysiologisch Wertvollste, was das Getreide zu bieten hat. Getreide ist zwar in großen Mengen nicht besonders zuträglich für uns, der Weizenkeim stellt allerdings die konzentrierteste Form der Vitalstoffe des Getreides dar und ist daher uneingeschränkt zu empfehlen. Der Keim macht nur ungefähr 3 % des Getreidekorns aus und ist daher mit Vitalstoffen voll gepackt. Er ist sozusagen die embryonale Vorform des Getreidekorns.

Was hält der Keim an interessanten Inhaltsstoffen bereit? Ein in Deutschland noch wenig bekannter Inhaltsstoff ist das Octacosanol (auch unter Policosanol bekannt). Dieser Stoff allein hat es in sich, denn er kann den Cholesterinspiegel senken, ist für die Gehirnfunktion wichtig, da er die empfindlichen Hüllen der Nervenzellen schützt, funktioniert als Antioxidans und schützt das Auge vor der gerade bei älteren Menschen gefürchteten Macula-Degeneration, die im schlimmsten Fall zur Erblindung führen kann.

Gemessen am Gewicht enthalten Weizenkeime die höchste Menge an **Vitamin E**, und zwar in seiner biologisch wertvollsten Form. Vitamin E ist ein natürliches Antioxidans, hilft gegen Herzerkrankungen, schützt vor Arteriosklerose und hält die Gefäße jung. Es spielt eine Rolle bei Fruchtbarkeit und Impotenz und bei Arthritis. Künstliche Formen des Vitamins haben im Körper nicht die gleichen Wirkungen wie die natürliche

Form. Weizenkeime liefern ausschließlich die natürliche Form.

Neben Vitamin E enthalten die Weizenkeime auch hohe Mengen an **B-Vitaminen.** Die sind wichtig für den Kohlenhydrat- und Eiweißstoffwechsel, für die Muskeln, für die gute Regeneration von Haut und Haaren und zur Reparatur von Körpergewebe. **Folsäure** ist für die Gefäße wichtig, da sie das gefäßschädigende Homocystein vermindern kann. Folsäuremangel ist häufig, da die Menschen zu wenig grünes Blattgemüse essen, in dem Folsäure enthalten ist. Daneben gibt es noch einen außergewöhnlich hohen Anteil an wertvollem **Eiweiß.** Vegetarier, die weder Fisch noch Fleisch essen, können hier zusätzlich ihren Eiweißbedarf decken.

Weizenkeime beinhalten zudem viele Mineralstoffe, die bei einer durchschnittlichen Ernährung oft in zu geringer Menge zugeführt werden:

- Zink (gut für Haut, Immunsystem, Netzhaut und Schleimhäute),
- Magnesium (wichtigstes Mineral im Körper, an Hunderten von Enzymreaktionen beteiligt),
- Kupfer (wirkt synergistisch mit Zink),
- Eisen (besonders für Frauen, verhindert Blutarmut und unterstützt den Sauerstofftransport),
- Kalium (wichtig fürs Herz und einen ausgeglichenen Elektrolyt-Haushalt),
- Chrom (unterstützt den Zuckerstoffwechsel).

Besonders wichtig ist die Alpha-Liponsäure, die in den Weizenkeimen steckt. Zusammen mit dem Chrom bewirkt sie einen verbesserten Zuckerstoffwechsel, von dem auch Diabetiker profitieren. Alpha-Liponsäure „recycelt“ die Vitamine C und E, die dann länger im Körper stabil bleiben.

Insgesamt stellen Weizenkeime also wertvolle Vitalstoffbomben dar, die man leicht in seinen Speiseplan einbauen kann. Man kann sie als Granulat im Bioladen oder im Reformhaus kaufen. Sie lassen sich ganz einfach in viele Gerichte einrühren, z. B. in Joghurts, Suppen (aber nicht mitkochen), Dips oder Salate. Täglich ein bis zwei Esslöffel und Sie sind auf ganz einfache Weise mit wertvollen Vitalstoffen versorgt.

Gut geölt geht manches besser

Lange wurde in Deutschland von den „bösen Fetten“ gewarnt. „Fett macht fett“, war der Slogan. Wir sollten uns gefälligst „fettarm“ ernähren und eher Kohlenhydrate statt Fett essen. Alles Böse soll von den Fetten kommen? Das Ergebnis spricht dagegen: Trotz einer vielfach praktizierten fettarmen Ernährung sind wir im Durchschnitt nicht dünner, sondern immer dicker geworden. Wie so häufig haben sich die Ansichten geändert und heute würde kaum ein Ernährungsexperte mehr eine solche undifferenzierte Aussage wagen. Tatsache ist, dass es „gute“ und „schlechte“ Fette und Öle gibt. Es gibt Sorten, die der Gesundheit eindeutig schaden (die so genannten „gehärteten“ oder „Transfette“); Sorten, die weder besonders gesund noch ungesund sind (z. B. Distelöl, Sojaöl) und Sorten, die ausgesprochen günstige gesundheitliche Wirkungen haben (z. B. Leinöl, Rapsöl oder Olivenöl).

Beginnen wir bei den „guten“, denn darauf wollen wir unsere Aufmerksamkeit richten. Eigentlich brauchen Sie in Ihrem Haushalt nur drei Öle: Leinöl, Rapsöl, Olivenöl.

Diese drei sind die „drei gesunden Schwestern“. Überall dort, wo sich Menschen überwiegend diese Öle zuführen, sind die gesundheitlichen Auswirkungen ausgesprochen positiv. Ich will Sie nicht mit Fachbegriffen wie „gesättigt“ und „ungesättigt“ (dann noch unterteilt in „einfach“ und „mehrfach“) langweilen und auch keinen Vortrag über „Doppelbindungen“ etc. halten. Dies ist nur für Ernährungsexperten oder Biochemiker wichtig. Nicht jedoch für uns, die wir danach fragen, was die Fitten und Gesunden dieser Erde zu sich nehmen. Und das sind vor allem die drei genannten Öle. Fangen wir mit dem eher unbekannten Leinöl an.

Leinöl

Leinöl hat sich erst in den letzten Jahren zu einem heimlichen Renner auf dem Markt der gesunden Öle entwickelt. Lange war es nur Insidern vorbehalten, die herausragenden Qualitäten für sich zu nutzen. Auch heute gibt es leider noch viele Menschen, die überhaupt nichts von der Existenz von Leinöl wissen oder den Gesundheitswert dieses Öls völlig unterschätzen. Wenn Sie überhaupt nichts von Ölen und Fetten wissen wollen und sich mit diesem Thema nicht abgeben wollen, brauchen Sie zur Not nur eines zu tun: Erhöhen Sie den Konsum von Leinöl kräftig und lassen Sie dafür andere Öle weg. Allein mit dieser Maßnahme haben Sie dann schon viel für die Gesundheit Ihrer Gefäße und sinkende Fettwerte (insbesondere Triglyzeride) getan.

Für diejenigen, die mehr wissen wollen, hier die weiteren Fakten: Leinöl ist so gesund, weil es viel Omega-3-und wenig Omega-6-Fette enthält und dies unserer Gesundheit äußerst zuträglich ist. Wir alle bekommen bei einer „typisch deutschen“ Kost viel zu wenig gesunde Omega-3-

Fette. Wer wenig Fisch isst, bei dem sind die Omega-3-Fette mit Sicherheit zu niedrig. Damit einher gehen erhöhte Blutfettwerte und mehr Herz-Kreislauf-Erkrankungen, mehr Schlaganfälle und mehr Arteriosklerose. Alles Dinge, die man mit mehr Leinöl vermeiden kann.

Ihr Gehirn soll funktionieren wie geschmiert? Auch das geht nur, wenn Sie viel Omega-3-Fette im Blut haben. Das Gehirn mag dieses Fett ganz besonders und bedankt sich dafür mit bestem Denkvermögen. Es besteht nämlich überwiegend aus Omega-3-Fetten. Auch Ihre Augen freuen sich, wie Sie schon im Abschnitt über Fisch (vgl. S. 174) gelesen haben, denn Omega-3-Fette sind besonders in der Netzhaut konzentriert. Täglich zwei Esslöffel Leinöl wirken vorbeugend gegen Macula-Degeneration im Alter.

Beim Leinöl gibt es lediglich zwei Dinge zu beachten: Es sollte unbedingt vor Licht und Wärme geschützt werden, weil es sonst schnell ranzig wird. Am besten lichtgeschützt verpackt im Kühlschrank aufbewahren. Außerdem dürfen Sie es nicht erhitzen, es eignet sich nicht zum Braten oder Backen, dafür haben Sie ja andere Öle, z. B. Rapsöl oder Olivenöl.

Rapsöl

Rapsöl ist die „heiße Schwester" des Leinöls. Auch Rapsöl enthält relativ viel von den gesunden Omega-3-Fetten, hat aber zusätzlich den Vorteil, dass Sie es erhitzen können, dass es also zum Backen und Braten bestens geeignet ist. Hierin übertrifft es auch das Olivenöl, das zwar auch erhitzbar, aber nicht so hitzestabil ist wie das Rapsöl. Vom Rapsöl können Sie ähnliche Wirkungen erwarten wie vom Leinöl. Lediglich die Omega-3-Fette sind weniger konzentriert darin enthalten. Trotzdem ist das Rapsöl auch wichtig, denn Sie brauchen ja in Ihrer Küche ein Öl zum Braten und Backen.

Eine noch bessere Quelle für Omega-3-Fette wäre das Fischöl. Es wird praktisch vom Körper zu 100 % verwertet. Dies ist bei Leinöl und Rapsöl nicht der Fall. Das Fischöl kennen Sie bereits aus dem Kapitel über die „Fetten Fische“ (vgl. S. 174). Aber man kann ja alles kombinieren. An dem Tag, an dem Sie keinen Fisch essen, nehmen Sie entweder Fischölkapseln oder verwenden eine Extraportion Leinöl oder Rapsöl. Mit dieser Strategie sind Sie auf der sicheren Seite.

Ich empfehle Ihnen übrigens einen Bluttest vor und nach der Änderung Ihrer Essgewohnheiten. Nach drei Monaten lassen Sie die Werte beim Arzt noch einmal nachmessen. Sie werden erstaunt sein, wie dramatisch die Veränderungen sind.

Olivenöl

Die Menschen im Mittelmeerraum mit ihrer hohen Lebenserwartung bevorzugen Olivenöl. Irgendetwas muss in diesem Öl drin sein, dass es so günstige Auswirkungen auf die Gesundheit hat und die Arterien dieser Menschen so gesund und frei von Arteriosklerose hält. Tatsächlich haben schon unzählige Wissenschaftlern versucht, dem Geheimnis der „mediterranen Küche“ auf die Spur zu kommen.

Nach Sardinien gibt es auf Kreta die meisten Hundertjährigen in Europa. Die sonnendurchflutete Insel ist schon immer bei Urlaubern beliebt gewesen und man fragt sich, was die Kreter bei so guter Gesundheit so lange leben lässt. Ist es das viele Obst und Gemüse? Mehr Fisch statt Fleisch? Die ungezwungene Lebensart mit vielen Familienfesten, Musik, Tanz und gutem sozialem

Zusammenhalt? Oder sind es doch die Gene? Die gute Seeluft oder von allem ein bisschen? Auf jeden Fall kann man nicht sagen, dass die Diät in Kreta fettarm wäre. Fett wird sogar reichlich gegessen, Aber es sind eben gute Fette, vor allem das Olivenöl. Was Sie vom Olivenöl erwarten können:

- Es wirkt dem Herzinfarkt entgegen.
- Es hilft, Krebserkrankungen zu verhindern.
- Es hält die Arterien durchlässig und beugt daher Arteriosklerose vor.

Die enthaltenen Antioxidanzien, z. B. Vitamin E, entsorgen gefährliche freie Radikale.

Das alles sollten genug Argumente sein, beim Olivenöl nicht zu sparen. Übrigens: Die viel gepriesene mediterrane Ernährung ist auch im Mittelmeerraum nicht von den Einflüssen der modernen Zeit verschont geblieben. Gerade die jungen Menschen weichen dort von der ursprünglichen Ernährungsform ab und geben sich den schlechten Gewohnheiten hin, die in anderen Teilen der Erde schon so populär sind: Fastfood, Fertiggerichte, Süßigkeiten und Hamburger sind auch hier auf dem Vormarsch.

Zu guter Letzt noch eine Warnung vor den „schlechten Fetten“. Obwohl es jahrelang hieß, man solle Margarine essen, weil das besser für die Gesundheit sei, ist diese Empfehlung heute nicht mehr angebracht. Grundsätzlich sind in Margarine die schädlichen „Transfette“ enthalten, obwohl die Margarineindustrie sie in den letzten Jahren verringert hat. Es gibt inzwischen auch „Omega-3-Margarine“, die nachweislich den Cholesterinspiegel senkt. Warum soll man aber ein künstliches und hoch verarbeitetes Produkt kaufen, wenn die Natur wunderbare Alternativen zur Verfügung stellt, z. B. die drei oben genannten Öle. Auch Butter ist trotz allseitiger Beliebtheit nicht besonders zu empfehlen. Sie enthält Arachidonsäure, außerdem tierische, gesättigte Fette. Beides begünstigt Entzündungen im Körper. Vergessen Sie nicht: In weiten Teilen der Erde gibt es keine oder sehr wenig Milchprodukte (z. B. in Japan). Die Menschen sind dort aber gesünder und leben länger. Auch der „Steinzeitmensch" hat mit Sicherheit keine Milchprodukte gegessen, also auch keine Butter. Man kann sehr gut auf Butter verzichten und selbst einen pikanten Brotaufstrich herstellen, z. B. einfach Olivenöl, eine halbe Avocado (zerdrücken), etwas Sojasoße und Senf oder scharfe Paprikapaste dazugeben und alles gut mischen. Ist keine Avocado zur Hand, tut es auch ein kleiner Becher Magerjoghurt. Wer will, gibt noch einen Esslöffel Weizenkeime dazu. Fertig ist Ihr alternativer Brotaufstrich. Viel gesünder als Butter und obendrein im Handumdrehen herzustellen.

Schädliche „Transfette" sind vor allem in folgenden Produkten enthalten:

- Pommes frites,
- Kartoffelchips,
- Instant-Soßen,
- Fertiggebäck,
- Süßigkeiten.

Wenn es so viele köstliche Dinge zu essen gibt, warum sollte man dann diese ungesunden Schlechtfette in sich hineinschaufeln, die nur die Gefäße verstopfen und krank machen? Wenn Sie Ihre Aufmerksamkeit konsequent auf die gesunden und leckeren Produkte richten, über die Sie in diesem Buch lesen, geht es nicht mehr um Verzicht, sondern eher um eine Hinwendung zum Feinschmecker. Gut schmeckendes Essen zuzubereiten ist nicht schwer, **köstliches plus gesundes Essen** zu sich zu nehmen, verrät den wahren Gourmet und Lebenskünstler. Wenn Sie in diese Richtung gehen, werden Sie zum Kenner und Könner. Nun zu einem weiteren Superfood, den asiatischen Pilzen.

Asiatische Pilze

Wenn die Deutschen an Pilze denken, dann ist ihre Meinung meist zweigeteilt. Einerseits hat man schon von allerlei schmackhaften Pilzgerichten und diversen Pilzsorten gehört, die angeblich auch noch gesund sein sollen, andererseits hat der eine oder andere aber auch ungute Fantasien über Menschen, die in der Notaufnahme des nächsten Krankenhauses enden, weil sie giftigen Fliegenpilz gegessen haben.

Uns interessieren hier besonders die Speisepilze, die auch gesundheitliche bzw. medizinische Vorteile haben. Man darf nicht vergessen, dass die Medizin einen Riesensprung nach vorn machte, als z. B. das Penicillin oder das Tetracyclin erfunden wurde. Diese Medikamente waren zur damaligen Zeit wahre Wunderwaffen der Mediziner. Sie wurden alle auf Pilzkulturen gezüchtet. Ohne Pilze keine Wunderwaffen. An den Pilzen muss also etwas dran sein, was uns zur Krankheitsabwehr bzw. zur Gesundheit verhelfen kann.

In ganz Japan wird seit Jahrhunderten der **Shiitake** gerne gegessen. Er wurde früher auch wild geerntet, heute jedoch findet man ihn kaum noch in freier Natur, deswegen kultiviert man ihn in speziellen Betrieben, die sich auf die Pilzzucht spezialisiert haben. Seine Farbe ist bräunlichgelb und er hat eine feste Konsistenz. Man kann ihn frisch oder auch getrocknet essen. In getrockneter

Form ist er noch wertvoller. Er wächst sehr gut auf der Rinde alter Eichen, aber sein Anbau ist eine große Kunst, an der schon viele gescheitert sind. Er benötigt ein genau abgestimmtes Optimum an Feuchtigkeit, Wärme und Licht. Zu viel Licht schadet und schnell ist eine ganze Ernte vernichtet, weil es entweder zu trocken oder zu feucht war. Shiitake wird heutzutage in der Regel in getrockneter Form verkauft. Dann ist er am gesündesten. Die wichtigsten der gesundheitlichen Effekte, die die Wissenschaftler im Laufe der Jahre herausgefunden haben:

- **Immunstimulierende Wirkung**: Verschiedene Inhaltsstoffe des Shiitake wirken gegen Infektionen bzw. Bakterien und Viren. Ältere Menschen sind besonders anfällig für Infekte, da ihr Immunsystem weniger leistungsfähig ist. Wer öfter Shiitake zu sich nimmt, kann dem entgegenwirken.
- **Antitumoröse Wirkung**: Es gibt viele Forschungsergebnisse zur Krebs verhindernden bzw. vorbeugenden Wirkung des Shiitake.[26] Er enthält sehr viel Polysaccharide, die wahrscheinlich für diese Wirkung verantwortlich sind. In Japan gibt es sogar Kliniken, die ihn zu diesem Zweck einsetzen. Einer der Inhaltsstoffe, das Lentinan, ist in Japan als Medikament zugelassen und wird in der Krebstherapie eingesetzt.
- **Herzschützende Wirkung**: Shiitake enthält viel der B-Vitamine, Niacin, Pantothensäure und sieben der acht essenziellen Aminosäuren. Offensichtlich können diese Inhaltsstoffe im Shiitake auch den Cholesterinspiegel und den Blutdruck senken. Dadurch wird das

[26] Rimpler, 2002

Herz-Kreislauf-Risiko ebenfalls gesenkt, zum Teil sogar drastisch.

- **Leberschützende Wirkung:** Wer regelmäßig Shiitake isst, erweist dem größten und wichtigsten Entgiftungsorgan unseres Körpers – der Leber – einen guten Dienst. Die weit verbreitete Fettleber, die Nachteil des „guten Lebens" bei uns ist, lässt sich günstig beeinflussen. Wer sich zügelt und Zucker, Fett und Alkohol nur in Maßen zu sich nimmt und regelmäßig Shiitake isst, kann wieder eine gesunde Leber bekommen.
- **Wertvolle Inhaltsstoffe:** Shiitake ist reich an Kalium (gut fürs Herz), Niacin (senkt Cholesterin), einer besonderen Form von Vitamin D (gegen Osteoporose) und Eisen (gegen Anämie). Vitamin D und Eisen kommen ansonsten nur sehr selten und in geringen Mengen in pflanzlichen Nahrungsmitteln vor. Wer Vegetarier ist, findet hier eine gute Quelle für diese Stoffe.

Der Shiitake ist wohl der bekannteste unter den asiatischen Speisepilzen, bei weitem aber nicht der einzige. Eine weitere Art, die bei uns noch wenig bekannt ist, sich aber langsam durchsetzt, ist der **Maitake**. Vielleicht haben Sie von seiner Existenz schon gehört. Wer Glück hat und bei hier lebenden Chinesen oder Japanern eingeladen wird, bekommt in deren Haus sicher auch asiatische Pilze zu essen. In der asiatischen Küche werden sie gerne verwendet. Der Maitake wurde über viele Jahrhunderte in Japan als absolute Köstlichkeit bzw. Rarität geschätzt. Da man noch nicht wusste, wie man ihn kultivieren konnte, wurden die Fundstellen in der freien Natur bzw. im Wald als großes Geheimnis behandelt, das allenfalls vom Vater auf den ältesten Sohn vererbt wurde. „Maitake" heißt auf Deutsch „Tanzender

Pilz“, wahrscheinlich weil seine Form an tänzerische Bewegungen erinnert.

Die gesundheitlichen Wirkungen sind ähnlich wie beim Shiitake. Auch er wird zur Vorbeugung gegen Krebs eingesetzt. Manche Ärzte oder Heilpraktiker, die sich mit Tumorerkrankungen beschäftigen, empfehlen Shiitake oder Maitake im Zusammenhang mit einer Chemotherapie. Die beiden Pilze verringern die Nebenwirkungen dieser Behandlung und gestalten die Therapie für den Patienten erträglicher. Darüber hinaus kann der Pilz den Zuckerspiegel leicht senken, was für Diabetespatienten – aber auch für Gesunde – außerordentlich interessant ist, denn was der Zucker im Körper bzw. im Gefäßsystem anrichtet, haben Sie ja schon gehört.

Der getrocknete Shiitake ist in allen besseren Bioläden zu bekommen. Man kann ihn in Suppen oder – klein geschnitten – für eine köstliche Pilzsoße verwenden. Er wird vor der Zubereitung mindestens drei Stunden in Wasser eingeweicht und kann dann wie Gemüse weiterverarbeitet und z. B. leicht angebraten werden. Durch das Einweichen wird er zart und seine Geschmacksaromen entfalten sich.

Praxistipp: Asiatisches Pilzgericht „Goldener Shiitake"

Zubereitungszeit: zehn Minuten

Etwa fünf Stücke getrockneten Shiitake nehmen und vorher zwei bis drei Stunden in Wasser einweichen. Danach das Wasser wegschütten und den Shiitake in dünne Streifen schneiden. Zuerst eine klein geschnittene Zwiebel und eine Zehe Knoblauch mit Rapsöl in der Pfanne anbraten. Dann den vorher klein geschnittenen Shiitake dazugeben und alles weitere zwei Minuten anbraten. Danach z. B. rote, gelbe und grüne Paprika (dünne Streifen) hinzugeben. Alternativ als Gemüse auch dünne Streifen von Zucchini oder Auberginen. Zum Schluss ein Teelöffel Misopaste, etwas Sojasoße und zwei Teelöffel Honig dazu, gut umrühren. Guten Appetit!

4.8 Die beste Diät der Welt?

Sie wollen Ihr Erkrankungsrisiko um 76 % senken, Ihre Lebenserwartung um mehr als sechs Jahre erhöhen und das Ganze ohne Nebenwirkungen und praktisch kostenlos? Nein, dies ist keine Märchenstunde, sondern die Zusammenfassung dessen, was Professor Franco aus Rotterdam in einer Studie berichtet. Man muss dazu nur bestimmten Empfehlungen hinsichtlich der richtigen Nahrungsauswahl folgen.[27]

Wer seine Nahrung clever zusammenstellt, hat eine gute Chance, bis ins hohe Alter gesund und fit zu bleiben. Zugegebenermaßen sind viele Menschen hinsichtlich ih-

[27] Franco et al., 2005

rer Ernährung in einem Zustand mittlerer Verwirrung, da jede Menge selbst ernannte Ernährungsexperten in ungezählten Gazetten und auch sonst überall ihre Weisheiten in die Welt hinaustrompeten. Mancher wird sich also fragen, was man überhaupt noch essen kann und wie man seine Nahrung gestalten soll. Jede Frauenzeitschrift hat mindestens einmal im Monat eine neue „Wunderdiät“ anzubieten. Die meisten dieser Diäten funktionieren nicht, weil sie entweder nicht praktikabel („Kalorien zählen“), zu einseitig („Kohlsuppendiät“) oder wissenschaftlich völlig unhaltbar sind – hohe Abbruchquoten sind typisch.

Um das zu vermeiden, muss man generell weg vom Denken an eine „Diät“. Es gibt nämlich keine, die für alle Menschen und für alle Lebenssituationen die richtige wäre. Es geht also darum, für sich ein System zu finden, nach dem man die passenden Produkte aussucht bzw. zusammenstellt. Ein solches System der Nahrungsauswahl muss im praktischen Leben einfach in der Handhabung sein und vor allem so flexibel, dass es nicht als Einschränkung empfunden wird. Auch langfristig muss es ohne Probleme mit Freude und Erfolg durchzuführen sein. Nur dann haben Sie ein sicheres Fundament, auf dem Sie gut stehen können.

Die Empfehlungen berücksichtigen alles, was Sie bisher in diesem Buch über gesunde Ernährung gelesen haben. Selbstverständlich wird der eine oder andere diese Vorschläge für sich modifizieren (müssen), weil eine spezielle Lebenssituation vorliegt. So werden z. B. Schwangere, Sportler oder sehr dünne Menschen kleine Änderungen vornehmen. Kinder und sehr alte Menschen ebenfalls. Wer körperlich hart arbeitet, darf z. B. auch mehr Kohlenhydrate essen. Insofern kann keine Diät dieser Welt den Anspruch erheben, für alle die beste zu sein. Selbstverständlich auch nicht die vorliegende. Die meisten werden aber mit den folgenden Empfehlungen sehr gut zurechtkommen. Wer sich daran hält, kann sich wahrscheinlich bald über mehr Gesundheit, Vitalität, Lebensfreude und Fitness freuen. Man hat dann auch gute Chancen, den großen Wohlstandskrankheiten unserer Zeit (Herz-Kreislauf-Erkrankungen, Diabetes, Fettstoffwechselstörungen und Fettleibigkeit) zu entgehen. Die Empfehlungen beruhen auf folgenden Kriterien:

1. Das aktuelle Wissen über die Ernährung wird berücksichtigt, ohne Fanatismus oder Einseitigkeit.
2. Sie bekommen mehr als genug Mineralstoffe, Vitamine, sekundäre Pflanzen- und Ballaststoffe.
3. Sie essen automatisch mehr von den „richtigen“ und gesunden Lebensmitteln.
4. Die Nahrung ist schmackhaft, kalorienarm und sehr abwechslungsreich.
5. Man braucht weder Kalorien zu zählen noch auf bestimmte Dinge gänzlich zu verzichten.
6. Der Insulinanstieg nach dem Essen (besonders beim Verzehr von Kohlenhydraten) wird niedrig gehalten, damit verbessert sich der Stoffwechsel, insbesondere die Zucker- und Fettwerte.
7. Diese Art der Ernährung nähert sich dem an, was die gesündesten und fittesten Menschen dieser Erde essen.

Sie wissen bereits, dass die wichtigste Neuerung in der Ernährungsmedizin der letzten Jahre die Neubetrachtung der Kohlenhydrate ist. Das neue Maß, die Kohlenhydrate einzuteilen, ist die so genannte glykämische Last. Sie berücksichtigt, wie viel Insulin die Bauchspeicheldrüse ausschütten muss, und zwar unter Einbeziehung der üblichen Portionsgrößen für bestimmte Lebensmittel.

Entsprechende Tabellen finden Sie in guten Ernährungsbüchern.[28] Wenn Ihnen das alles zu kompliziert ist, dürfen Sie es sich auch ganz einfach machen. Sie brauchen sich dann bloß nach der folgenden Pyramide zu richten. Die berücksichtigt alle Kriterien, die oben aufgeführt sind, einschließlich einer möglichst geringen Insulinausschüttung nach dem Essen. Die Pyramide hilft Ihnen, Ihre Mahlzeiten zusammenzustellen und sich automatisch in optimaler Weise zu ernähren.

Ernährungspyramide

[28] z. B. Nicolai Worm: Low Carb. Die Ernährungsrevolution. So kochen Sie sich schlank. GU, 2004

Diese Pyramide, die sich an den Erkenntnissen der Ernährungsforscher Ludwig, Willet, Cordain und Worm orientiert, entspricht etwa dem, was ich unter „optimaler Ernährung“ verstehe und was ich – im Großen und Ganzen – bei den gesündesten und fittesten Menschen dieser Erde als Ernährung gesehen habe. Aus der Perspektive dieses Buches ist diese Pyramide eine einfache Zusammenfassung der wichtigsten Regeln für die Auswahl von Nahrungsmitteln. Sie brauchen nur für einen „festen Stand“ der Pyramide zu sorgen, d. h., Sie ernähren sich hauptsächlich von den unten genannten Lebensmitteln. Je weiter es nach oben geht, desto mehr halten Sie sich zurück. Wenn Sie Hunger haben, erinnern Sie sich an die „Basis“ und essen einfach mehr Obst, Gemüse, Hülsenfrüchte, Fisch und Sojaprodukte, dazu verwenden Sie gesunde Öle (Olivenöl, Rapsöl, Leinöl).

Die Lebensmittel in der Mitte dürfen Sie auch essen, nur nicht zu viel davon, sie sind – in Maßen genossen – durchaus gesund (z. B. Vollkornprodukte). Nur die Spitze der Pyramide werden Sie eher meiden: Süßigkeiten bzw. Weißbrot oder Alkohol, z. B. Bier („schlechte Kohlenhydrate“). Auch die allseits so geliebte Wurst ist weit oben gelandet, weil sie viele gesättigte Fette (tierische Fette) enthält und daher der Gesundheit abträglich ist. Das heißt aber nicht, dass Sie nicht auch mal eine Scheibe Wurst oder ein kleines Stück Schokolade essen dürfen, wenn Ihnen der Sinn danach steht. Wenn Sie dann noch viel trinken, z. B. Mineralwasser oder Tee, die guten Öle nicht vergessen und regelmäßig viel Bewegung haben oder Sport treiben – dann sind Sie auf dem besten Weg, vielleicht auch ein Super-Alter zu werden. So einfach ist richtige Ernährung! Als „Bonbon“ freuen Sie sich an dem Gedanken, dass ab jetzt nur noch die anderen Zahnarztrechnungen zahlen. Sie bekommen nämlich keine mehr. Ihr Zahnarzt wundert sich höchstens, warum Sie keine Karies mehr haben und er bei Ihnen kein Geld mehr verdienen kann.

Außerdem werden Sie recht schnell Ihr Gewicht regulieren bzw. abnehmen. Durch den etwas erhöhten Eiweißanteil dieser Empfehlungen werden Sie schneller satt als durch die bisher favorisierten Kohlenhydrate, denn das artete manchmal in eine „Kohlenhydratmast“ (zu viel Brot, Kartoffeln, Nudeln) aus, die jahrelang von vielen Seiten empfohlen wurde. Als willkommener Nebeneffekt werden Sie sich bald leistungsfähiger, agiler, körperlich belastbarer und psychisch stabiler fühlen. Die berühmt-berüchtigte Unterzuckerung nach dem Essen, bei der viele vor lauter Müdigkeit direkt ins Bett fallen könnten, wenn sie denn die Möglichkeit hätten, gehört für Sie der Vergangenheit an. Sie sind nach dem Essen nicht schlapp, sondern tatendurstig und aktiv. „Bleierne Müdigkeit“ nach dem Essen ist ein Zeichen von falscher Ernährung! Den Mittagsschlaf können Sie daher ruhig anderen überlassen. Dafür ist doch in der Nacht mehr als genügend Zeit. Es gibt einfach zu viel Spannendes in diesem Leben zu tun, packen wir's also an.

5 Das Power-Aging-Bewegungsprogramm

Jogging, Walking, Spinning, Marathon-Läufe, Aerobic und so weiter. Wenn man populäre Zeitschriften durchblättert oder entsprechende Sendungen im Fernsehen ansieht, könnte man glauben, dass sich eine ganze Nation im Sport- und Fitnessfieber auslebt. Eine eifrige Industrie ist auch schnell bei der Hand und will uns glauben machen, dass wir eine komplizierte Ausrüstung, die entsprechende „modische" Kleidung und teure Abonnements in Fitnessclubs brauchen, damit wir glücklich werden können oder uns zumindest körperlich wohler fühlen. Das lenkt jedoch vom eigentlichen Problem ab: Wir sind leider – mehrheitlich – immer noch eher Sport- und Bewegungsmuffel. Nach verschiedenen Untersuchungen treibt nur etwa ein Drittel aller Deutschen regelmäßig Sport. Das heißt, zwei Drittel verzichten ganz darauf. Wahrscheinlich sind es sogar noch mehr Sportmuffel, denn alle diese Untersuchungen beruhen auf repräsentativen Befragungen. Wer schummelt aber nicht gern, wenn er gefragt wird: „Treiben Sie regelmäßig Sport?" Vor diesem Hintergrund können die meisten Deutschen nicht in den Genuss der positiven Effekte kommen, die regelmäßige Bewegung bringt.

Wer sich so passiv verhält, hat kaum eine Chance, zu einem Super-Alten zu werden und das magische Dreieck von körperlicher Gesundheit, seelischer Ausgeglichenheit und glücklichen Beziehungen zu seinen Mitmenschen zu erreichen. Die Lust auf Bewegung ist uns zum Glück angeboren, das sieht man bei kleinen Kindern. Die tollen, raufen, rennen und toben, ohne dass man sie je dazu auffordern müsste. Die Freude daran ist bei Erwachsenen auch nur verschüttet und muss lediglich wieder geweckt werden.

5.1 Von Bewegungsmuffeln und Couchpotatoes

Denken wir kurz noch einmal an unseren Steinzeitmenschen. Der räkelte sich morgens auf seinem Bärenfell und kroch dann aus seiner Höhle. Wenn er etwas zu essen haben wollte, musste er sich bewegen, und das nicht wenig, ob ihm das gefiel oder nicht. Ohne Bewegung kein Essen. Ohne Essen kein Überleben. Unsere Vorfahren waren Jäger und Sammler. Die Bewegung stand immer im Mittelpunkt des Lebens. Dieses genetische Vermächtnis haben viele vergessen. Unsere Gene haben sich aber seit dieser Zeit praktisch nicht verändert. Viele glauben, dass man sich irgendwie an der Notwendigkeit von Sport bzw. regelmäßiger körperlicher Bewegung vorbeimogeln kann, ohne dass es negative Auswirkungen auf den Körper hat. Dies ist leider ein Trugschluss, denn das morgendliche Einsteigen ins Auto oder das Öffnen der Aufzugstür sind leider nicht ausreichend. Unsere Gene und die physiologischen Abläufe unseres Körpers lassen sich nicht so leicht austricksen. Wer es trotzdem versucht, bekommt irgendwann die Quittung: Herz-Kreislauf-Erkrankungen, Fettleibigkeit, Diabetes, hoher Blutdruck, Krebs.

Was sagen die Super-Alten dazu? Ich habe keinen gefunden, der sich nicht in irgendeiner Form viel körperlich bewegt hätte. Früher gab es natürlich keine Fitness-Studios, keine Rollerskates und noch nicht einmal Jogging-Schuhe oder gar Trimm-dich-Pfade. Diesen ganzen Schnickschnack brauchten die Super-Alten auch nicht. Bewegung war nämlich unausweichlich in den Tagesablauf integriert, ohne war das Leben gar nicht vorstellbar. Die Bauern auf Okinawa mussten beim Fischfang oder beim Arbeiten auf den Feldern ganz schön hart ran, abgesehen davon, dass es kaum Straßen und öffentliche Verkehrsmittel gab. Da war es fast eine tägliche Übung, in das nächste Dorf oder die nächste Stadt zu laufen, um dort auf dem Marktplatz das mühsam geerntete Obst und Gemüse zu verkaufen. Ähnliches galt in allen Gebieten mit viel Landwirtschaft. Heute haben sich die Verhältnisse geändert. Das Auto, gute Straßen, sitzende Tätigkeit allerorten und daher wenig Bewegung sorgen dafür, dass die vielen gesundheitlichen Vorteile der körperlichen Bewegung nicht mehr genutzt werden. Die jungen Menschen müssen sich also einen Ausgleich suchen. Da kommt der Sport wie gerufen.

Vorher noch ein Wort zu zwei extremen Verhaltensweisen, die durchaus nicht selten sind. Wer Sport nämlich nur passiv vor dem Fernseher betreibt oder denkt, dass der Gang vom Sessel zum Kühlschrank genug sportliche Aktivität sei, wird die Rache seines Körpers früher oder später zu spüren bekommen. Viele sind geneigt zu glauben, dass Krankheit und Verfettung immer nur die anderen betreffen, aber die Statistik spricht eine eindeutige Sprache. Der Zusammenhang zwischen einem sinnvollen und altersgemäßen Sportprogramm einerseits und guter Gesundheit andererseits ist eindeutig erwiesen. Winston Churchill, den viele Bewegungsmuffel und

Couchpotatoes mit seinem „no sports“ gern zitieren, hat die Sache leider falsch gesehen. Er wurde nicht wegen seines unsportlichen bzw. bewegungsarmen Lebensstils alt, sondern trotzdem.

Das andere Extrem ist leider auch nicht selten. Da sieht man meist ältere Damen und Herren, wie sie mit schmerzverzerrtem Gesicht und keuchendem Atem über den Trimm-dich-Pfad oder gar die Marathonstrecke hetzen (meist die Herren der Schöpfung). Bei jedem Marathonlauf muss der Streckenarzt einige übereifrige und überambitionierte Läufer oder Läuferinnen aus dem Rennen nehmen, weil schwerwiegende gesundheitliche Konsequenzen drohen. Manche wollen durch diese Aktivitäten ihr schlechtes Gewissen reinwaschen und einen über lange Jahre sportlich vernachlässigten Körper durch ein „Intensivprogramm“ hurtig wieder in Form bringen bzw. beweisen, dass sie noch fit sind und nicht zum „alten Eisen“ gehören. Das Ganze möglichst im Rekordtempo, damit die Wehwehchen oder körperlichen Beschwerden, die durch die mangelnde Bewegung entstanden sind, einschließlich einem dicken Bauch, möglichst schnell wieder verschwinden.

Beide, also derjenige, der faul im Sessel lümmelt, und der, der hechelnd über die Joggingstrecke hetzt, machen etwas falsch. Die Wahrheit liegt, wie so häufig, irgendwo in der Mitte und deswegen wollen wir ein sinnvolles und altersgemäßes Sportprogramm entwerfen, das folgenden Kriterien genügen muss:

- Lust und Freude an der Bewegung,
- ein Zuwachs an körperlicher Fitness,
- positive Effekte für die Gesundheit,
- mehr Wohlbefinden für die Psyche

Wer diese Vorgaben ernst nimmt, sieht sofort, dass **Freude und Spaß an der Bewegung** an erster Stelle stehen müssen. Ein Bewegungsprogramm, das keinen Spaß macht, lässt man am besten von vornherein bleiben, denn man wird es früher oder später doch aufgeben. Die Fitness sollte sich natürlich steigern, aber nicht um den Preis körperlicher Beschwerden. Ganz im Gegenteil: wir wollen ja auch gesundheitlich profitieren. Zu guter Letzt soll die Psyche einen positiven „Kick“ bekommen, damit wir uns wohler fühlen und die schlechten Gedanken verscheuchen. Das dürfen wir erwarten, darauf freuen wir uns.

5.2 Dem Herzinfarkt davonlaufen

Was also ist konkret zu tun, wenn man keinen Herzinfarkt, keinen Schlaganfall, keine Osteoporose und keinen Diabetes bekommen will? Von der Bewegungsseite gibt es drei Bereiche, die abgedeckt werden müssen:

- Ausdauersport (z. B. Walking, Jogging, Fahrradfahren),
- Krafttraining (in einem Studio oder zu Hause),
- Übungen zur Gelenkigkeit bzw. gegen Versteifung (z.B. Yoga)

Ihre körperliche Gesundheit entwickelt sich am besten, wenn Sie diese drei Elemente eines sinnvollen Bewegungsprogramms in Ihr Leben integrieren. Oft höre ich dann die gleiche Leier: „Wo denken Sie hin, ich habe doch noch etwas anderes zu tun, keine Zeit!“ Das sind Ausreden, die nur zeigen, dass man nicht bereit ist, sein Leben in der notwendigen Weise zu ändern. „Keine Zeit“, hört sich gut und vor allem wichtig an. Meist erfahre ich dann im Gespräch, dass es da viele andere Gewohnheiten gibt, durch die Zeit vertrödelt und vergeudet wird. Es ist nämlich nicht so, dass wir „keine Zeit" hätten, sondern wir entscheiden uns, die Zeit für etwas anderes zu verwenden, was uns anscheinend wichtiger ist. Das muss jeder selbst entscheiden. „Keine Zeit" ist aber kein Argument.

Manchmal werde ich gefragt, „Wie machen Sie es denn selbst?" Das will ich natürlich nicht schamhaft verschweigen. Mir fällt auf, dass in den Büchern, die ich zum Thema gelesen habe, der Autor immer diskret verschweigt, was er selbst tut und wie sein eigenes Programm aussieht. So etwas ist unglaubwürdig und schlechter Stil. Also, hier ist mein persönliches Bewegungsprogramm, das ich – je nach aktueller Situation und Lust – etwas abwandle. Im Prinzip halte ich mich an den folgenden Plan:

Morgens nach dem Aufstehen mache ich fast immer 15 Minuten Yoga und schließe die Übungen mit einer fünfminütigen stillen Meditation ab. Dies ist eine wunderbare Art, den Tag zu beginnen, und nach den Yoga-Übungen bin ich nicht nur richtig wach, sondern auch bereit, mit neuer Energie in den Tag zu starten. Generell ist bei mir jeden zweiten Tag „mäßiges Training" angesagt. Das heißt, dass ich entweder ins Fitness-Studio oder im Wald auf meine Joggingstrecke gehe. Da ich jeden zweiten Tag Sport treibe, läuft es darauf hinaus, dass ich ungefähr zweimal pro Woche jogge und zweimal pro Woche im Fitness-Studio trainiere. Regnet es in Strömen, ziehe ich natürlich das Studio vor (bei leichtem Regen kann man dagegen sehr gut laufen). Scheint dagegen die Sonne und die Vögel zwitschern, zieht es mich in den Wald. Dort trabe ich zwischen Bäumen und an Wiesen vorbei, manchmal huscht ein Reh vor mir schnell ins

Unterholz. Das ist für mich Entspannung pur. Das Ganze dauert etwa 40 Minuten. Leicht, locker und mit Freude an der Bewegung. Jeder zweite Tag ist „Ruhetag“, so kann sich mein Organismus erholen und ich überfordere mich nicht.

Das ist alles. Sagen Sie nicht, das sei schwer oder kompliziert oder zeitaufwändig. Es ist furchtbar einfach, total flexibel und es zeigt gesundheitliche Wirkungen! Zeitaufwand: Vier Stunden pro Woche. Da die Woche 168 Stunden hat, sind vier Stunden nun wirklich nicht viel. Genauer gesagt sind es ungefähr 2,5 % der Wochenzeit. Die sollten nun wirklich für die Gesundheit drin sein. Und vor allem: Sie bekommen ungeheuer viel zurück. Sie kriegen nämlich einen gesunden Körper, beugen Krankheiten vor und fühlen sich oft genug wie Gott in Frankreich. Selbstverständlich wird jeder für sich ein optimales Programm finden müssen. Doch etwa dreimal pro Woche ein mäßiges Bewegungsprogramm durchzuführen sollte uns die Gesundheit wert sein.

Zurück zum Bewegungsprogramm. Eine gute **Ausdauer** bzw. ein regelmäßiges Konditionstraining bewirken, dass man Herz-Kreislauf-Erkrankungen vorbeugt, das Gewicht hält bzw. verringert, Arteriosklerose verhindert und daher keinen Herzinfarkt und keinen Schlaganfall bekommt. Es ist auch ein angenehmes Gefühl, ohne Probleme in den dritten Stock gehen zu können, auch wenn der Schritt etwas schneller ist. Das Herz passt sich veränderten Anforderungen besser an und kann entsprechend auf Stresssituationen reagieren. Sie fühlen sich psychisch stabiler und ausgeglichener. Um all dies zu erreichen können Sie sich aus der folgenden Liste etwas aussuchen, das Ihnen Spaß macht und das Sie in Ihren Wochenablauf integrieren können:

- Joggen oder Walken,
- Fahrradfahren,
- Schwimmen,
- Skaten.

Die meisten werden sich für das **Joggen** oder **Walken** entscheiden, weil es am flexibelsten ist, man kann es praktisch überall durchführen, auch im Winter oder bei schlechtem Wetter, und braucht, außer guten Schuhen, keine Ausrüstung. Wer sich einmal angewöhnt hat, irgendwo im Grünen oder im Wald durch herrliche Natur zu laufen, dabei die Vögel singen zu hören und anschließend nach der Dusche dieses wunderbare Gefühl der Entspannung und der körperlichen und seelischen Ausgeglichenheit genießen zu können, der wird so leicht nicht mehr davon lassen wollen. Ganz Eifrige werden vielleicht sogar in den Genuss des „Jogger's High" kommen. Dieses Hochgefühl ist aber nicht nötig, die positiven Auswirkungen eines mäßigen Ausdauertrainings stellen sich auch so ein. Also, nicht übertreiben. Sie wollen ja nicht zu der vorher beschriebenen hetzenden und keuchenden Masse gehören, die man allerorten in Parks und auf Trimm-dich-Pfaden besichtigen kann. Was heißt das konkret?

Das wichtigste Prinzip heißt **Mäßigung**. Die meisten Anfänger (und auch viele Fortgeschrittene) machen den Fehler, zu schnell und mit zu viel Intensität zu trainieren. Wer die 50 schon überschritten oder jahrelang keinen Sport betrieben hat, sollte sich zunächst einmal bei einem Arzt durchchecken lassen, der ihm dabei auch seinen idealen Trainingspuls berechnet. Das ist der Puls, bei dem Sie am ehesten Fett verbrennen, bei dem sich Ihre Leistungsfähigkeit erhöht und bei dem sich keine Überlastungsschäden an Ihrem Herz-Kreislauf-System einstellen. Wer zu heftig trainiert, tut sich keinen Gefallen. Anfänger sollten auch ausreichend Trainingspausen machen. Am Anfang sind zweimal Training pro Woche genug. Das kann man dann langsam auf dreimal steigern. Mehr als viermal Training pro Woche bringt keinen zusätzlichen Gesundheitseffekt mehr.

„Fit" ist übrigens nicht gleich „gesund". Denken Sie an Leistungssportler. Viele sind häufig krank, leiden an Infektionen und müssen oft verschiedene Wehwehchen auskurieren. Sie sind zwar unglaublich fit, also leistungsfähig, aber trotzdem nicht unbedingt gesund. Die Intensität hat ein Optimum: Bis zu einer gewissen Dosis ergeben sich gesundheitliche Vorteile. Trainiert man noch mehr, kehren sich die Vorteile um und die Anstrengung wird zur Überanstrengung mit gesundheitlichen Nachteilen.

Wenn Ihr Arzt Ihren optimalen Trainingspuls nicht misst, können Sie ihn auch alleine berechnen. Hier ist eine vereinfachte Formel[29]:

Formel für optimalen Trainingspuls

Maximalpuls: 220 – Lebensalter.
Optimaler Trainingspuls: 70 % des Maximalpulses.
Beispiel: Wenn Sie 40 Jahre alt sind, ist Ihr Maximalpuls 220 – 40 = 180.
70 % von 180 = 126. Ihr optimaler Trainingspuls wäre also 126.

Diesen idealen Trainingspuls können gut Trainierte auch etwas überschreiten, Anfänger werden ihn eher etwas niedriger ansetzen. Wenn Ihnen nicht nach rechnen

[29] beruhend auf Empfehlungen des „American College of Sports Medicine"

zumute ist, geht es auch noch einfacher: Eine guter Anhaltspunkt ist eine ruhige, gleichmäßige Atmung beim Laufen, ohne zu keuchen. Sie sollten sich dabei noch unterhalten können, ohne außer Atem zu kommen. Ganz Ambitionierte können einen Brustgurt tragen und so auf einer Pulsuhr ihren Puls ablesen, das ist aber nicht nötig. Das ganze Programm dauert ungefähr 30 Minuten. Als Anfänger steigern Sie sich natürlich langsam, fangen beispielsweise mit fünf Minuten Laufen oder Walken und fünf Minuten Gehen an. Jede Woche laufen Sie etwas länger und vermindern die Gehpausen, bis Sie die 30 Minuten durchhalten, ohne zu hecheln und ohne sich stark anzustrengen. Bei diesem optimalen Trainingspuls können Sie alle gesundheitlichen Vorteile eines Ausdauertrainings nutzen.

Ich verspreche Ihnen: Nichts ist kompliziert, nichts ist schwer. Nur der innere Schweinehund wird manchmal versuchen, sich frech in Ihr Leben einzumischen, und Sie vom Laufen abhalten wollen. Diesen Burschen weisen Sie in die Schranken. Wer das Programm einige Wochen durchhält, wird sich fragen, wie er die ganze Zeit auf das tolle Gefühl nach einem solchen Training verzichten konnte. Sie dürfen von einem solchen mäßigen Ausdauertraining zusätzlich folgende gesundheitlichen Verbesserungen erwarten:

- Ihre Fettverbrennung wird optimiert. Das gute HDL steigt, das schlechte LDL sinkt. Dadurch wird das Arteriosklerose-Risiko beträchtlich reduziert. Ihre Gefäße werden „geputzt“.
- Die Empfindlichkeit der Zellen für Insulin wird gesteigert. Sie bekommen keinen Diabetes. Leichte Formen des Diabetes lassen sich auf diese Art ohne Medikamente beherrschen.

- Die Zahl der Mitochondrien, der Kraftwerke und Fettverbrenner in den Zellen, erhöht sich.
- Sie verbrennen auch in Ruhe nach dem Training mehr Fett.
- Sie regulieren Ihr Gewicht, ohne dass Sie sich groß anstrengen.
- Ihr Immunsystem wird trainiert. Sie bekommen weniger Infektionen.
- Sie durchfluten Ihren ganzen Körper mit Sauerstoff, insbesondere auch Ihr Gehirn. Gerade Kopfarbeiter schätzen den Ausgleich eines regelmäßigen Ausdauertrainings.
- Ihre Stimmung, Lust und Laune verbessern sich, denn Sie locken Ihre Glückshormone.

Stimmt es, dass man durch ein solches Training wieder jünger wird? Ja und nein. Natürlich ändert sich an ihrem tatsächlichen Alter nichts. Ein sanft betriebenes Ausdauertraining ist aber eine gesicherte Methode, um den Unterschied zwischen dem biologischen Alter und dem tatsächlichen Alter zu vergrößern. Sie können nämlich leicht 50 Jahre alt sein, aber biologisch nur 40. Sie sind dann so jung und so fit wie ein 40-Jähriger, der nicht trainiert – teilweise sogar fitter. Diese „Verjüngungskur", die praktisch nichts kostet, die Spaß macht, die Gesundheit verbessert und gute Gefühle der Entspannung, Freude und Befriedigung verschafft, nehmen wir doch gerne mit.

Wenn Sie noch nicht regelmäßig trainieren, halten Sie jetzt etwas inne und überlegen Sie sich, wie Sie das konkret in Ihrem Leben ändern wollen. Fragen Sie sich: „Welche Sportart macht mir am meisten Spaß? Wo kann ich laufen/walken etc., wie kann ich das organisieren und in meinen Tages- bzw. Wochenablauf integrieren?" Lesen

Sie nicht weiter, bevor Sie eine Entscheidung getroffen haben.

5.3 Von schlaffen Muskeln und morschen Knochen

Ausdauertraining ist eine wunderbare und gesunde Sache. Richtig fit werden Sie aber erst, wenn Sie zu dem Ausdauertraining noch ein Muskel- bzw. Krafttraining dazunehmen. Ohne Muskeltraining stehen Sie sozusagen nur auf einem Bein und auf dem steht es sich bekanntlich schlecht, da kann man schon einmal umfallen, wenn es hektisch wird. Das ist übrigens durchaus wörtlich zu nehmen. Es ist eindeutig erwiesen, dass die Geschicklichkeit und die Sturzgefahr durch ein einfaches Krafttraining stark vermindert werden können. Sie kennen bestimmt auch tragische Fälle, bei denen ältere Menschen einen Oberschenkelhalsbruch erleiden und gesundheitlich schnell abbauen, obwohl sie sonst noch recht fit waren. Das muss nicht sein.

Die Super-Alten wissen das natürlich. Deshalb bleiben sie auch immer in Bewegung, haben ihr eigenes Trainingsprogramm bzw. sind körperlich so aktiv, dass das Training dadurch leicht ersetzt werden kann. Wer Felder mit Süßkartoffeln bestellt oder auf hohe Obstbäume klettert, Kisten voller Oliven schleppt und bei der Weinlese kräftig anpackt, braucht kein Krafttraining. Der entwickelt seine Muskulatur und seine Geschicklichkeit ganz automatisch. In diesen Ländern war traditionellerweise die Muskelarbeit – in der Vergangenheit – immer ein zentrales Lebenselement, dem sich keiner entziehen konnte.

Alle anderen – und da sind insbesondere die „Schreibtischtäter“ angesprochen, also all die Menschen, die überwiegend eine sitzende Tätigkeit ausüben – müssen die Bewegungsarmut ausgleichen. Wenn wir uns wieder den Steinzeitmenschen in Erinnerung rufen, wird klar, dass wir nicht dafür gebaut sind, auf einem Bürostuhl zu sitzen, die Computertastatur zu bedienen und wild mit der Maus zu klicken.

Besonders für Frauen ist ein solches Trainingsprogramm sehr wichtig. Sie haben nämlich ein besonderes Problem, das das Leben stark einschränken kann: **Osteoporose.** Es können zwar auch Männer von Osteoporose betroffen sein, aber Frauen leiden eindeutig häufiger unter dieser praktisch hundertprozentig vermeidbaren Krankheit. Warten Sie daher nicht, bis der erste Knochen bricht oder bis der Buckel krumm geworden ist („Witwenbuckel“). Das verhindern Sie mit ein bisschen Krafttraining. Es ist einfach, nimmt wenig Zeit in Anspruch und macht viel Spaß, wenn man es nicht übertreibt. Die wichtigsten Vorteile einer systematischen Muskelkräftigung:

- Schutz vor Rückenschmerzen, an denen Millionen in Deutschland leiden,
- verbesserte Geschicklichkeit und Balance, geringere Sturzgefahr,
- Vorbeugung gegen Osteoporose,
- Schutz der Gelenke, denn Muskelpolster um die Gelenke schützen,
- bessere Fettverbrennung, nicht nur während des Trainings, sondern auch danach. Der Grund: Nur Muskeln verbrennen Fett,
- verbesserte psychische Ausgeglichenheit, die Stresshormone sinken.

Sie sehen, es lohnt sich, seine Muskeln regelmäßig zu trainieren. Alles, was ich Ihnen in diesem Buch empfehle, muss praxisnah und einfach durchzuführen sein und darf nicht allzu viel Zeit beanspruchen. Wenn Sie also nicht ins Fitness-Studio gehen wollen oder können, tut's auch ein spezielles Gummiband, das Sie in Sportgeschäften kaufen können. Man kann auch mit Hanteln trainieren oder sich einen der zahlreich angebotenen „Heimtrainer" kaufen, die mehrere Trainingsmöglichkeiten bieten. Ein kleines **Trampolin**, das bei Nichtbenutzung unters Bett oder hinter die Couch passt, ist übrigens ein Gerät, das vielen besonders viel Spaß macht und Kraft- und Ausdauertraining sogar kombiniert. Bei dieser Vielfalt an Möglichkeiten findet jeder etwas Passendes. Haben Sie sich schon entschieden?

5.4 Yoga: In der Ruhe liegt die Kraft

Yoga ist die Geburt aus dem gewöhnlichen,
dem intellektualisierten und materiellen Leben
des Menschen in ein höheres, spirituelles Bewusstsein
und in ein größeres, göttlicheres Sein.
(SRI AUROBINDO)

Wer seine Ausdauer trainiert und womöglich auch noch ein dosiertes Krafttraining absolviert, ist trotzdem nicht davor gefeit, dass der alternde Körper ganz allmählich steif und unbeweglich wird. Die Wirbelsäule wird kaum merklich krummer und Haltungsschäden schleichen sich ein. Deshalb dient die dritte und letzte Säule Ihres körperlichen Fitnessprogramms dazu, Ihre Gelenkigkeit und Flexibilität zu erhöhen und eine bessere Körperbeherrschung zu erreichen. Als sehr gute Möglichkeit dies zu erreichen, empfehle ich Ihnen **Yoga**. Warum dies sinnvoll ist, können Sie leicht selbst sehen, wenn Sie mit offenen Augen durch die Fußgängerzone einer deutschen Stadt gehen. Da sehen Sie viele Menschen – auch junge –, die eine katastrophale Körperhaltung haben, die krummrückig und schlaff durchs Leben gehen, zum Teil auch unförmig wie Hefeklöße und nie und nimmer in der Lage, auch nur einfache Streck- und Dehnübungen durchzuführen.

In Japan sitzt man traditionellerweise auf dem Boden und es gibt dort auch heute noch genügend Privathäuser oder auch Restaurants ohne Stühle, in denen alles auf flachen Tischen serviert wird und die Gäste auf Tatami-Matten (Press-Stroh) auf dem Boden sitzen. Wenn man das durchhalten will, ohne mit schmerzverzerrtem Gesicht sehnsüchtig auf das Ende des Mahls zu warten, das einen aus dieser misslichen Sitzposition erlöst, muss man flexibel und gelenkig sein. Für Japaner ist das ganz selbstverständlich. Sie trainieren damit unbewusst ihre Beweglichkeit und Flexibilität. Mit Yoga erreichen Sie das auch. Wenn Sie noch nie Yoga betrieben haben, empfehle ich Ihnen, z. B. in der Volkshochschule einen Kurs zu belegen. Nach zehn Stunden bei einem guten Lehrer oder einer guten Lehrerin wissen Sie schon, wie der Hase läuft, und können dann zu Hause weiterüben. Wenn Sie sich nach den ersten Stunden Unterricht immer noch steif fühlen, macht das nichts. Sie üben einfach weiter.

Stellen Sie sich vor, Sie würden Ihre Flexibilität jeden Tag nur einen halben Millimeter verbessern. Beispielsweise, wenn Sie auf dem Boden sitzend die Beine ausstrecken und versuchen, den Oberkörper nach vorne zu beugen und mit den Fingerspitzen Ihre Zehen zu berühren. Nach 20 Tagen hätten Sie dann schon einen Zentimeter geschafft und nach 200 Tagen zehn Zentimeter. Nach einem Jahr wären es fast 20 Zentimeter. Das wäre eine ungeheure Steigerung der Dehnbarkeit Ihres Körpers. Yogaübungen bestehen aus einer Serie von Atem-, Streck-, Dehn- und Gleichgewichtsübungen, die insgesamt eine sehr wohltuende und anregende Wirkung auf den Körper ausüben. Das gilt gerade für die spiralförmigen, so genannten „Krokodilsübungen". Wer regelmäßig Yoga praktiziert – und sei es auch nur 15 Minuten am Tag –, darf folgende positive Veränderungen bei sich erwarten:

- wesentliche Steigerung der Flexibilität von Muskeln, Sehnen und Bändern,
- verbesserte Durchblutung des ganzen Körpers,
- vertiefte Atmung und bessere Versorgung aller Organe mit Sauerstoff,
- bessere Haltung und Tendenz zu einem geraden Rücken,
- die Rückenmuskulatur wird gestärkt und gekräftigt, keine oder weniger Rückenschmerzen,
- verbesserte Balance und Geschicklichkeit im Alltagsleben,
- mehr Ruhe und Gelassenheit und mehr Energie.

All diese Vorteile können wir im hektischen Alltagsleben sicher gut gebrauchen. Wer optimal üben will, nimmt sich zweimal pro Tag Zeit dafür. Morgens und abends. Zur Not reicht auch das einmalige Training, am besten morgens, weil da der Körper am steifsten ist. Nach wenigen Monaten gehen Sie mit geradem Rücken, Anmut und viel mehr Balance und Körperbeherrschung durchs Leben.

6 Wird die Medizin uns retten?

Die Kunst des Arztes besteht darin, den Patienten so lange zu amüsieren, bis die Natur ihn geheilt hat.
(VOLTAIRE)

Pillen und Tabletten sind beliebt, überall in der Welt. Sie verkörpern den Traum jedes Patienten: Tablette schlucken, auf die Wirkung warten und alle Wehwehchen sind weg. So einer ist auch Herr Wohlbeleibt. Anfang sechzig, einen ordentlichen Fettbauch vor sich herschiebend, noch nie im Leben Sport getrieben. Herr Wohlbeleibt schlurft in meine Praxis, seinen dicken Bauch etwas schuldbewusst vor sich hertragend. Das Hemd spannt, die kurze Treppe hat ihn schon angestrengt und er ist etwas außer Atem. Er nimmt – leicht schnaufend – im Wartezimmer Platz. Später plumpst er in den Stuhl meines Behandlungszimmers. Er hält sich nicht mit irgendwelchen Vorreden auf und beklagt sich gleich über allerlei Beschwerden, die sich in sein Leben eingeschlichen haben. „Wissen Sie, Herr Doktor“, hebt er an, „wir wollen doch mal ehrlich sein.“ Wenn jemand so etwas sagt, spitze ich immer die Ohren, denn es folgt garantiert eine Rede, nach dem Motto: Die anderen sind schuld!

„Also, es ist doch so", fährt er fort, „wir wollen doch alle Spaß am Leben haben und mein Bluthochdruck, das Herz und das bisschen Diabetes sind doch kein Grund, Trübsal zu blasen." Bis hierhin nicke ich noch entspannt, warte aber darauf, wann er die Katze aus dem Sack lässt. Das tut er im nächsten Satz: „Sie kennen sich doch aus", verkündet er schmeichelnd. „Das ganze Gerede vom Sport treiben und von der richtigen Ernährung ist doch alles Humbug, erfunden von schmalbrüstigen Hungerkünstlern, die Schuhnägel essen und Sauerkrautsaft trinken. Sie kennen doch meinen Onkel Heinrich. Der hat gefressen und gesoffen, ist keinem fetten Speck aus dem Weg gegangen und hat den dann immer mit einem ordentlichen Glas Korn hinuntergespült und danach natürlich noch die Verdauungszigarre und einen starken Mokka. Sport? Da hat er immer nur gelacht. Er ist aber auch 83 geworden."

Jetzt lehnt er sich zurück und schaut mich triumphierend an, so als wollte er sagen: „Das musste doch mal gesagt werden. Das ist doch die Wahrheit und nichts als die reine Wahrheit. Na, Doktorchen, was sagst du nun?" Nachdem er solchermaßen das Terrain für weitere Diskussionen bereitet hatte, rückte er endlich mit seinem Anliegen heraus: „Also, mit Walking und Ausdauersport und auch mit dem Umstellen meiner Essgewohnheiten, da sehe ich schwarz, das wird doch nichts bei mir. Ich hab' eine viel bessere Idee: Sie haben doch sicher ein paar gute Pillen, die Sie mir verschreiben können. Ich verspreche auch hoch und heilig, sie regelmäßig zu nehmen. Dann kann ich mir doch diesen ganzen Sportkram sparen. Ich esse halt gerne Schweinshaxe mit Knödel und danach noch ein Stück Sahnetorte. Also, ich will das mal mit Pillen versuchen und den Rest vergessen wir." So, jetzt war's heraus, er schaute ganz erleichtert und wartete auf meine Reaktion.

Die weitere Diskussion verläuft etwas zäh, denn ich muss ihm etwas erzählen von Risikofaktoren und der geringen Wahrscheinlichkeit, mit dem üppigen und ausschweifenden Lebensstil von Onkel Heinrich gesund bleiben zu können. Onkel Heinrich wurde nicht wegen seines wilden Lebensstils so alt, sondern trotz. Jeder kennt offensichtlich einen solchen Onkel Heinrich im Verwandten- oder Bekanntenkreis. Irgendjemand hat da immer in ausschweifender Völlerei gelebt und ist doch mindestens 87 geworden.

„Wenn Sie 100 Onkel der Marke ‚Heinrich' zusammennehmen", versuche ich zu erklären, „werden Sie sehen, dass eine übergroße Zahl genau die Krankheiten bekommt, die Sie auch haben: Bluthochdruck, Diabetes, Herzbeschwerden und die Fettwerte im Blut so hoch, dass man getrost sagen kann, dass in den ganzen Körperadern noch ein bisschen Blut im Fett schwimmt. Aber Sie finden wahrscheinlich auch einen, der Glück gehabt hat und dem die ganze Völlerei nichts anhaben konnte. So einer war auch Ihr Onkel Heinrich. Das ist wie mit allen Krankheiten: Wenn man gesund ist, schleicht sich schnell der verführerische Gedanke ein: ‚Krank werden doch immer die anderen. Ich bin sicher vom Schicksal begünstigt, ich bleibe gesund'."

Herr Wohlbeleibt schaut etwas verdrießlich, meine Äußerungen findet er gar nicht überzeugend. „Also, was ist jetzt mit der Pille", fragt er und scharrt ungeduldig mit den Füßen, als wollte er sagen: „Ich habe jetzt schon 15 Minuten hier gesessen und immer noch kein Rezept in der Hand." In Gedanken ist er wahrscheinlich schon wieder bei der nächsten Kalbshaxe.

So sind sie und so reden sie, die Herren Wohlbeleibt oder Frauen Extrabreit. Die Pillen sollen's richten. Verhaltensänderung? Sport? Ernährungsumstellung? Kommen Sie mir nur nicht damit. Alles zu aufwändig, zu anstrengend, nicht sexy und daher zu wenig lustfördernd.

Dieses Denkschema ist zwar statistisch gesehen Unsinn, aber trotzdem weit verbreitet. Ihm liegt auch eine fundamentale Wahrnehmungsstörung zugrunde: Wir neigen dazu, die Eskapaden bzw. das lange Leben des Onkel Heinrich sehr genau zu beobachten und diese Informationen in unserem Hirn zu speichern. Könnte ja mal nützlich sein, wenn wieder ein magersüchtiger Gesundheitsapostel auftaucht und etwas von Ernährung oder Sport erzählt. Da braucht man schließlich gute Argumente. Demgegenüber verschließen wir aber völlig unseren Blick vor der Tatsache, dass für jeden Onkel Heinrich vielleicht 98 andere Mitmenschen vorzeitig das Zeitliche gesegnet haben oder siech geworden sind und jetzt im Altersheim dahinvegetieren. Das verdrängt man leicht. Diese Sichtweise ist auch deshalb so populär, weil sie uns der Notwendigkeit enthebt, selbst aktiv zu werden, eine Änderung des eigenen Lebensstils einzuleiten und Unbequemlichkeiten in Kauf zu nehmen, wenn es für den weiteren – gesunden – Lebensweg nützlich ist.

Die Bequemlichkeit ist allerdings ein mächtiger Verbündeter des Status quo und deswegen tun sich viele Menschen so schwer, das Heft für das eigene Leben in die Hand zu nehmen und rechtzeitig Veränderungen einzuleiten. Da wir außerdem als Menschen meist nach kurzfristiger Lustbefriedigung streben, ist uns der Gedanke an langfristige Veränderungen unserer Lebensgewohnheiten erst einmal suspekt. Erstaunlicherweise ist allerdings ein massiver Meinungswandel zu beobachten, wenn das Schicksal bei den erwähnten Damen und Herren hart zugeschlagen hat und der Herzinfarkt, der Diabetes oder der Schlaganfall da sind. Dann – und erst dann – wollen viele auf einmal ihre Lebensgewohnheiten ändern. Das soll dann möglichst rückwirkend Verbesserungen bringen. Die zurückliegende Völlerei soll möglichst schnell ungeschehen gemacht werden. Sie wollen gerne Helden sein, aber nur im Nachhinein. Nicht, wenn dafür noch Zeit und Gelegenheit gewesen wäre.

Wer als Ernährungs- oder Sportmuffel noch geistig und körperlich gesund ist, den beglückwünsche ich. Trotzdem ist das der beste Zeitpunkt, um über Änderungen des Lebensstils nachzudenken. Denn jetzt stehen noch alle Möglichkeiten offen, den Killerkrankheiten etwas entgegenzusetzen. Nichtstun ist auch eine Option, allerdings keine gute.

Für die Bequemen und Unbekümmerten kommt allerdings die oben skizzierte Geisteshaltung gerade recht, denn vielleicht könnte man ja den alten Schlendrian ohne weitere Anstrengungen beibehalten. „Ich vertraue auf mein Glück", mag mancher denken. Und wofür ist denn die Pharmaindustrie gut? Die haben doch diese wunderbaren Pillen und diese vielen studierten Akademiker. Die sollen es richten. Pillen einwerfen, Problem gelöst. Die Kasse zahlt ja.

Die Medizin hat in den letzten Jahrzehnten große Fortschritte gemacht. Infektionskrankheiten waren in der Vergangenheit die großen Killer (Tuberkulose, Typhus, Lungenentzündung). Sie sind als Bedrohung fast verschwunden, da es wirkungsvolle Antibiotika gibt. Trotzdem scheinen wir den Kampf gegen die Krankheit nicht gewinnen zu können, weil der Fortschritt auf der medizinischen Seite offensichtlich nicht ausreicht, um die Anzahl der rasant steigenden chronischen Krankheiten wirkungsvoll zu bekämpfen. Schlaganfälle, Diabetes, Herz-Kreislauf-Krankheiten, hoher Blutdruck und Krebs sind allgegenwärtig und auch eine ganze Armada aus Pharmaindustrie, Ärzten, Heilpraktikern, Krankenhäusern und Psychologen kann diese Entwicklung nicht stoppen oder umkehren.

Wenn man nach den Gründen für diese Entwicklung fragt, wird schnell klar, dass es nicht am fehlenden medizinischen Fortschritt liegt, sondern an den gesellschaftlichen Verhältnissen – konkreter gesagt, an einem Lebensstil, den wir als Gesellschaft praktizieren: Umweltverschmutzung, eine industrielle Landwirtschaft, die tonnenweise Pestizide versprühen darf und damit das Bodenleben zerstört. Dazu gibt es Autoabgase, garniert mit Dieselruß und Feinstaub, unwirtliche, laute und volle Städte, aus denen wir zu fliehen versuchen, Stress am Arbeitsplatz, Vereinsamung und Feindseligkeit unter den Menschen. Schlechte Ernährung und Bewegungsmangel geben uns den Rest. Die Medizin wird uns im Einzelfall retten, wenn wir z. B. als Unfallopfer in die Hände von guten Chirurgen kommen. Die deutsche Intensivmedizin ist Weltspitze. Gegen die vielen chronischen Krankheiten hat sie jedoch nicht viel zu bieten. Da ist vielmehr die Naturheilkunde gefragt, die von den meisten Medizinern immer noch belächelt wird. Als Ganzes kann uns die Medizin daher nur ganz bedingt weiterhelfen. Wir müssen es schon selbst tun und unseren Lebensstil ändern. Das ist oft unbequem und so ganz und gar nicht beliebt.

6.1 Es gibt sie: Die völlig unbekannte Wunderdroge

Ein Narr, der nicht weiß, dass weniger mehr ist als viel.
Gesegnet das karge Mahl und der mäßige Trank.
(HESIOD)

Stellen Sie sich vor, es gäbe eine Pille, die folgende Wunderdinge vollbringen könnte: die Fettwerte im Blut, z. B. das Cholesterin, drastisch senken, den erhöhten Blutdruck gleich mit, das Übergewicht reduzieren, den Blutzucker auf wunderbar niedrige Werte bringen, Entzündungen im Körper wie Rheuma oder Arthritis wegzaubern und obendrein die Anfälligkeit gegen bösartige Erkrankungen wie Krebs vermindern. Das alles ohne besondere Anstrengung, kein Jogging, kein Walking, keine Wunderdiäten und obendrein noch billiger als die normale Ernährung. Keine Rechnung für die Behandlung, weder vom Arzt noch vom Apotheker oder Heilpraktiker. Ganz im Gegenteil: Es wäre fast so, als würden Sie eine Pille nehmen und noch Geld bekommen. In diesem Fall würden zweifelsohne die Menschen in Massen in die Apotheken rennen, die Pharmaindustrie würde sich wegen des unerwarteten Geschäfts die Hände reiben und die Gesundheitsministerin würde zusammen mit ihrem Kollegen Finanzminister ununterbrochen ausgelassene Freudentänze aufführen.

Nun, ein solches Wundermittel existiert tatsächlich. Zwar kann man es nicht in der Apotheke kaufen, auch nicht im Internet oder im Supermarkt. Dafür kann es jeder nutzen, egal ob reich oder arm, klug oder dumm, Manager oder Putzfrau. Es bedarf nur einer gewissen Änderung des Lebensstils und etwas Zeit, um das „Programm" durchzuziehen. Am Ende ist der Erfolg aber praktisch garantiert. Das klingt verheißungsvoll, das müssen wir näher untersuchen. Und wieder machen wir eine Reise.

Diesmal geht es nach Arizona. Dort, wo die Sonne fast ununterbrochen scheint, im heißen Wüstengebiet der westlichen USA. Hier hat vor ca. 15 Jahren ein bemerkenswertes Experiment stattgefunden, das Biologen, Mediziner und Ökologen in helle Aufregung versetzte. Es fand in einem neu erbauten, futuristischen Gebäudekomplex aus Stahl und Glas statt, mitten in der Wüste. Ein verrückter Milliardär hatte die Finanzierung übernommen und die Wissenschaftler durften experimentieren. Unter einer großen Glaskuppel, die nach außen luftdicht abgeschlossen war, sollten acht Personen, vier Männer und vier Frauen, zwei Jahre lang leben. Das Projekt wurde „Biosphere II" getauft. Man wollte herausfinden, ob es möglich ist, vollkommen autark zu leben. Ziel war es, in dieser Glaskuppel eigene Nahrung zu produzieren, Pflanzen wachsen zu lassen, kleine Tiere zu halten und wissenschaftliche Versuche durchzuführen. Fast 4.000 verschiedene Pflanzen wurden in die Glaskuppel versetzt, darunter essbare Pflanzen, aber auch Blumen, Gräser und tropische Bäume, dazu kamen viele Insekten und einige Tiere. Die Auswahl wurde von kompetenten Wissenschaftlern getroffen.

Roy Walford, der Arzt der Gruppe, ein drahtiger älterer Herr, hatte sich vorgenommen, die gesundheitlichen Auswirkungen dieses Versuchs auf den Menschen zu überprüfen. Er nahm regelmäßig Blut bei den Teilnehmern ab und führte eine Liste mit medizinischen Messwerten: Blutdruck, Fettwerte, Gewicht, Zucker, freie Radikale, Sauerstoffsättigung usw. Alles wurde sorgfältig notiert. Die Protokolle wurden gesammelt und sorgfältig ausgewertet. Man muss dazu sagen, dass die Teilnehmer während des Experiments kein spezielles Gesundheitsprogramm absolvieren sollten. Die Ergebnisse der medizinischen Studien hat Roy Walford in einem Buch publiziert.[30] Es schlug in Fachkreisen wie eine Bombe ein. Die folgende Tabelle zeigt, warum:

Änderung der medizinischen Parameter	
Gewicht	**-15 %**
Blutzucker	**-20 %**
Cholesterin	**-38 %**
Blutdruck	**-30 %**

Man sieht deutlich, dass sich alle wichtigen Parameter, die landläufig mit dem Alterungsprozess bzw. bestimmten Krankheiten wie Arteriosklerose in Verbindung gebracht werden, dramatisch verbessert haben. Eine 38-prozentige Senkung des Cholesterins ist z. B. normalerweise nur mit Medikamenten aus der Schulmedizin (so genannten Statinen) möglich, die auch entsprechende Nebenwirkungen haben. Auch eine deutliche Verringerung des Blutzuckers kann man sonst nicht so einfach erreichen.

Was also war passiert? Die Teilnehmer des Glaskuppel-Experiments hatten ohne Absicht ein weiteres bahnbrechendes Experiment durchgeführt. Es war nämlich etwas schief gelaufen: Schon nach kurzer Zeit hatte man herausgefunden, dass die Nahrungsmittelproduktion nicht ausreichte und man deshalb die Kalorienanzahl für

[30] Walford, 1995

die Beteiligten herunterschrauben musste, damit jeder drei ordentliche Mahlzeiten pro Tag bekam. Der Wert pendelte sich daher auf ungefähr 1.800 Kalorien pro Tag ein. Das war relativ wenig, wenn man berücksichtigt, dass alle recht angestrengt körperlich arbeiten mussten. Es wurde aber sorgfältig darauf geachtet, dass die Nahrung vollwertig und ausgewogen war, d. h., Vitamine, Spurenelemente und Mineralstoffe standen in ausreichender Menge zur Verfügung.

Das Ergebnis:

Langfristige Kalorienreduktion, kombiniert mit einem hohen Niveau an Vitalstoffen, produziert erstaunliche gesundheitliche Vorteile.

Sofort denkt man an Japan. Wissen Sie noch? „Hara hachi bu“ – „Essen bis 80 %“. Genau das hatten die Teilnehmer am Experiment – unfreiwillig – getan. Die Menschen auf Okinawa machen das schon seit Jahrhunderten und sie haben ähnliche Blutwerte. Das Experiment läuft also auf Okinawa und in vielen Regionen rund ums Mittelmeer, aber auch auf Island, schon viel länger und über viele Generationen. Die vergangene Armut und das damit verbundene karge Leben zeigten hier ihre andere, positive Seite. Sie bewirkte nämlich die Knappheit von Lebensmitteln. Die damit verbundenen eher knappen Mahlzeiten sind auch ein Grund für die Gesundheit und Langlebigkeit in diesen Regionen.

Das beschriebene Experiment in „Biosphere II“ ist nur eines von vielen zur Kalorienreduktion. Auch in Versuchen mit Mäusen, Ratten und Affen funktioniert dieses Prinzip ohne Ausnahme. Tiere, denen man die Kalorien um 20 bis 30 % reduziert, sie aber trotzdem vollwertig ernährt, entwickeln sich prächtig, sind aktiver als ihre Artgenossen, bewegen sich mehr und flinker, sind intelligenter, haben weniger Krankheiten und leben weitaus länger, und das bei bester Gesundheit. Alle Untersuchungen deuten darauf hin, dass sich die Ergebnisse dieser Versuche auf den Menschen übertragen lassen. Wir leben jedoch zu lange, als dass man es schon in Langzeitstudien „unter Laborbedingungen“ wissenschaftlich hätte nachprüfen können. Das wird noch 50 Jahre oder länger dauern. Eine Schwierigkeit ist die Rekrutierung von Versuchspersonen. Denn wer will sich schon verpflichten, über einen sehr langen Zeitraum „kalorienreduziert“ zu leben?

Die Forscher in den Labors der Pharmafirmen wollen aber noch einen Schritt weitergehen und endlich die funktionierende „Verjüngungspille“ erfinden. Die würde nämlich die biochemischen Abläufe nachahmen, die bei der Kalorienreduktion in der Zelle ablaufen. Der Körper soll quasi ausgetrickst werden und „denken“, er bekäme weniger Kalorien. Er würde dann automatisch das entsprechende genetische Programm zur Lebensverlängerung einschalten, ohne dass man wirklich weniger essen müsste. Das klingt utopisch, aber einige Firmen sind mit diesen so genannten „Calorie restriction mimetics“ schon erstaunlich weit. Vielleicht können wir eines Tages tatsächlich eine solche Pille einwerfen, bis dahin geht es aber nur mit tatsächlicher Kalorienreduktion.

Weniger Kalorien – das ist nicht jedermanns Sache. Das mag sich nach Verzicht oder Selbstkasteiung anhören. Wer es aber einmal probiert, kann sich über die positiven Wirkungen dieser Methode freuen. Auch eine „abgespeckte Version“ dieses Programms bringt noch gesundheitliche Vorteile und lässt sich einfacher durchhalten. Es ist z. B. leicht, mit dem Essen aufzuhören, bevor man richtig satt ist. Es ist auch nicht schwer, nach 18 Uhr nichts mehr zu essen. Ganz Mutige mögen sich am „dinner canceling“ versuchen. Dabei trinkt man nach 17 Uhr nur noch Tee und verzichtet komplett auf das Abendessen. Wer das nicht schafft, kann abends nur eine kleine Mahlzeit zu sich nehmen, ab und zu mittags nur einen Salat essen usw. Sie werden sicher für sich selbst gute Alternativen zum üblichen Essverhalten finden, das doch zu oft in Völlerei ausartet.

Lesen Sie manchmal Anzeigen in Ihrer Tageszeitung, in denen umtriebige Wirtsleute ihr Haus und ihre Speisen anpreisen? Das hört sich dann z. B. so an:

„Mittagsbuffet: so viel sie essen können für 14,99 Euro.“

„Brunch bei uns: All you can eat. Vorspeise, Hauptmenü und großes Nachtisch-Buffet.“

„Fünf-Gänge-Festmenü für 35 Euro.“

„Am Sonntag Rumpsteak-Buffet. Auch für den großen Hunger: Rumpsteaks bis zum Abwinken.“

Angebote wie diese nennen sich dann auch noch „kulinarische Events“. Ich frage mich dann doch, was eine solche wüste Völlerei mit Genießen oder der Haltung eines kenntnisreichen Feinschmeckers zu tun hat. Hier regiert die grobe und zweifelhafte Quantität. Das überlässt man doch gerne anderen. Wäre feine Qualität nicht besser?

Mein Tipp: Probieren Sie die Kalorienreduktion einmal aus, die Effekte sind erstaunlich.

6.2 Nahrungsergänzung: Wahn oder Notwendigkeit?

Die Menschen, die heute zu den Super-Alten zählen, haben in ihrer Jugend und während ihres jungen Erwachsenenalters kaum Medikamente und erst recht keine Nahrungsergänzungsmittel geschluckt. Nicht, weil sie sie nicht gebraucht hätten, sondern hauptsächlich, weil sie weder darüber nachgedacht haben noch große Chancen hatten, welche zu bekommen, sei es aus finanziellen oder organisatorischen Gründen. Oft war ein Arzt weit entfernt und man rief ihn nur, wenn Lebensgefahr drohte. Francesco aus dem malerischen Fischerdorf Bosa auf Sardinien ist 86 Jahre, fährt noch jeden Tag mit dem Boot hinaus zum Fischen und er spricht für viele: „Ich habe nie in meinem Leben Medikamente genommen. Mit dem neumodischen Zeug, Vitamintabletten usw., kann ich gar nichts anfangen. Die einzigen Vitamine, die ich zu mir nehme, sind abends zwei Gläser Rotwein." Dabei lacht er schallend, so dass seine Zähne in der Sonne blitzen. Diese oder ähnliche Äußerungen habe ich oft gehört. Wie man sieht, kann man durchaus alt werden und dabei fit bleiben, ohne zu Nahrungsergänzungsmitteln zu greifen.

Allerdings leben wir heute in einer anderen Welt. Überbevölkerung und Umweltverschmutzung in den großen Städten, schlechtes Wasser, minderwertige Lebensmittel, Rauchen, zu viel Zucker, schlechte Fette, die die Gefäße verstopfen, und zu wenig körperliche Bewegung. Zwar will uns die „Deutsche Gesellschaft für Ernährung" (DGE) weismachen, dass wir im Prinzip alle Nährstoffe, die wir brauchen, mit einer „ausgewogenen" Ernährung zu uns nehmen. Diese Aussage halten aber viele Mediziner und Ernährungsforscher für zu optimistisch und in der heutigen Situation nicht mehr angebracht. Die DGE hält beispielsweise 75 mg Vitamin C pro Tag für ausreichend. Das ist lächerlich wenig, wenn man Empfehlungen anderer Wissenschaftler oder auch die offiziellen Empfehlungen der Gesundheitsbehörden anderer Länder berücksichtigt, die zum Teil erheblich höher liegen. Es mag sein, dass akute Mangelerscheinungen mit diesen niedrigen Dosen vermieden werden (z. B. Skorbut bei Vitamin-C-Mangel). Doch warum sollte man sich damit begnügen, Mangelerkrankungen zu verhindern? Müsste es nicht vielmehr darum gehen, dem Körper all das zu geben, was er braucht, damit er in Topform bleibt und die Leistungsreserven hat, die wir ab und zu im täglichen Leben brauchen?

Wie man natürlich auch mit einem halb verrosteten VW fahren kann, den man nie gepflegt und repariert hat, so kann man auch ohne Nahrungsergänzung im Leben auskommen. Wer aber mit seinem Auto auch in gefährlichen Situationen gerne sicher fährt, wer auch einmal überholen will, wenn ein Laster gar zu langsam vor einem herfährt, der braucht ein Auto, das in einem Topzustand ist. Genauso ist es auch mit dem Zustand Ihres Körpers und Ihrer Seele.

Bloßes Überleben ist sicher nicht genug für Sie. Wenn Sie aber körperlich fit, vor Energie strotzend und voller Tatendrang durchs Leben gehen wollen, dann brauchen Sie Unterstützung durch die gezielte Einnahme bestimmter Vitamine, Mineralstoffe, Spurenelemente und sekundärer Pflanzenstoffe. Erst dann – und in Kombination mit der richtigen Ernährung und Bewegung – werden Sie mit Freude die Leistungsfähigkeit Ihres Körpers genießen können. Diese höheren Dosen lassen sich in aller Regel nur mit einem Mindestmaß an Nahrungsergänzungsmitteln abdecken.

Deswegen halte ich es für nützlich und angebracht, vorbeugend, aber auch zur Behandlung bereits aufgetretener Erkrankungen bestimmte Nahrungsergänzungsmittel einzunehmen. Das gilt auch für Menschen, die versuchen, sich optimal zu ernähren, Sport treiben etc. Die meisten der künftigen Super-Alten, also solche, die erst um die 50 oder noch jünger sind, machen von dem großen Angebot an Vitaminen, Mineralstoffen und sonstiger Nahrungsergänzung bereits mit Recht Gebrauch. Es müssen aber die richtigen sein. Denn man kann auch übertreiben. Die undifferenzierte Einnahme von Pillen, Tabletten, Tropfen und Pülverchen kann auch schaden! Lassen Sie zu diesem Zweck am besten eine ausführliche Blutuntersuchung bei Ihrem Arzt oder Heilpraktiker durchführen. Dann wissen Sie, was Sache ist, und man kann die leeren Depots gezielt auffüllen.

Sie haben sicher schon viel von den so genannten „Freien Radikalen“ gehört, so dass ich mir an dieser Stelle längere Ausführungen sparen kann. Nur so viel: Die oben geschilderten Verhältnisse unserer modernen Welt bringen es zwangsläufig mit sich, dass unsere Zellen täglich mit Umwelteinflüssen fertig werden müssen, die diesen Zellen schwer zusetzen, ihre Funktionsweise beeinträchtigen, ihren genetischen Code verändern und sie schlimmstenfalls sogar absterben lassen. All dies wird mit Antioxidanzien verhindert. Von denen, die in aller Munde sind (z. B. Vitamin C, Vitamin E oder Zink), brauche ich Ihnen nicht viel zu erzählen. Sie wissen schon, dass Sie die brauchen. Der Mensch hatte übrigens in einer entwicklungsgeschichtlich sehr frühen Zeit einmal die Möglichkeit, Vitamin C selbst herzustellen. Diese Fähigkeit ist im Laufe der Evolution verloren gegangen. Man weiß also, dass wir dieses Vitamin dringend brauchen und daher zuführen müssen.

Unabhängig davon empfehle ich Ihnen, täglich drei bis vier Fischölkapseln zu sich zu nehmen. Es sei denn, Sie essen viel und regelmäßig Fisch (Makrele, Lachs, Thunfisch, Sardinen). Über die positiven Wirkungen des Fischöls für den gesamten Organismus haben Sie schon einiges erfahren. Sie können es im Kapitel „Powerfood" (vgl. S. 173) nachlesen. Wenn Sie nach der Lektüre dieses Buches nur ein einziges Mittelchen zusätzlich nehmen wollen, rate ich Ihnen aus vielen guten Gründen zum Fischöl. Die folgenden Hinweise zu anderen Nahrungsergänzungsmitteln beschränken sich auf solche, die entweder weniger bekannt oder von besonderer Wichtigkeit sind.

Glutathion: Superstar der Antioxidanzien

Haben Sie schon von „Glutathion" gehört? Wenn ich meine Patienten frage, schütteln die meisten den Kopf. „Nie gehört." Glutathion ist wahrscheinlich das wichtigste und meist unterschätzte aller Antioxidanzien und in seiner Wirkung bis heute von keinem anderen übertroffen. Es ist so wichtig, dass die Natur dafür gesorgt hat, dass es in jeder Zelle vorkommt und dort gegen die vielfältigen Bombardierungen durch schädliche Umwelt- und Stoffwechseleinflüsse schützt. Der Körper stellt es selbst her, woran man auch die Wichtigkeit für den Organismus erkennen kann.

Das Problem besteht darin, dass die meisten Menschen nicht genügend Glutathion produzieren können, um gegen die Freien Radikale im Blut gewappnet zu sein, die tagtäglich millionenfach unsere Zellen bombardieren. Zu allem Überfluss fällt der Glutathionspiegel im Alter auch noch ab, obwohl Glutathion dann noch wichtiger wäre, um die vielfältigen Alterungsprozesse aufzuhalten.

Alle chronischen Krankheiten entwickeln sich auch durch Freie Radikale.

Wer also an Arthritis, Arthrose, Diabetes, Bluthochdruck, Arteriosklerose, Fettstoffwechselstörungen oder gar an Krebs leidet, hat zu viele Freie Radikale und braucht Antioxidanzien. Es gibt praktisch keine Krebserkrankung, die nicht auch mit einem erniedrigten Glutathionspiegel einhergeht.[31] Die Zellen werden also von zwei Seiten in die Zange genommen: einerseits durch das Fortschreiten des Alters und die damit verminderte Leistungs- und Regenerationsfähigkeit, verbunden mit einem höheren Bedarf an Glutathion, zum anderen durch den abfallenden Blutspiegel des Glutathions. Die Entgiftungsleistung des Organismus wird im fortgeschrittenen Alter auch noch besonders gefordert, da zusätzliche Belastungen (z. B. ein erhöhter Medikamentenverbrauch) hinzukommen können.

Grundsätzlich kann man den Glutathionspiegel erhöhen, wenn man vermehrt eine Vorläufersubstanz, die Aminosäure Cystein, aufnimmt. Das ist jedoch nicht einfach, da man Cystein nicht so ohne weiteres isolieren kann. Man sieht auch hier, wie wichtig eine bedarfsgerechte Eiweißversorgung ist, wie sie in der neuen Ernährungspyramide (vgl. S. 214) dargestellt ist. Denn aus Eiweiß macht der Körper Aminosäuren.

---

[31] Gesswein, 2004

Die Medizin hat die Bedeutung von Glutathion schon früh erkannt und bestimmte Medikamente entwickelt, die Cystein enthalten und z.B. gegen Atemwegserkrankungen verordnet werden. Cystein erhöht den Glutathionspiegel und steigert die Abwehrkraft der Zellen bzw. des Organismus als Ganzes. Auch die Alpha-Liponsäure (erinnern Sie sich in diesem Zusammenhang an die Weizenkeime) kann im Körper Glutathion recyceln und dadurch den Spiegel erhöhen. Die Leber und die Nieren brauchen für ihre vielfältigen Entgiftungsfunktionen ebenfalls große Mengen an Glutathion.

Leider kann Glutathion nicht einfach geschluckt werden, da es im Magen leicht von der Magensäure zerstört und dadurch praktisch unwirksam wird. Findige Wissenschaftler haben jedoch so lange geforscht, bis sie auch für dieses Problem eine Lösung gefunden haben. Es gibt eine besondere Form des Glutathions, nämlich das so genannte „S-Acetyl-Glutathion", das genau diese Hürde überwinden kann und die schwierige Passage durch Magen und Darm und schließlich ins Blut meistert. Es wurde sozusagen „richtig verpackt" und kann dann auch in den Zellen biologisch wirksam werden. Glutathion ist leider nicht billig. Es ist aber das wichtigste Nahrungsergänzungsmittel und sollte bei den oben angeführten Krankheiten im Beratungsgespräch bei Ihrem Arzt oder Heilpraktiker immer eine Rolle spielen.

Magnesium

Kein Mineralstoff ist an so vielen Stoffwechselvorgängen beteiligt wie Magnesium. Wenn Menschen zu mir in die Praxis kommen, stelle ich fast immer ein Defizit fest. Magnesiummangel ist sehr häufig und viele meiner Patienten sind überrascht, dass sie nicht genug Magnesium im Blut haben. Magnesium ist übrigens einer jener Mineralstoffe, die auf etwas aufwändigere Weise im Vollblut gemessen werden müssen. Fragen Sie ruhig Ihren Arzt oder Heilpraktiker. Magnesium braucht man besonders für die folgenden Körperfunktionen:

- Es ist wichtig für den Zucker- und Fettstoffwechsel, mit dem ja bekanntermaßen viele Menschen Probleme haben (zu hohe Zucker- und Fettwerte).
- Magnesium hält die Zellmembranen stabil und die Gefäße elastisch. Es wirkt daher blutdrucksenkend und leistungsfördernd, da das Blut leichter fließen kann und damit die Sauerstoffversorgung verbessert wird (gegen Migräne und Kopfschmerzen).
- Das Nervensystem braucht Magnesium als „Anti-Stress-Mineral". Es beeinflusst die neuromuskuläre Erregbarkeit und wirkt „entstressend".
- Magnesium entgiftet den Körper durch die verbesserte Ausscheidung von Ammoniak.
- Wer zu Krämpfen neigt (z. B. Wadenkrämpfe, Magenkrämpfe), hat häufig zu wenig Magnesium. Sportler haben einen erhöhten Magnesiumbedarf.
- Frauen können Menstruationsbeschwerden wirksam mit Magnesium behandeln.
- Verstopfung lässt sich mit Magnesium behandeln. Abführmittel entziehen dagegen dem Körper Magnesium und machen daher alles nur noch schlimmer.
- Herz-Rhythmus-Störungen sprechen gut auf Magnesium an.

Man sieht also, wir alle brauchen Magnesium. Bleibt die Frage, in welchen Lebensmitteln besonders viel Magnesium steckt. Einige haben Sie schon kennen gelernt. Die folgenden sind gute Magnesiumquellen:

- Nüsse und Samen, vor allem Sonnenblumenkerne, Cashewnüsse, Mandeln und Leinsamen,
- Getreide aus Vollkorn, besonders Weizen, Hafer, Gerste, Roggen,
- Weizenkleie,
- Hülsenfrüchte, besonders Sojabohnen, aber auch Erbsen und weiße Bohnen.

Aktive Sportler, Schwangere, Migränepatienten und „Gestresste" sollten zusätzlich Magnesium nehmen. Bevor Sie aber in die Apotheke oder in den Drogeriemarkt rennen, noch ein Wort zu den Magnesiumpräparaten. Billige Produkte enthalten auch minderwertige Formen des Minerals, die der Körper nur schlecht aufnehmen kann, z. B. Magnesium-Oxid. Am besten sind Präparate, die an organische Säuren gebunden sind, z. B. **Magnesium-Citrat oder Magnesium-Aspartat**. Man kann Magnesium gut und billig einkaufen: Bitten Sie Ihren Apotheker, für Sie 100 g Magnesium-Citrat zu besorgen. Vielleicht macht er das nicht gerne, weil er daran nicht so viel verdient. Aber Sie sind der Kunde und bestimmen, wo's langgeht! Sie bekommen dann eine Dose hochwertiges Magnesium, billiger und besser als die meisten Fertigpräparate. Davon können Sie dann abends ungefähr einen halben Teelöffel täglich nehmen (vorher Ihren Arzt fragen).

Gemüse aus dem Meer: Algenprodukte

Während die Meerespflanzen in fernöstlichen Ländern bereits seit Jahrhunderten als Nahrungs- und Heilmittel bekannt sind, werden sie bei uns bislang noch relativ wenig genutzt. Ich kenne in Deutschland nur eine Algenfarm (an der Ostsee). Dort züchtet man Braunalgen. Man verspricht sich gesundheitsfördernde Produkte, z. B. gegen Hauterkrankungen wie Neurodermitis. In Japan und China hat man jahrtausendealte Erfahrungen mit Algenprodukten. In Okinawa werden täglich relativ große Mengen davon gegessen. Das „Gemüse aus dem Meer“ dient dort sowohl der Behandlung von Krankheiten als auch zur willkommenen Ergänzung des täglichen Speiseplans mit diesen Vitalstoffbomben.

Auch Sie haben übrigens schon einmal Algen gegessen, wenn auch nicht bewusst. Die Lebensmittelindustrie verwendet bestimmte Algenformen als Gelier- oder Verdickungsmittel in Joghurts, Fertigsuppen oder Fertiggerichten. Auch in Kosmetikprodukten finden sich häufig Algen. In den letzten Jahren haben auch in Deutschland in allen größeren Städten Sushi-Restaurants eröffnet. Diese schmackhaften Fischhappen, die man sich in vielen Lokalen selbst aussuchen kann, während sie auf einer Art Fließband vor den Augen vorbeischweben, sind eine gesunde und willkommene Abwechslung im Speiseplan. Sushi gibt es in allen Variationen. Klassischerweise handelt es sich um kleine Reisbällchen, die mit rohem Fisch belegt und in Nori (kleine Algenblätter) verpackt werden. Für Kenner ist roher Fisch übrigens eine absolute Köstlichkeit, da nur die besten und edelsten Teile des Fischs verwendet werden (z. B. von Thunfisch, Makrele, Lachs oder Schwertfisch).

Algen können außerdem Schwermetalle und Radioaktivität aus dem Körper eliminieren. Da wir ständig mit leichten radioaktiven Strahlen bombardiert werden, ist der Genuss von Algen auch aus diesem Grund sicherlich keine schlechte Idee. In Algen finden sich insbesondere folgende Inhaltsstoffe:

- **Vitamin B_{12}**, besonders wichtig für Vegetarier, die häufig zu wenig davon haben.
- **Kalzium** unterstützt die Knochen und verhindert Osteoporose.
- **Eisen** ist wichtig für die Blutbildung und den Sauerstofftransport.
- **Magnesium** kennen Sie schon als „Anti-Stress-Mittel", das außerdem eine Vielzahl von Körperfunktionen unterstützt (vgl. vorigen Abschnitt).
- **Phosphor** braucht man zur Energiegewinnung und -bereitstellung.
- **Mangan** spielt eine Rolle bei der Knochenbildung (gegen Osteoporose) und bei psychischen Störungen (Depressionen, Demenz). Vielleicht ein Grund dafür, dass diese Erkrankungen auf Okinawa praktisch nicht zu finden sind.
- **Jod** ist in erheblichen Mengen in Algen vorhanden. Da Deutschland Jodmangelgebiet ist und viele Menschen an Schilddrüsenerkrankungen leiden, können die Algen hier einen besonders wertvollen Ausgleich herstellen. Schilddrüsenerkrankungen sind praktisch zu 100 % vermeidbar. Fragen Sie aber vorher Ihren Arzt oder Heilpraktiker.

Algen wirken außerdem stark basisch. Da unser Stoffwechsel durch zu viel Fleisch, zu viel Zucker und zu viel Getreide generell eher sauer ist, kann hier ein wertvoller Ausgleich erfolgen. Nun zu den einzelnen Algenarten:

Nori ist eine Algenart, die besonders für Anfänger geeignet ist. Man kann sie fertig verpackt, ähnlich wie Papierblätter kaufen. Die Algenblätter sind etwa 20 x 20 cm groß, dunkelgrün Farbe und schmecken auch ohne Zubereitung, direkt aus der Tüte. Außer für Sushi werden Nori auch in Suppen oder Gemüse verwendet. Sie verlangen keinerlei besondere Verarbeitung. Man schneidet sie nur in kleine Stückchen und kann sie auch in den Salat geben. Nori enthalten viel Vitamin D, B-Vitamine und Eisen.

Hijiki kommt schon in kleine Streifen geschnitten aus der Packung. Hijiki ist dunkelbraun, etwas kräftiger im Geschmack als Nori und enthält mehr Salz, man kann also damit auch gut würzen. Man nimmt normalerweise nicht mehr als einen Esslöffel pro Mahlzeit und setzt Hijiki eher als Gewürz ein und nicht als Gemüse. Im Algensalat ergibt das einen angenehmen Geschmack. Hijiki-Algen lassen sich auch gut mit normalem Salat kombinieren.

Kombu wird entweder in Pulverform oder in flachen kleinen Stücken verkauft. Die Stücke werden eingeweicht und in Suppen oder Gemüse mitgekocht. Sonst gibt man einen Teelöffel in den Suppentopf und hat damit seine Tagesration an Mineralstoffen schon zu sich genommen.

Agar-Agar ist die Algenform, die Sie wahrscheinlich schon gegessen haben, da sie wie erwähnt in vielen Nahrungsmitteln enthalten ist. Sie wird als pflanzliche Alternative zu Gelier- und Verdickungsmitteln verwendet. Das ist ein interessanter Ersatz für Gelatine, die viele wegen der BSE-Gefahr nicht mögen oder weil sie keine tierischen Produkte essen wollen. Agar-Agar wirkt gegen Verstopfung, reinigt den Darm und eliminiert dadurch Giftstoffe.

Trauen Sie sich ruhig einmal, im Bioladen nach Algen zu fragen. Für Einsteiger empfehlen sich Nori- oder Hijiki-Algen. Die schmecken in der Regel für europäische Gaumen am besten und am wenigsten „fremd“. Aber fremd ist nur, was man nicht kennt. Viel Spaß beim Ausprobieren!

Ginkgo

Wer bei einer Reise nach Japan oder China auch alte Tempelanlagen besucht, kann sie sehen: alte Ginkgobäume, die weit in den Himmel ragen. Der Ginkgo ist eine der ältesten Baumarten der Erde und Fossilien beweisen, dass er schon vor 150 Millionen Jahren auch in Europa[32] wuchs. Bei uns wurde er aber im Laufe der Zeit ausgerottet. Einzelne Exemplare kann man noch in botanischen Gärten oder Parks sehen. Mönche und Priester pflanzten den Baum in Asien um die heiligen Bezirke herum. Sie selbst hatten keine großen Vorteile mehr von den wunderschönen Bäumen, aber ihre Nachfahren bedienen sich der Blätter des Ginkgobaumes um vielfältige gesundheitliche Wirkungen zu erzielen. „Ginkgo biloba" heißt so, weil das Blatt eigenartig zweigegliedert aussieht (biloba = zweiblättrig). Der Ginkgo ist außerordentlich widerstandskräftig und weder Insekten, noch Pilze, noch Luftschadstoffe scheinen ihm viel anhaben zu können. Es geht sogar die Legende um, dass die Ginkgobäume die ersten waren, die nach dem Abwurf der Atombomben in Hiroshima und Nagasaki wieder junge Zweige austrieben.

Früher hat man die Blätter auch als Tee zubereitet. In der heutigen Zeit werden aus den Blättern Extrakte hergestellt. Die Wirkungen sind vielfältig und besonders deswegen interessant, weil sie oft eine Alternative zu schulmedizinischen Medikamenten darstellen, ohne jedoch deren Nebenwirkungen zu haben. Die außerordentlichen Wirkungen des Ginkgo sind durch zahlreiche wissenschaftliche Untersuchungen gut dokumentiert.[33] Besonders hilfreich ist Ginkgo bei Gefäßschäden bzw.

[32] Pahlow, 2001
[33] Weiß, 2001

Durchblutungsstörungen, von denen viele Menschen betroffen sind. Besonders ältere Menschen profitieren in vielfältiger Weise von Ginkgo:

- Ginkgo hilft bei Durchblutungsstörungen, insbesondere der tieferen Venen und Arterien (häufig betroffen sind die Beine).
- Er verbessert Gedächtnis und Merkfähigkeit, wirkt bei Durchblutungsstörungen des Gehirns und gegen Demenz und andere Hirnleistungsstörungen. Bei Alzheimer und Parkinson ist die Wirkung sehr wahrscheinlich, aber noch nicht sicher erwiesen.
- Er lässt sich gegen Schwindel und zerebrale Sklerose einsetzen.
- Er vermindert Alterserscheinungen am Gefäßsystem und Arteriosklerose.
- Er hilft gegen die gefürchteten diabetischen Gefäßschäden („Angiopathien“).
- Er verbessert die Durchblutung der kleinsten Gefäße, z. B. im Innenohr (Stichwort Ohrgeräusche, Tinnitus).
- Bei älteren Menschen verbessert sich die geistige und gefühlsmäßige Teilnahme in sozialen Situationen.

Die Dosierung muss jedoch wirksam genug sein. Billige Präparate aus dem Supermarkt sind meist zu niedrig dosiert.

So viel zu den Nahrungsergänzungsmitteln. Selbstverständlich gibt es noch eine große Anzahl von weiteren Substanzen, die im Einzelfall ebenfalls wichtig sein können (z. B. Chrom für Diabetiker). Alles, was Sie an Medikamenten oder Nahrungsergänzungsmitteln nehmen, muss sorgfältig auf Ihre individuelle Situation abgestimmt werden. Denken Sie nicht „Viel hilft viel“. Nahrungsergänzungsstoffe sollten nur nach Beratung durch einen Arzt oder Heilpraktiker eingenommen werden.

6.3 Arteriosklerose: Die neue Sicht der Dinge

Sie haben in diesem Buch schon mehrmals gelesen, dass die Arteriosklerose eines der Grundübel darstellt, dem wir uns mit zunehmendem Alter stellen müssen. Wer die Arteriosklerose verhindern kann, hat gute Chancen, vielen Krankheiten entgegenzuwirken. Einer der Gründe dafür, dass die Super-Alten so fit und gesund sind, ist hier zu finden. Sie haben nämlich kaum Arteriosklerose. Prof. Craig Willcox hat das in Okinawa untersucht[34] und für die Menschen rund ums Mittelmeer gibt es ähnliche Studien.

Arteriosklerose entwickelt sich schleichend, sie tut nicht weh, macht – zunächst – keine Beschwerden und wird daher von den meisten nicht ernst genommen. Rechtzeitige Gegenmaßnahmen sind selten, da das Problem sich ja anfangs nicht bemerkbar macht. Die häufigste Form bei uns sind die Herz-Kreislauf-Erkrankungen, mit dem Herzinfarkt als dem traurigen Endpunkt. Es besteht aber Grund zur Hoffnung, denn ohne Arteriosklerose gibt es auch keinen Herzinfarkt. Arteriosklerose ist also eine Krankheit, mit der man sich auseinander setzen muss. Was läuft genau im Körper ab, wenn Arteriosklerose entsteht, und welche Fortschritte hat die Wissenschaft bis heute gemacht?

Wenn wir geboren werden, sind unsere Gefäße zunächst sauber und durchlässig, wie in einem neu erstellten Netz von Wasserleitungen, die fabrikneu verlegt wurden. Zunächst sind da weder Ablagerungen noch

---

[34] Willcox, 2001

Engstellen, noch sonstige Hindernisse, die den Blutfluss bzw. die Versorgung mit Nährstoffen und den Abtransport von Schadstoffen behindern. In jungen Jahren ändert sich daran auch kaum etwas. Spätestens um die zwanzig, beim einen später, beim anderen früher, kann man die ersten Veränderungen entdecken, wenn man genau hinsieht. Das kann der Arzt in der Klinik mit Hilfe moderner bildgebender Verfahren, z. B. mit Kernspin oder Computertomograph. Bis dahin ist aber alles noch reine Theorie, denn in diesem Stadium ergeben sich meist noch keinerlei Beschwerden, wenn der Mensch in seinem Leben nicht gar zu viele Ernährungssünden begangen hat.

Ab dann ist entscheidend, wie der selbst gewählte Lebenswandel aussieht. Wer als junger Luftikus manchmal über die Stränge geschlagen hat, hier zu viel gegessen und da zu viel getrunken, hat sich sicher nicht optimal ernährt, aber ein junger Körper wird es ihm verzeihen. Die Fähigkeit des Organismus, Schäden zu reparieren und sich selbst zu regenerieren, sind noch sehr ausgeprägt. Wer den gleichen Lebenswandel noch weitere zwanzig Jahre so weiterpflegt, wer also nicht von der fetten Leberwurst, von den Zigaretten, von zu vielen Stücken Schwarzwälder Kirschtorte und Schokoladenriegeln lassen kann, sich dazu auch noch viel zu wenig bewegt, der wird bald Probleme bekommen: ordentlich Hüftspeck um die Körpermitte, ab und zu Stiche in der Brust, zu wenig Luft, wenn es mal schnell in den dritten Stock gehen soll, und Fett- und Zuckerwerte, die Sorgenfalten auf des Doktors Stirn entstehen lassen. Was aber tut sich genau in unseren Gefäßen, wie entwickelt sich Arteriosklerose?

Wie so vieles, was uns im Leben nicht gefällt, beginnt das Problem unmerklich. Fehler in der Lebensführung bewirken, dass sich biologische Prozesse an der Innenwand von Arterien abspielen, die ganz allmählich dafür sorgen, dass sich Engstellen bilden und der Blutdurchfluss behindert wird. Diese Engpässe entstehen z. B. durch schlechte Blutfette wie das LDL („schlechtes Cholesterin"), das dort oxidiert und Ablagerungen bildet, die langsam größer werden und sich zu so genannten „Plaques" entwickeln. Ab einer gewissen Größe sind diese Plaques ein Hindernis für den Blutfluss. Wird der Prozess nicht durch eine Änderung der Lebensweise gestoppt, kann es zu einem der gefürchteten Gefäßverschlüsse (Stenosen) kommen. Dann muss der Herzchirurg ran und entweder einen Bypass legen oder das Gefäß wird wieder aufgepumpt, um es zu weiten (Ballon-Dilatation). Beides hilft, ist aber nicht ideal, denn die Gefäße schließen sich meist nach ein paar Jahren wieder, weil die betroffenen Patienten ihre Lebensweise immer noch nicht ändern (wollen). So weit, so schlecht.

Seit ein paar Jahren gibt es eine weitere Theorie der Arteriosklerose-Entstehung. Man hat festgestellt, dass viele Herzpatienten einen Infarkt erleiden, obwohl keine der bekannten Risikofaktoren (Übergewicht, Diabetes, Rauchen, Bewegungsarmut) vorliegen. Diese Fälle konnte man nicht erklären, bis man auf ein Phänomen stieß, das zwar schon jahrzehntelang bekannt war, aber im Hinblick auf die Arteriosklerose nie Beachtung gefunden hatte: **Entzündungsprozesse.**[35] Heute geht man davon aus, dass diese Entzündungsprozesse nicht unbedingt auf der Innenhaut der Gefäße stattfinden, sondern weitgehend unbemerkt in ihr. Die Gefäßwand verändert sich krankhaft durch eine chronische Entzündung, kann plötzlich einreißen oder dicker werden und dadurch

[35] Libby, 2004

ebenfalls einen Gefäßverschluss herbeiführen. Innerhalb der Gefäßwand finden nämlich mannigfaltige Versuche statt, die Schäden an den Gefäßen zu reparieren. Der Hauptmechanismus ist dabei – entgegen früheren Annahmen – die Entzündung. Die Entzündung ist grundsätzlich eine sinnvolle Reaktion des Körpers, die jedoch hier über das Ziel hinausschießt.

Generell leisten Entzündungen dem Körper gute Dienste: Sie sorgen dafür, dass Wunden heilen, Verletzungen keine Schäden am Gesamtorganismus hinterlassen und schädliche Bakterien und Viren abgetötet werden. Die Entzündung war also für eine sehr lange Zeit der menschlichen Entwicklung eine gute Einrichtung. Eine „gute Entzündung" ist eine akute Entzündung, also eine, die ganz konkret auf eine Verletzung reagiert (z. B. einen Schnitt in den Finger), die Wunde wieder verschließt und schließlich zum Abheilen und Vernarben bringt. Danach verschwindet die Entzündung wieder. Ohne ihre Unterstützung wären die Menschen schon ausgestorben, denn banale Verletzungen hätten ihnen den Garaus gemacht.

Ganz anders sieht es aus, wenn es sich um **chronische Entzündungen** handelt. Das sind echte Übeltäter, denn sie schädigen den Körper langfristig, da sie auch Arteriosklerose erzeugen. Diese chronischen Formen sind heute leider häufig. Wir essen z. B. Lebensmittel, die diesen Namen eigentlich nicht verdienen und Stoffe enthalten, die Entzündungen fördern. Entzündungen werden unter anderem von der Arachidonsäure ausgelöst und unterhalten. Wer das vermeiden will, verzichtet auf die folgenden Lebensmittel, die besonders viel dieser schädlichen Arachidonsäure beinhalten (Angaben in mg pro 100 g):

Schweineschmalz	1700
Schweineleber	870
Innereien	600
Eigelb	380
Speck	250
Leberwurst	210

Diese Dinge kann man eigentlich leicht weglassen, wie ich meine. Es sind sowieso keine Lebens-, sondern bestenfalls Nahrungsmittel. Außer Kalorien und schlechtem Fett ist da nichts drin, was der Mensch für seine Gesundheit brauchen könnte.

Es gibt auch noch andere Quellen chronischer Entzündungen: Für Mediziner, die sich in der Naturheilkunde auskennen, sind z. B. chronisch infizierte Zähne eine Entzündungsquelle ersten Ranges. Dies gilt auch dann, wenn sie keine Schmerzen verursachen (z. B. entzündete Zahnwurzeln). Manche Menschen leiden auch unter chronischer Darmentzündung (Colitis) oder Arthritis. Alle Krankheitsnamen, die mit „-itis" enden, bezeichnen übrigens entzündliche Prozesse.

Wenn man etwas komplexer denkt, sieht man also, dass zum Beispiel eine vereiterte Zahnwurzel zu einer chronischen Entzündung, damit zu Gefäßschäden und zu Arteriosklerose und letztlich zu einem Herzinfarkt führen kann. Wenn dann noch schlechte Ernährung, Bewegungsmangel, hoher Blutdruck, Diabetes oder Übergewicht hinzukommen, nimmt das Schicksal seinen Lauf …

„Das klingt ja alles ganz schauderhaft", werden Sie sagen. „Was kann ich dagegen tun?" Die Maßnahmen, die erforderlich sind, um diese unangenehme Entwicklung zu stoppen und gegebenenfalls rückgängig zu machen, kennen Sie zum Teil schon. Die Super-Alten machen das in den verschiedenen Teilen der Erde vor:

- Regelmäßiger Fischgenuss oder Fischöl mit viel Omega-3-Fettsäuren ist eine wirksame Wunderwaffe gegen Entzündungen.
- Mit der mediterranen Ernährung sind Sie grundsätzlich auf der sicheren Seite: Viel Obst, frische Salate, Gemüse und gutes Öl (Olivenöl, Rapsöl, Leinöl), dazu Vollkornprodukte in Maßen.
- Sojaprodukte sorgen für günstige Blutfettwerte (LDL und Triglyzeride vermindern sich).
- Regelmäßige Zahnhygiene (auch mit Zahnseide) bekämpft krank machende Bakterien im Mund und verhindert nachweislich Entzündungen und Herzinfarkte.
- Wer regelmäßig meditiert, senkt seine Stresshormone. Chronisch erhöhte Stresshormone schädigen die Gefäße.
- Übergewicht begünstigt Entzündungsprozesse, insbesondere wenn sich das Körperfett um den Bauch konzentriert. Abnehmen ist also immer gut.
- Schlechte Fette und Zucker weglassen. Pommes frites, tierische Fette, Süßigkeiten, Sahne etc. verkleistern die Gefäße.
- Regelmäßige Bewegung als Ausdauersport, z. B. Walken, reduziert die schlechten Blutfette und damit auch Entzündungen.
- Nüsse sind reich an der Aminosäure Arginin. Das senkt die Entzündungsbereitschaft und verbessert die Durchblutung (s. Kapitel „Powerfood“, S. 173).

Sie können bei Ihrem Arzt oder Heilpraktiker ihre Entzündungsbereitschaft messen lassen. Er lässt dann im Labor Ihr Blut auf „C-reaktives-Protein“ untersuchen. Dies ist ein Entzündungsmarker mit hoher Aussagekraft. Lassen Sie bei nächster Gelegenheit auch das **Homocystein** im Blut bestimmen. Diese Aminosäure ist ein Gefäßgift ersten Ranges und hat einen äußerst negativen Einfluss auf das Gefäßsystem, wahrscheinlich schadet sie mehr als schlechte Nahrungsfette und schlechte Cholesterinwerte. Falls das Homocystein bei Ihnen hoch ist, können B-Vitamine und Folsäure den Spiegel meist wieder auf harmlose Werte senken.

Zusammen mit Ihren Fettwerten (Cholesterin, HDL, LDL, Triglyzeride) kann man dann beurteilen, wie es um Ihre Gefäßgesundheit steht, ob Sie gefährdet sind oder ob alles im grünen Bereich ist. Wenn Sie die obigen Hinweise berücksichtigen, haben Sie wahrscheinlich nichts zu befürchten.

6.4 Was Frauen interessiert

Frauen haben es schwerer als Männer mit dem Altwerden, denn sie müssen sich gegen eine Gehirnwäsche wehren, die seit Jahrhunderten den älteren Frauen das Etikett „unattraktiv“ oder „verbraucht“ anhängt. Zum Glück muss sich heutzutage keine Frau mehr diesem psychologischen Druck beugen. Wenn man allerdings sieht, dass immer mehr Frauen in immer jüngerem Alter zum Schönheitschirurgen rennen und sich die Gesichter liften, die Brüste vergrößern, die Haut straffen und Fett absaugen lassen, kann man schon fragen, welche Form der geistigen Verwirrung eine ganze Generation von Frauen erfasst hat. Wer sich diese gelifteten und zum Teil mehrfach „verschönerten“ Frauen genauer ansieht, wird entdecken, dass sie auf Dauer keineswegs attraktiver geworden sind. Warum sollte man sich dem Diktat einer auf Profit ausgerichteten „Schönheitsindustrie" beugen, die mit magersüchtigen Models die Laufstege bevölkert, geldgierigen Schönheitschirurgen beste Einkommen sichert und weit überteuerte Kosmetika an die Frau bringt, die gegen das Altern doch nicht helfen?

Dieses Urteil mag etwas hart klingen, aber ich habe noch keine Frau getroffen, deren Glück langfristig durch solche äußerlichen „Verschönerungen" gesichert worden wäre. Ganz im Gegenteil: Spätestens nach ein paar Jahren ist das nächste Lifting fällig, müssen mehr Kosmetika aufgetragen werden und stimmen die Proportionen des Körpers doch nicht mehr. Dass Männer neuerdings auch zum Schönheitschirurgen rennen, macht die Sache auch nicht besser.

Gibt es nichts Wichtigeres? Ist das Leben so inhaltsleer, dass man sich mit diesen oberflächlichen und nur dem äußeren Schein dienenden Dingen beschäftigen muss? Ich freue mich immer wieder, wenn ich eine 50- oder 60-jährige Frau sehe, die voll im Leben steht, Spaß an ihrer Arbeit findet, die etwas zu erzählen und eine Meinung hat, die aktiv ist. Solche Frauen sind meiner Meinung nach attraktiv und wenn sie zwei Falten mehr im Gesicht haben, was soll's? Das ist doch allemal besser, als die nichts sagenden Gesichter so genannter junger Schönheiten, die mich an Schaufensterpuppen erinnern. Sogar die Kosmetikindustrie selbst scheint umzudenken. So hat eine große Kosmetikfirma in England jetzt eine sehr alte Frau als Model angeheuert. Irene Sinclair ist sage und schreibe 97 Jahre alt. Wer ein Foto der alten Dame anschaut, wird sich über ein wunderbar gereiftes Gesicht voller spitzbübischer Freude und mit Schalk in den Augen freuen können. Es ist ein wundervolles

Gesicht und ein gutes Beispiel für den langsam abebbenden Jugendwahn.

Auf der anderen Seite gibt es Themen für Frauen, die wirklich ernst sind und z. B. gesundheitliche Probleme betreffen. Auch hier zeigen viele Beispiele aus aller Welt, dass man sich durch eine naturgemäße Ernährung, durch viel Bewegung und eine positive Lebenseinstellung bis ins hohe Alter gesund erhalten kann. Gerade die Japanerinnen machen uns das zum Beispiel vor. Sie werden einfach nicht so oft krank. Warum das so ist, wissen Sie zum Teil schon. Mehr erfahren Sie gleich. Doch zunächst ein Blick auf die große gesundheitliche Geißel unserer Tage.

„Sie haben Krebs." Diese Diagnose raubt jedes Jahr fast 400.000 Menschen in Deutschland den Atem und stürzt sie in Verzweiflung und Hoffnungslosigkeit. Bei den Frauen ist der Brustkrebs am häufigsten. Jährlich erkranken bei uns etwa 50.000 Frauen daran. Glücklicherweise werden davon 60 % geheilt, wenn die Krankheit im Frühstadium erkannt wird, sogar 90 %. Das sind zwar ermutigende Tendenzen, denn die Diagnose ist heute keinesfalls mehr ein Todesurteil wie noch vor wenigen Jahrzehnten. Freilich könnte es noch weit besser sein: Die Krankheit könnte viel früher entdeckt werden. Dazu müssen die Frauen lernen, Veränderungen im Brustbereich selbst wahrzunehmen, und sich genau zeigen lassen, wie man die Brust abtastet und wie man kleine Knoten im Brustgewebe selber erkennen kann. Falsche Scham ist hier fehl am Platz. Fragen Sie den Arzt Ihres Vertrauens! Auch von der Technik kommt Hilfe: Die neuesten Mammographiegeräte sind strahlungsärmer und entdecken den Tumor schon, wenn er noch sehr klein ist. Es muss aber in jedem Fall ein kompetenter Arzt oder eine kompetente Ärztin den Befund auswerten. Die

Mammographie ist indes leider auch kein Allheilmittel, worauf ich noch zurückkommen werde. Übrigens: Dicke Frauen haben ein erhöhtes Brustkrebsrisiko, weil im Fettgewebe Vorstufen von Hormonen erzeugt werden, die bestimmte Brustkrebsformen begünstigen. Abnehmen ist also immer eine gute Idee!

Die Chancen, gesund zu bleiben, sind in anderen Ländern zum Teil dramatisch besser. Die Länder des Mittelmeerraums (Spanien, Italien, Frankreich) haben alle niedrigere Brustkrebsraten als wir hier in Deutschland. Das liegt wahrscheinlich an der entsprechenden Lebensweise. Es wird auch hier spekuliert, dass der spezielle Fettkonsum (Olivenöl) eine entscheidende Rolle spielt. Die Hypothese wird erhärtet, wenn man nach England schaut: Dort gibt es sehr viele Brustkrebs-Erkrankungen und dort wird auch viel – schlechtes – Fett gegessen, z. B. Schweineschmalz und Butter (zu viel tierische Fette).

Weltweit die wenigsten Erkrankungen an Brustkrebs gibt es wieder in Japan, wo die Rate nur ungefähr ein Fünftel der unsrigen beträgt. Auf Okinawa ist Brustkrebs fast unbekannt[36]. Ich habe herumgefragt und nach langem Suchen eine Frau gefunden, die eine Nachbarin kannte, die eine Frau kannte, die Brustkrebs hatte. Man muss also dort lange suchen.

Übrigens: Nicht nur abspecken ist günstig. Wer sich darüber hinaus noch regelmäßig bewegt bzw. Sport treibt, erhöht seine Überlebenschance bei Brustkrebs drastisch. Forscher der Harvard Medical School in Boston haben herausgefunden, dass leichte körperliche Aktivität ausgesprochen positiv wirkt. Patientinnen, die drei bis fünf Stunden pro Woche Sport trieben, profitier-

---

[36] Willcox et al., 2001

ten am stärksten: Ihre Überlebenschance stieg um 50 %. Noch mehr Bewegung brachte nichts mehr. Der Effekt wurde dann sogar etwas schwächer. Übertrainieren ist also nicht sinnvoll. Sie kennen ja schon meine Empfehlungen für ein **gemäßigtes Sportprogramm**. Man kann Brustkrebspatientinnen also guten Gewissens empfehlen, drei- bis viermal wöchentlich dreißig Minuten zu joggen oder sich eine andere Sportart zu suchen, die ihnen Spaß macht.

Es muss nicht gleich Brustkrebs sein. Auch auf die Wechseljahre, die vielen Frauen in unseren Breiten Probleme machen, verschwenden die japanischen Frauen kaum einen Gedanken. Sie kommen praktisch mit dieser Zeit der Reife und der Neuorientierung im Leben einer jeden Frau weitgehend komplikationslos zurecht. Symptome wie Depressionen, Hitzewallungen, starke Stimmungsschwankungen, Gewichtszunahme, verringerte Libido, die hier relativ häufig sind, findet man in Japan kaum. Auf Okinawa schauten mich die Frauen fragend an, als ich sie auf das Thema „Wechseljahre“ ansprach. „Wovon spricht er überhaupt“, mögen sie gedacht haben. Die älteren Japanerinnen dort kennen nicht einmal ein Wort dafür.

Was also ist das Geheimnis der japanischen Frauen? Ein Wundermittel haben sie nicht und die Gene sind es sehr wahrscheinlich auch nicht, denn die Brustkrebsraten schnellen in die Höhe, wenn japanische Frauen auswandern, z. B. in die USA oder Kanada. Gleichwohl gibt es ganz konkrete Gründe für das geringe Brustkrebsrisiko:

- Japanische Frauen essen **sehr viele Sojaprodukte** und bekommen dadurch das wertvolle Genistein aus der Gruppe der Flavonoide, ein höchst wirksamer Stoff zur Bekämpfung des Brustkrebses. Es verhindert die

„Angiogenese“, das Andocken des Tumors an die Blutgefäße.

- In Sojaprodukten sind außerdem **Phytohormone** enthalten, die ebenfalls vorbeugend wirken. Es sind pflanzliche Stoffe, die leichte hormonähnliche Wirkungen haben, allerdings ohne die Nachteile der herkömmlichen künstlichen Hormone, die Millionen Frauen in den letzten Jahrzehnten genommen haben. Im Brustgewebe wirkt zu viel Östrogen krebsfördernd. Phytoöstrogene wirken als Östrogenblocker, dadurch sinkt der Östrogenspiegel im Brustgewebe.
- Japanerinnen trinken **weniger Alkohol**. Alkohol treibt die Östrogenproduktion in die Höhe. Für Frauen sollte ein Glas Wein täglich das absolute Höchstmaß sein. Dies ist nicht nur zur Verhinderung von Brustkrebs empfehlenswert, sondern auch für andere Krebsarten.
- Mehr Fisch- statt Fleischgenuss. Sie wissen ja bereits um den hohen gesundheitlichen Wert der Omega-3-Fette. Die gibt es in brauchbaren Mengen in Fisch und nur wenig in Fleisch.
- Algenprodukte werden in Okinawa in relativ großen Mengen gegessen. Sie sind wahre Vitalstoffbomben und sorgen gleichzeitig für die Ausleitung von Schwermetallen (Blei, Cadmium, Arsen etc.).
- Rauchen ist einfach nur doof und mega-out.

Zusammenfassend lässt sich sagen, dass man vorbeugend einiges tun kann gegen Brustkrebs und Wechseljahrsbeschwerden:

- Regelmäßig Sojaprodukte essen (z.B. Tofu, Tofuwürstchen, Tofuburger), ebenso Tempeh und Miso. Lassen Sie sich im Bioladen beraten.

- Keine Angst vor Algenprodukten. Die kann man z. B. wunderbar in einer Suppe verwenden (vgl. Kapitel „Nahrungsergänzung: Algenprodukte“, S. 252).
- Vernünftige Gewichtsreduktion, falls Sie an Übergewicht leiden.
- Körperliche Bewegung, z. B. regelmäßiges Walken.
- Wenig Alkohol, denn er begünstigt die Östrogenproduktion und damit das Brustkrebsrisiko.
- Keine Zigaretten, die nicht nur unattraktiv, sondern auch krank machen.
- Viel und oft Obst, Salate und Gemüse essen.

Auch beim Thema „**Osteoporose**“ kann man von den Asiatinnen lernen, denn sie haben weit weniger Probleme damit als Frauen in westlichen Ländern. Die Ernährung spielt offensichtlich auch hier eine wesentliche Rolle. In Europa und Amerika wird gesagt, dass man möglichst viel Kalzium zu sich nehmen soll, um feste Knochen zu bekommen. Das ist im Prinzip auch richtig. Es wird aber vergessen, dass es nicht auf die Kalziumaufnahme, sondern auf den Einbau des Kalziums in den Knochen ankommt. Da wird die Sache kompliziert:

Es wird empfohlen, dass Frauen viel Milch trinken sollen, weil das Kalzium aus der Milch angeblich in die Knochen geschafft wird und damit die Frauen schützt. Warum haben dann aber Japanerinnen und Chinesinnen weit weniger Osteoporose, obwohl sie sehr wenig oder gar keine Milch trinken? Müssten die vielen Milch trinkenden westlichen Frauen nicht selten, die Asiatinnen aber oft an Osteoporose leiden? Es ist aber umgekehrt! Wie lässt sich das Rätsel auflösen?

- Frauen in Asien bekommen wesentlich mehr Vitamin D, weil weite Teile Asiens intensiver von der Sonne bestrahlt werden. Die vielen trüben und nasskalten Herbst- und Wintertage in unseren Breiten fordern also ihren Tribut. Hier kann man mit Vitamin-D-Tabletten Abhilfe schaffen.

- Die viel gerühmte Milch enthält leider auch viel Phosphor, das die Kalziumaufnahme behindert. Wenn dann noch phosphathaltige Lebensmittel hinzukommen (z. B. Limo- oder Cola-Getränke, Wurst), blockiert das Phosphor die Aufnahme des Kalziums in die Knochen. Milch ist durchaus empfehlenswert, aber kein Allheilmittel.
- Am besten sichert man seinen Kalziumbedarf über einen hohen Obst- und Gemüsekonsum. Der Steinzeitmensch hatte keine Milchprodukte, er hat aber viel Obst und Gemüse gegessen.
- Vitamin K und Vitamin C werden ebenfalls für den Knochenaufbau gebraucht. In grünem Blattgemüse ist viel Vitamin K, frisches Obst (Orangen, Kiwis) liefert genug Vitamin C. Asiatinnen essen viel Obst und Gemüse.
- Sie bewegen sich mehr und sind körperlich aktiver als europäische oder amerikanische Frauen.
- Asiatinnen rauchen deutlich weniger.

Man sieht, das „Geheimnis" der Asiatinnen kann einfach gelüftet werden und jede Frau kann es einfach für sich nutzen.

6.5 Was Männer interessiert

Was bei den Frauen der Brustkrebs ist, ist bei den Männern der Prostatakrebs. Er ist beim Mann nach Lungenkrebs die zweithäufigste Krebsart. Ca. 25.000 Männer erkranken jährlich an Prostatakrebs, 9.000

sterben daran. Muss das so sein und was kann man dagegen tun? Die offizielle Linie der Medizin sagt, dass man gegen Prostatakrebs im Prinzip nichts tun kann und dass die Ursachen weitgehend unbekannt sind. Das ist unbefriedigend und wirft die Frage auf, ob es Länder gibt, in denen die Lage besser ist. Und siehe da, wir werden wieder fündig. Die folgende Tabelle[37] gibt die Häufigkeit der Prostatakrebs-Erkrankungen pro 100.000 Einwohner an:

USA	**101**
Kanada	**65**
Schweden	**55**
Finnland	**41**
Deutschland	**36**
England	**28**
Italien	**12**
Japan	**9**

Wir sehen, dass Deutschland ungefähr im statistischen Mittelfeld liegt. So schlecht wie in Amerika oder Schweden sieht es nicht aus. Was die deutschen Männer allerdings nicht dazu verleiten sollte, sich in gesundheitlicher Hinsicht auf ihr Glück zu verlassen und nichts zu tun. Die Italiener erkranken wesentlich seltener und die Japaner sind wieder einmal einsame Spitze. Wir wollen uns aber nicht lange bei der Diagnose oder Statistiken

[37] International Agency for Research on Cancer, 2003

aufhalten, sondern gleich dazu übergehen, was man tun kann, um diesem Killerkrebs etwas entgegenzusetzen.

Eine gute Nachricht zuerst: Die Gene sind auch hier offensichtlich nicht verantwortlich, denn sonst müssten Japaner, die nach Amerika ausgewandert sind, ihre niedrigen japanischen Erkrankungsraten „mitnehmen“. Dort nehmen die Erkrankungen allerdings nach einigen Jahren drastisch zu und gleichen sich den Zahlen in den USA an. Wenn es die Gene nicht sind, müssen andere Faktoren eine Rolle spielen und die kann man beeinflussen.

Auch beim Prostatakrebs sind Ernährung und ausreichende Bewegung von entscheidender Bedeutung. Wieder scheint die so genannte „mediterrane Ernährung“ einen schützenden Effekt zu haben. Wissenschafter haben herauszufinden versucht, welcher Bestandteil der Mittelmeerdiät diesen Schutz auslöst. Dabei sind sie unter anderem auf **Lycopen** bzw. auf die Tomate gestoßen, in der das Lycopen in bedeutenden Mengen zu finden ist. Viele Studien haben gezeigt, dass Lycopen das Risiko für Prostatakrebs deutlich reduzieren kann.[38] Wie also bekommt man mehr Lycopen?

Es ist eigentlich ganz einfach: Mehr Tomaten! Die sind übrigens auch für Frauen gut, weil Tomaten auch andere Carotinoide enthalten, die alle gesund sind. Es reicht aber nicht, einfach mehr Tomaten zu essen, denn das Lycopen wird in bedeutenden Mengen nur bei gekochten Tomaten und in Zusammenhang mit Fett aufgenommen. Man kann daher z. B. Tomatenscheiben leicht in Olivenöl andünsten und so das Lycopen herauslösen. Italienisches Pesto mit Tomate ist auch geeignet, weil es gekochte Tomaten enthält. Pizza mit Tomatensoße enthält eben-

[38] Strunz, 2003

falls Lycopen. Wer sich gelegentlich eine Vollkornpizza mit wenig fettem Käse, aber dafür einer Extraportion Gemüse und viel Tomatensoße gönnt, tut sicherlich nichts Falsches.

Neben Lycopen hat auch **Selen** einen günstigen Einfluss. Deutschland gilt allgemein als Selenmangelgebiet. In Japan ist das anders, da gilt die Selenversorgung der Bevölkerung allgemein als gesichert. Die Selenaufnahme liegt dort etwa dreimal so hoch wie bei uns. Selen ist generell ein potenter Krebsschutzfaktor, also natürlich auch für Frauen empfehlenswert. Selen ist außerdem ein wirksamer „Müllschlucker“, der viele schädliche Schwermetalle aus der Umwelt und aus der Nahrung unschädlich machen kann. Selen ist in Fischen enthalten, über die wir gleich mehr erfahren, und auch reichlich in Kokosnüssen. Sie dürfen also an fernen Stränden, an denen die Einheimischen Kokosnüsse verkaufen, ruhig kräftig zulangen und Ihren Krebsschutz dadurch erhöhen.

Wieder geht es also um die Ihnen schon bekannten **Omega-3-Fette** bzw. die Fische, in denen sie enthalten sind. Eine große Langzeitstudie, durchgeführt von Wissenschaftlern des Stockholmer Karolinska-Instituts, hat gezeigt, dass fetter Fisch (Lachs, Makrele, Sardinen, Hering) das Risiko deutlich senken kann. Diese Fische enthalten auch Selen, was ihre günstige Wirkung noch unterstützt. In Schweden haben die Männer zwar häufig Prostatakrebs, doch die Schweden mit dem höchsten Fischkonsum erkranken am wenigsten.

Zu guter Letzt kommen auch wieder die **Sojaprodukte** ins Spiel. Sie helfen auch, den Prostatakrebs zu verhindern. Es gibt nämlich einen eindeutigen Zusammenhang zwischen einem erhöhten Konsum von Sojaprodukten und einem niedrigen Erkrankungsrisiko. Deutsche Männer haben allerdings bisher keine große Lust, Sojaprodukte zu essen. Zu stark sind häufig die alten emotionalen Bindungen („wie bei Muttern") an Rumpsteak, Leberwurst, Schnitzel und Co. Wer aber auch nur ein bisschen experimentierfreudig ist und gerne mal etwas Exotisches und Köstliches ausprobiert, der wird sich nicht scheuen, auch Sojaprodukte auf seinen Teller zu packen. Ein gut gemachtes Sojaschnitzel oder köstliche Sojawürstchen, mit Zwiebeln in einer duftenden Kräutersoße – da läuft einem doch das Wasser im Munde zusammen. Auch Tofu schmeckt gut, wenn er richtig zubereitet wird. Meist sind es aber die Frauen, die ihre Männer mühsam davon überzeugen müssen, ihre Ernährungsgewohnheiten zu ändern.

Wir Männer sind in dieser Beziehung häufig dickköpfig und wollen nur das essen, was wir schon immer gegessen haben. Meine Herren: Hören Sie auf Ihre Frau und verlassen Sie in diesem Punkt mal Ihre Komfortzone. Sie wollen doch fit und gesund bleiben.

Bis jetzt haben wir vom Unangenehmsten, nämlich dem Prostatakrebs, gesprochen. Es muss natürlich nicht gleich das Schlimmste sein. Viele ältere Männer werden aber auch von der so genannten „gutartigen Prostatavergrößerung" in ihrer Lebensqualität stark eingeschränkt. In diesem Fall vergrößert sich die Prostata und drückt auf die Harnröhre, so dass der Harnfluss gestört ist, der Harndruck ansteigt, die Blase nicht richtig entleert werden kann („Restharn") und der nächtliche Schlaf öfter für einen Toilettengang unterbrochen werden muss. All das ist nicht lebensbedrohlich, aber äußerst unangenehm. Die Ursache der Prostatavergrößerung ist noch nicht endgültig geklärt, wahrscheinlich hängt sie mit dem Testosteronspiegel des Mannes zusammen. Testosteron, eigentlich eine erwünschte Substanz, die Männer „zu

Männern macht“ (Muskelwachstum, Libido, Selbstvertrauen, körperliche Leistungsfähigkeit), wirkt im späteren Alter als Wachstumsreiz für Prostatazellen. Wer einen niedrigen Testosteronspiegeln hat, hat auch weniger Prostataprobleme. Was kann der Durchschnittsmann tun?

Auch hier weisen Studien, die verschiedene Ernährungsgewohnheiten bestimmter männlicher Bevölkerungsgruppen unter die Lupe genommen haben, den Weg. All das, was vorher über die Ernährung bei Prostatakrebs gesagt wurde, gilt auch hier. Außerdem gibt es heute eine ganze Anzahl von pflanzlichen Mitteln, die die Symptome der Prostatavergrößerung positiv beeinflussen können. Sägepalme, Roggenpollen, Brennnesselwurzel, Selen, Lycopen und Brokkoli.

Fazit: Für gesundheitsbewusste Männer gehören Tomaten in allen Variationen und Zubereitungsarten, selenhaltige Lebensmittel und Sojaprodukte regelmäßig auf den Teller. Zwei Fischmahlzeiten pro Woche sind nicht nur gut für die Prostata, sondern auch sonst aus vielerlei Gründen zu empfehlen.

6.6 Und noch eine Untersuchung

Es gibt keine gesunden Menschen, sondern nur schlecht untersuchte.

(Motto wirtschaftlich erfolgreicher Ärzte)

Die moderne Medizin hat unendlich viele Möglichkeiten, unseren Körper auf den Prüfstand zu stellen, Röntgenaufnahmen zu machen, Blut, Urin und Speichel zu analysieren, Abstriche aus diversen Körperöffnungen zu nehmen, dazu noch Aufnahmen mit dem Kernspin und dem Computertomographen. Für die Schilddrüse und die Beschaffenheit der Knochen gibt es das Szintigramm und für die Gefäße die Angiographie. Das Blut kann man auf Tausende von Blutwerten untersuchen und ein findiger Arzt weiß immer noch einen Blutwert zusätzlich, den man „eigentlich“ auch noch untersuchen könnte, um dann endlich „Klarheit“ zu bekommen. Dazu kommen diverse Diagnosemethoden, die in Deutschland besonders beliebt sind, beispielsweise Herzkatheteruntersuchungen. Nicht selten werden die Ärzte von den Patienten auch zu diesen Untersuchungen getrieben, denn jeder Patient will für sich nur das Beste. Man hat schließlich in die Krankenversicherung einbezahlt und muss dann auch den entsprechenden „Gegenwert“ wieder herausholen. Macht der Doktor die Untersuchung nicht, wird der Patient womöglich das Weite suchen und einen willigeren Kollegen finden.

Alle aufgeführten Untersuchungen haben im Einzelfall ihre Berechtigung. Leider gibt es eine zunehmende Zahl von Patienten und Ärzten, die jedes Maß verloren haben und auch in diesem Fall nach der Methode „Viel hilft viel“ vorgehen. Ich habe einige Patienten, meist ältere Menschen, die im Schnitt einmal pro Woche zum Arzt gehen. Sie haben den Fokus ihrer Wahrnehmung so eingeschränkt, dass sie jede kleine Unpässlichkeit, jedes Zwicken oder Rumoren, jedes kleine Wehwehchen oder jede kleine Auffälligkeit sofort zum Anlass nehmen, höchst alarmiert zu sein und in Windeseile zum Doktor zu eilen, damit er sich fachmännisch und ausführlich mit dem Problem auseinander setzt. Einen Schnupfen oder eine Grippe selbst auszukurieren, das käme diesen Menschen nie in den Sinn. Man weiß ja, wie es mit dem Schnupfen ist: Wird er mit allen Mitteln der Kunst behandelt, dauert er eine Woche, unbehandelt sieben

Tage. Diese Patienten werden aus Langeweile und weil sie offensichtlich sonst nichts Besseres zu tun haben, zu hyperaktiven Hypochondern und machen sich und den behandelnden Ärzten das Leben schwer.

Gute Ärzte führen relativ wenige aufwändige Untersuchungen durch, weil ihnen das Gespräch mit dem Patienten, seine Art, seine Beschwerden zu schildern, seine Körperhaltung, die Zusammenstellung seiner Symptome und deren spezielle Ausprägung zusammen mit einer einfachen körperlichen Untersuchung so viele Informationen liefert, dass damit in den meisten Fällen eine sichere Diagnose gestellt werden kann. Je erfahrener der Arzt ist, desto weniger komplizierte Untersuchungsmethoden braucht er. Unerfahrene und unsichere Ärzte wollen dagegen oft die eigene Unsicherheit kaschieren. Deren „Untersuchungswut" gilt es in die Schranken zu weisen.

Manche Diagnosemethoden sind auch nicht ungefährlich. Das gilt z. B. für bestimmte Röntgenuntersuchungen und wegen der hohen Strahlenbelastung besonders für den Computertomographen. Der Herzkatheter wird in keinem Land (bezogen auf die Bevölkerungszahl) so häufig eingesetzt wie bei uns.[39] Auch diese Untersuchung, bei der der Katheter von der Beinvene aus bis in das schlagende Herz geschoben wird, ist nicht ohne Risiko. Ein Drittel dieser Untersuchungen gilt unter Experten als überflüssig, weil sich die Diagnose auch anders hätte stellen lassen.

Auch bei der Mammographie ist der Nutzen leider zweifelhaft. Die statistischen Zusammenhänge hat Prof. Ingrid Mühlhauser, Gesundheitswissenschaftlerin in Hamburg, erforscht.[40] Ohne Mammographie-Screening

---

[39] DER SPIEGEL, 1, 2005

[40] www.mammographie-screening-online.de

sterben in zehn Jahren vier von 1000 Frauen an Brustkrebs. Mit Screening sinkt die Zahl auf drei. Das ist zwar statistisch gesehen eine Senkung um 25 % und hört sich daher gut an. Aber trotzdem ist das Ergebnis ernüchternd, wenn man sieht, dass von 1000 Frauen nur eine einzige von diesem Screening profitieren würde. Anders gesprochen: 999 Frauen haben nichts davon. Sie wären entweder sowieso nicht an Brustkrebs gestorben oder sterben trotz Mammographie. Einen Nutzen von der Mammographie haben also hauptsächlich diejenigen, die sie anbieten und die teuren Geräte bauen, weniger jedoch die Patientinnen. Die ängstigen sich womöglich monatelang, weil sie einem positiven Test aufgesessen sind, der sich später doch als falsch herausgestellt hat. Wie viel mehr Frauen könnten gerettet werden, wenn die vielen Millionen Euro, die jährlich als Kosten für Mammographieuntersuchungen anfallen, in Aufklärung, veränderte Essgewohnheiten und eine gesündere Lebensweise fließen würden.

Was bei den Frauen die Mammographie, ist bei den Männern die Untersuchung der Prostata. Der viel propagierte Checkup, der die Tastuntersuchung beim Arzt und einen Bluttest umfasst, kann nur einen kleinen Teil der Prostatakrebs-Fälle aufdecken. Der Bluttest (PSA-Test) ist nicht genau genug, um aussagekräftig zu sein. Es gibt also viele Fälle, in denen der PSA-Wert hoch ist, der Mann aber trotzdem keinen Prostatakrebs hat, weil z. B. auch eine Entzündung der Prostata den Wert hochtreiben kann. Wahrscheinlich wird es bald allerdings einen verbesserten Test geben, der exaktere Ergebnisse liefert.

Fazit: Bei vielen ärztlichen Untersuchungen ist eine kritische Haltung angebracht. Nicht jede Diagnosemethode ist per se sinnvoll und nützlich. Manche verursachen bei wenig Nutzen überwiegend Kosten oder sind sogar gefährlich. Viele Frauen und Männer werden durch falsche Ergebnisse in unnötige Ängste und Sorgen versetzt. Jeder Patient sollte sich deshalb fragen, ob eine Untersuchung im speziellen Fall angebracht und sinnvoll ist. Dazu braucht man einen erfahrenen ärztlichen Berater, der vor allem auch die Ergebnisse interpretieren kann. Andererseits sollte man auch ruhig seinem Arzt des Vertrauens glauben, wenn er eine bestimmte Untersuchung für angeraten bzw. für überflüssig hält. Wie so häufig ist die goldene Mitte wahrscheinlich der Pfad, auf dem es sich am besten wandeln lässt.

Am besten machen Sie es so wie die Super-Alten. Die scheren sich recht wenig um ärztliche Untersuchungen, sondern konzentrieren sich darauf, ein gesundes Leben zu führen, viel Freude zu haben und aus ihren sozialen Beziehungen viel Befriedigung zu ziehen. Wenn Sie das auch tun, setzen Sie dort an, wo es sich richtig lohnt. Dann haben Sie nämlich gute Chancen, die Krankheiten zu verhindern, für die es all die Untersuchungen gibt, die hier besprochen wurden. Dann sind Sie auf jeden Fall der Gewinner undIhr Arzt macht sich höchstens Sorgen, weil er Ihnen keine Rechnung mehr schreiben kann.

7 Mit sechzig besser als mit dreißig?

Im Ballon erkannte ich, dass unsere Angst
vor Unbekanntem die Ursache der meisten Leiden ist.
Dass unser Wunsch, immer alles unter Kontrolle zu haben,
uns die Geschenke des Lebens oft verpassen lässt.
(BERTRAND PICCARD, BALLONFAHRER)

Zweifelsohne sind wir im späteren Lebensalter zu Leistungen fähig und Genüssen zugetan, die wir mit dreißig nur unzulänglich gelebt haben. Das Privileg der Jugend ist die atemlose Schnelligkeit, die Sprunghaftigkeit des Charakters und des Lebensstils. Die jugendliche Wildheit und Unberechenbarkeit kann – in die richtigen Bahnen gelenkt – für viel Positives und eine aktive und abwechslungsreiche Lebensgestaltung sorgen. Die ganze Welt schien uns noch offen zu stehen und Gedanken an ein „später" schienen keinerlei Relevanz zu haben. Das schnelle Urteil, die Ruhelosigkeit und das atemlose Tempo zeigen aber auch Wirkungen, die nicht beabsichtigt waren. So waren wir schnell bei der Hand, Entscheidungen zu treffen, die sich später als höchst unglücklich herausgestellt haben. So mancher hat wegen der Begeisterung über einen fernen Urlaubsstrand vielleicht vorschnell seinen Wohnort dorthin verlegt, nur um kurze

Zeit später festzustellen, dass das Paradies dort auch nicht zu finden ist und die Menschen nicht unbedingt auf ihn gewartet haben.

Auch im zwischenmenschlichen Bereich sind wir als junge Menschen oft vorschnell geneigt, verletzend zu kommunizieren, unausgewogen und hitzköpfig zu urteilen und uns der Tragweite bestimmter Entscheidungen nicht bewusst zu sein. Das gilt auch für die Partnerschaft. Glücklich wird sich derjenige schätzen, der seinen Partner auch Jahre oder Jahrzehnte später noch wählen würde. Für viele trifft das leider nicht zu, wie die hohen Scheidungsraten beweisen. Umgekehrt können sich heute auch ältere Menschen „trauen“, ihren Partner nach langjähriger Ehe zu verlassen oder eine neue Bindung einzugehen, wenn das Zusammenleben unerträglich geworden ist. Es ist zunehmend häufiger, dass langjährige Paare, die es früher nie gewagt hätten, auseinander zu gehen, diesen Schritt heute vollziehen.

Neuerdings sind es die Frauen, die im fortgeschrittenen Alter ihren in langen Jahren aufgestauten Frust nicht mehr ertragen wollen. Das ist eine gute Entwicklung zu mehr Gerechtigkeit zwischen den Geschlechtern. Denn früher konnten nur die Männer ihre Frauen verlassen. Wenn wir älter werden, wissen wir meist besser, was uns gut tut und was wir wirklich vom Leben wollen. Wir müssen es auch niemandem mehr zeigen, sind nicht mehr unbedingt vom beruflichen Ehrgeiz zerfressen, Neidgefühle entstehen seltener und sind schwächer. Die Fähigkeit, aus tiefem Herzen zu lieben, echtes Mitgefühl gegenüber den Mitmenschen und der Kreatur zu entwickeln, kann weit stärker ausgeprägt sein. Das alles ist mit sechzig vielleicht einfacher als mit dreißig.

Die Ausgewogenheit des Urteils, verbunden mit einer größeren Gelassenheit und Versöhnungsbereitschaft machen uns im Alter zu besseren Kandidaten für ein gedeihliches Miteinander. Mancher hat erst im Alter seine beste Zeit und entwickelt ungeahnte Schaffenskraft. Die meisten Nobelpreisträger waren keine „jungen Wilden“ mehr, als sie ihre Entdeckungen zum Wohle der Menschheit machten. Die besten Dirigenten sind auch nicht mehr dreißig. Im Bereich der Künste laufen einige ältere Menschen regelmäßig zur Hochform auf und mancher Autor schreibt sein bestes Werk im weit fortgeschrittenen Alter. Die beste klassische Musik wird meist nicht von jungen Menschen gemacht, sondern von älteren und erfahrenen, weil sie auf der perfekten Beherrschung eines oder mehrerer Instrumente beruht, die über Jahre gereift ist und auf ein in langen Jahren hoch entwickeltes musikalisches Gefühl aufbauen kann.

Die Behandlung durch einen 27-jährigen Arzt ist für viele Patienten nicht besonders erstrebenswert. Würden Sie sich gerne von einem ganz jungen Arzt operieren lassen oder vielleicht doch lieber die Erfahrung und lange Praxis eines älteren Arztes oder einer Ärztin bevorzugen? Für viele jüngere Menschen können wir zu gesuchten Gesprächspartnern werden, wenn wir unseren Erfahrungsschatz mit Geschick und Einfühlungsvermögen und ohne senile Rechthaberei einbringen. Erfahrene Senioren beraten Jungunternehmer und helfen, die ersten Schritte zur eigenen Firma zu organisieren, damit dieser steinige Weg etwas leichter fällt und nicht allzu viele Scherben den Pfad in die Selbstständigkeit säumen.

Spirituelle und religiöse Führer sind meist in späteren Lebensjahren am angesehensten und vollbringen dann erst ihre größten Leistungen. Der Dalai Lama ist über 70 und bestreitet trotzdem ein rastloses Programm aus Vorträgen, Seminaren und Presseterminen. Dabei hat er sich einen tiefgründigen Humor und ein umwerfendes Lachen bewahrt. Allein dieses Lachen ist sehens- oder besser gesagt hörenswert. Wenn die Menschen dieses Lachen hören, die damit verbundene heitere Gelassenheit erfahren, dann freuen sie sich auf ein solches Alter. Der Dalai Lama macht einen zufriedenen und glücklichen Eindruck, trotz vielschichtiger Probleme in seinem Heimatland Tibet und einer betonköpfigen Politikerkaste in Peking.

Sie sehen, das Alter hat auch große Vorteile, ohne dass wir hier in Hurrageschrei ausbrechen wollen. Die negativen Wirkungen des Alters gibt es zweifellos, wer könnte das bestreiten? Aber eine fundamentale Erkenntnis aus der Psychologie hilft, auch in dieser Lebensphase bessere Entscheidungen zu treffen:

Das Negative kommt von ganz alleine, um alles Positive müssen wir uns bemühen.

Dies ist wieder ein Aufruf zur Aktivität. Denn der Gegenspieler, eine allgemeine Passivität, schleicht sich unmerklich in das Leben des älteren Menschen ein. Das kann man natürlich auch schon bei Jüngeren beobachten. Das ist eine große Herausforderung. So wie der Herzinfarkt meist viele Jahre braucht, bis er sich als Endpunkt einer Entwicklung manifestiert, führt ein passiver Lebensstil zu einer ständigen Verschlechterung der Lebensqualität, hauptsächlich der psycho-sozialen. Am Ende steht dann eine große Unzufriedenheit oder die Vereinsamung. Das muss aber nicht sein. Wir können unser Leben durch rechtzeitiges Handeln beeinflussen.

All dies lässt uns mit einer gewissen Zuversicht auf die späteren Jahre schauen. Wir brauchen uns vor dem Alter nicht zu fürchten. Wir dürfen uns sogar auf viele Dinge freuen, die erst im Alter richtig reifen. Freude und

Befriedigung können wir auch im Alter haben. Vielleicht sogar mehr als in jungen Jahren. Manche erfahren beides erst im Alter. Wir können nicht alles beeinflussen, aber vieles. Das ist die Herausforderung, die auf Sie wartet. Packen Sie die Gelegenheiten beim Schopf!

7.1 So erkennen Sie einen guten Therapeuten

Bin ich denn achtzig Jahre geworden, dass ich immer dasselbe denken soll?
(JOHANN WOLFGANG VON GOETHE)

Viele Menschen haben einen guten Hausarzt und sind mit ihm zufrieden. Dann sollen sie ihn auch ruhig behalten. Oft geht man aber nur zum Hausarzt, weil man es so gewöhnt ist und weil es bequem ist. Nicht wenige haben aber ein tiefes Bedürfnis nach einem guten Therapeuten, einem Arzt oder Heilpraktiker, dem sie vertrauen können, der ein wirklicher Gesprächspartner ist, der die medizinischen Tatsachen gut erklären kann und der mit der viel gefürchteten und hässlichen „Fünf-Minuten-Medizin“ nichts am Hut hat. Solche Therapeuten gibt es, man muss sie nur suchen und vielleicht bereit sein, für besondere Leistungen auch mal etwas aus dem eigenen Säckel zu zahlen. Denn kein Doktor kann sich eine Stunde mit Ihnen beschäftigen, wenn er dafür nicht bezahlt wird. Erst wenn wir älter sind, haben wir oft genauere Vorstellungen, was wir eigentlich von einem Behandler wollen und wie wir uns die Beziehung zu ihm oder ihr wünschen. Wir haben dann auch eher das Selbstvertrauen, diese Wünsche zum Ausdruck zu bringen.

Hier ist die Geschichte einer meiner Patientinnen, nennen wir sie Frau Müller. Sie erzählt mir von ihrer

Odyssee durch Arztpraxen, von manchen bangen Stunden auf ungemütlichen Krankenhausfluren, hin- und hergeschoben in verschiedene Untersuchungszimmer, von Spezialist A zu Untersuchung B, kaum je ein wenig Zuwendung, kaum je mehr als reine Sachlichkeit. Denn richtig zuständig fühlt sich keiner. Dazu immer das Mantra moderner Medizin im Nacken: „Keine Zeit, keine Zeit, keine Zeit." Viel zu oft entsteht überhaupt kein Dialog zwischen Patient und Behandler, beide bleiben sich seltsam fremd und alle beklagen die Situation, alle fühlen sich als Opfer. Manche Ärzte haben sich sogar eine aggressive und feindliche Haltung gegenüber ihren Patienten zugelegt. Sie behandeln sie wie Bittsteller, an die sie gönnerhaft vermeintliche Wohltaten verteilen. Wie soll da Heilung stattfinden? Es liegt aber auch an uns, die wir alle von Zeit zu Zeit Patienten sind. Unfreundliches und aggressives Verhalten brauchen wir nicht zu tolerieren. Sagen Sie dem Herrn oder der Frau Doktor ruhig einmal, was Sie sich wünschen bzw. was Sie erwarten. Zur Not wechseln Sie den Behandler.

„Wissen Sie", sagt Frau Müller, „ich verlange ja gar nicht viel. Was ich mir wünsche, ist lediglich, dass sich mein Arzt vielleicht 20 Minuten Zeit nimmt, sich wirklich mit meinem Fall beschäftigt und bereit ist, eine Atmosphäre der emotionalen Verbundenheit zuzulassen." Erinnern Sie sich, wir sind „limbische" Wesen, wir brauchen die guten Beziehungen zu anderen Menschen, um gesund zu bleiben. Frau Müller fährt fort: „Ich möchte fühlen, dass da auch ein Mensch sitzt, aber einer, der auf meiner Seite steht und mit mir spricht und mit mir um eine Lösung ringt, so wie man mit einem Freund spricht, wenn man eine gemeinsame Lösung für ein Problem sucht und sich sicher sein kann, dass der Freund zu einem hält, in der Not für einen da ist. Mehr will ich gar nicht.“ Dann kullert ein Tränchen über ihre Wange. Der Frust aus vielen unglücklichen Begegnungen mit dem „Medizinbetrieb“ sucht sich ein Ventil.

Zum Glück gibt es auch andere Ärzte. Zum Beispiel den bekannten Mediziner Dietrich Grönemeyer. Er hat sich ausdrücklich zum Problem der fehlenden Menschlichkeit in der Medizin geäußert.[41] Und vor allem liefert er mit seiner Praxis den Beweis, dass es auch anders geht und dass man sehr wohl eine effektive High-Tech-Medizin mit menschlichem Antlitz betreiben kann.

Es gibt tatsächlich Behandler, die es verstehen, auf eine angenehme und menschliche Art und Weise mit ihren Patienten zu kommunizieren. Die nicht ständig auf die Uhr schielen oder erst auf die Karteikarte, um nachzusehen, ob der Patient auch privat versichert ist. Man muss allerdings ein bisschen suchen und sich umhören. Manche Mediziner sind Ärzte aus Leidenschaft. Viele sind es nicht, aber es gibt sie und es lohnt sich, nach ihnen zu suchen.

Was also ist ein guter Therapeut? Neben den Eigenschaften, die schon angeklungen sind, also Mitgefühl, eine ehrliche und emotional warme Kommunikation und die Akzeptanz des Patienten auf gleicher Augenhöhe, spielen noch weitere Faktoren eine Rolle:

- Fachkompetenz,
- die Bereitschaft, sich auf die Sorgen und Nöte des Patienten einzulassen,
- Interesse am Heilungsprozess, ohne gleich auf den Geldbeutel zu schielen.
- Ideen oder Lösungsvorschläge, die den Patienten weiterbringen, oder auch die Empfehlung an kompetentere Spezialisten,

[41] Grönemeyer, 2004

- die Einsicht, dass „Beziehung heilt“ und dass „Fünf-Minuten-Medizin“ Unsinn ist,
- die Bereitschaft, auch eine zweite medizinische Meinung gelten zu lassen oder einzuholen und auf Vorschläge und Wünsche des Patienten einzugehen.

Wenn Sie so einen Behandler oder eine Behandlerin gefunden haben, bleiben Sie ihm oder ihr treu. Es gibt nicht viele davon.

7.2 Das Risiko ist ganz woanders

Wenn man einen Freund hat,
mit dem man ein Floß bauen kann,
braucht man sich vor nichts zu fürchten.
(JANOSCH)

Fürchten Sie sich auch vor bestimmten Risiken in Ihrem Leben? Flugzeugabstürze, Entführungen, Gewalt, Blitzschlag, Feuer ... Über vieles machen sich die Menschen Sorgen und versuchen daher, diese Gefahren zu vermeiden oder zu umgehen. Manche Menschen verzichten aufs Fliegen und fahren nur noch mit dem Auto in den Urlaub, andere erhöhen ihre Feuerversicherung und machen im Sommer keinen Schritt vor die Tür, wenn es regnet, denn es könnte ja ein Gewitter mit Blitzschlag folgen. Ganz Raffinierte fahren in der Eisenbahn immer nur im mittleren Wagen, denn bei einem Unfall hätte man da die besten Chancen, weil es nur hinten oder vorne richtig krachen kann. Man liest auch immer wieder in der Zeitung, dass Banken überfallen werden und sonstige schlimme Dinge. Geld am Bankschalter abzuheben könnte nach dieser Logik auch äußerst gefährlich sein.

Bei allem, was Sie soeben gelesen haben, handelt es sich nicht um die Risiken, die wirklich wichtig sind und die es lohnte zu vermeiden. Je geringer die tatsächliche Wahrscheinlichkeit für den Einzelnen, desto vehementer scheint er sich davor schützen zu wollen. Flugzeugabstürze sind zugegebenermaßen fürchterlich, aber dafür sehr selten. Das Gleiche gilt für das Risiko, vom Blitz erschlagen zu werden oder mit dem Zug zu verunglücken. Die statistische Wahrscheinlichkeit für den Einzelnen ist praktisch gleich Null. Trotz weltweiter Terrorgefahr ist es nicht sehr sinnvoll, sich zu Hause zu verschanzen oder Gasmasken gegen einen Giftgasangriff zu kaufen.

Gleichwohl ist Risikovermeidung eine gute Sache. Nur sollte man da ansetzen, wo es sich wirklich lohnt. Die großen Gefahren lauern nämlich woanders. Woran sterben die Menschen eigentlich? Hier die drei gefährlichsten Killer in Prozent:[42]

- Herz-Kreislauf-Erkrankungen: 46 %
- Krebs: 24 %
- Unfälle: 5 %

Hier sind Vorsorge und Risikominimierung angebracht, auch als langfristiges Ziel. Herz-Kreislauf-Erkrankungen und Krebs kann man zwar nicht komplett verhindern, aber man kann eine Fülle von Dingen tun, um zumindest die Chancen zu verbessern. Einfache Maßnahmen hinsichtlich Ernährung, Bewegung und psychischer Gesundheit können sehr viel bewirken. Sie wissen ja bereits, wie das geht.

Wenn die Statistik eine so eindeutige Sprache spricht, warum schützen sich die Menschen nicht besser vor

[42] Statistisches Bundesamt, 2004

genau den Gefahren, an denen sie wahrscheinlich sterben werden? Hier ist es sogar einfach, gegen die Statistik anzuarbeiten, denn wir können die ersten beiden Risiken wirklich beeinflussen. Das kann man von den Gefahren, die nicht so wichtig sind, weil sie in der Sterbestatistik kaum eine Rolle spielen, nicht sagen. Vor einem Flugzeugabsturz können Sie sich kaum schützen, vor Entführung oder Gewalt wahrscheinlich auch nicht. Aber genau gegen diese Risiken fordert die Bevölkerung Schutz, während man da, wo ein Schutz nicht nur möglich, sondern auch äußerst effektiv wäre, eher sorglos und uninteressiert ist. Das liegt daran, dass z. B. gegen Herz-Kreislauf-Erkrankungen eigene Anstrengungen nötig sind. Das ist leider bei vielen nicht so wahnsinnig populär.

Woran liegt die offensichtlich verzerrte Wahrnehmung, die für zu viele Menschen tödlich endet? Offensichtlich unterschätzen wir alle die Risiken, die relativ häufig sind (z. B. Herzinfarkte) und überschätzen sehr seltene Gefahren (Zugunfälle). Darüber hinaus verdrängen wir locker genau die Probleme, für die wir selbst verantwortlich sind und gegen die wir am meisten tun können. Der Raucher weiß zwar „irgendwie", dass das Rauchen das Leben verkürzt, oft mit Lungenkrebs oder anderem Siechtum endet und einen Rattenschwanz von Erkrankungen nach sich ziehen kann, aber er schert sich nicht darum, denn krank werden ja immer nur die anderen. Abgesehen davon, dass es ausgesprochen egoistisch und unsozial ist, die Luft der anderen zu verpesten.

Wir überschätzen außerdem unsere Kontrollmöglichkeiten da, wo wir sie nicht oder nur begrenzt haben, z. B. im Autoverkehr. Spontan gefragt antworten die meisten auf die Frage „Was ist gefährlicher, Auto fahren oder fliegen?“ intuitiv mit „fliegen“, obwohl Auto fahren statistisch gesehen um ein Vielfaches riskanter ist.

Man kann den rationalen Umgang mit Risiken aber lernen. Dazu müssen Sie die Statistiken zur Kenntnis nehmen und sich entsprechend verhalten. Wenn Sie die Vorschläge dieses Buches auch nur zur Hälfte umsetzen, wenden Sie sich automatisch genau den Punkten zu, die wichtig sind. Und Sie fahren wieder ganz entspannt mit dem Zug oder genießen von Ihrem Wohnzimmer aus das Naturschauspiel eines heftigen Gewitters.

7.3 Das gute Alter heißt „Freude“

Glück ist kein Geschenk der Götter –
es ist die Frucht einer inneren Einstellung.
(ERICH FROMM)

Wenn zwei gute Freunde sich nach langer Zeit wieder treffen, dann ist die Freude groß. Man redet über gemeinsame Unternehmungen, Picknicks im Garten, Ferienreisen, gemütliche Abende, gemeinsame Freunde und vielleicht auch von schwierigen Zeiten, die man zusammen gemeistert hat. In solchen Augenblicken lebt sich die Freude aus, das Herz fließt über vor Wonne. Wir laden unsere Batterien mit frischen Kräften auf und die Lebensgeister wachen auf und jubilieren! Jetzt tanken wir Kraft für die Bewältigung unserer Probleme.

Unsere Lebensqualität hängt entscheidend davon ab, wie viel Freude wir kultivieren können.

Wenn man älter wird, kann man auch Situationen besser einschätzen, die wirkliche Freude bringen, im Gegensatz zum billigen Vergnügen oder zum einfachen Spaß. Sind wir nicht früher mancher Torheit nachgerannt, haben uns mit lärmenden Partys abgegeben und gedacht, dort Freude zu finden? Haben vielleicht unbedingt das schnelle Auto gewollt oder als Frau für den Bandleader, als Mann für die sexy Rocksängerin geschwärmt? Beides ist verständlich und war zur damaligen Zeit auch angebracht. Spaß und Vergnügen haben ganz sicher ihren Platz in unserem Leben. Hat es uns aber rückblickend wirklich befriedigt? Haben wir bei alldem echte Freude empfunden? Oder kam da schnell der Überdruss, der schale Geschmack fehlender Verlässlichkeit, das Fehlen von tief empfundener emotionaler Verbindung, die nicht vorhandenen feinen und leisen Töne, von Herz zu Herz?

Die Beantwortung dieser Fragen fällt im späteren Lebensalter leichter. Man hat dann mehr Lebenserfahrung, das Urteil wird sicherer und die kurzfristigen Ablenkungen, die spaßigen „Events“ und ähnliche Dinge befriedigen die Ansprüche an Lebensqualität nicht mehr. Der Hast und der Unruhe gibt man nicht mehr den großen Raum im Leben, man fürchtet nicht mehr, etwas zu verpassen, und kann sich eher anfreunden mit dem Prinzip „Weniger ist mehr“. Qualität geht vor Quantität.

Wir spüren instinktiv, dass die tief empfundene Freude ein zentrales Element für unsere Lebensqualität geworden ist. Ohne Freude können wir schwerlich ein gutes Alter leben. Wenn man im Alter viel Freude haben will, muss man beizeiten den Boden dafür bereiten. Sie wissen schon: **Freude** und **Freunde** klingen nicht nur ähnlich. Beide bedingen einander. Gute Freunde zu haben ist im Alter ein wunderbares Geschenk. Zwar muss nicht jeder unser Freund sein, wir können und wir müssen nicht alle Menschen lieben. Trotzdem kann man sich angewöhnen, auch liebevolle Beziehungen zu anderen Menschen zu kultivieren, damit sich die Freude noch zusätzlich und auch außerhalb der Freundesbeziehungen ausleben kann.

Die Freude kann sich zusätzlich aus vielen anderen Quellen speisen: Der eine wird im Schrebergarten seine Erfüllung finden, der andere mag sich dem Reisen in ferne Länder verschrieben haben. Noch anderen mag das Lernen fremder Sprachen oder das Schreiben von Gedichten Freude bereiten.

Das Meer der Freude ist unendlich. Wir müssen es nur finden und kultivieren.

Zum Schluss möchte ich Ihnen noch einen außergewöhnlichen Menschen vorstellen: Dr. Hinohara aus Tokio. Er ist Chefarzt des berühmten St. Lukas Hospitals. Chefärzte sind im Allgemeinen nicht mehr jung, müssen aber bei uns mit 65 gehen. Manch erfahrener Mediziner ist aber auch dann noch ein hervorragender Arzt und Heiler. Dr. Hinohara ist nicht 65, auch nicht 75, sondern 94. Nein, das ist kein Druckfehler. Er hat ein Buch geschrieben, das leider nur auf Japanisch erhältlich ist: „Hundert Wege, um hundert Jahre alt zu werden“.[43] Keiner zweifelt, dass er das selbst auch schaffen wird.

Er arbeitet jeden Tag noch sechzehn Stunden, hält Vorträge, unterrichtet Studenten, komponiert in seiner knapp bemessenen Freizeit Musik und schreibt Bücher. Er arbeitet zwar viel, aber mit so viel Engagement und Freude, dass er nach eigener Aussage nur „Eustress“ (guten Stress) hat, der ihn jung erhält. Er praktiziert Kalorienreduktion ohne jegliches Verzichtsgefühl und isst nur 1300 Kalorien pro Tag (viel Gemüse und

[43] Hinohara, 2004

Früchte, etwas Reis, Tofu, Fisch oder etwas Fleisch). Sie sehen: Er ernährt sich so, wie in diesem Buch empfohlen. In der Nacht genügen ihm vier bis fünf Stunden Schlaf.

Wenn Menschen in seinem Hospital im Sterben liegen, bittet er die Angehörigen ans Krankenbett und bietet ihnen an, sich von dem Sterbenden zu verabschieden. Auch Kinder dürfen mit. Dann entsteht eine tief emotionale Atmosphäre der Verbundenheit und der Dankbarkeit. Man bedankt sich für die vielen wunderbaren Momente, die man mit dem Sterbenden haben durfte, und wünscht ihm das Beste, für die Reise, die er nur allein machen kann. Dann fließen Tränen der Trauer, aber auch Tränen des Glücks. Solche Situationen machen auch für Dr. Hinohara das Leben lebenswert. Die Verbundenheit der Menschen untereinander und das Mitfühlen füreinander sind Schätze, die man tief im Herzen spüren und kultivieren kann. Aus ihnen wächst die Kraft, das eigene Leben mit Zuversicht, Demut und Dankbarkeit weiterzugehen. Aus diesem Miteinander entsteht die Freude, die wir alle suchen und die so viel Gutes in unserem Leben bewirken kann.

Wenn wir die Freude als zentrales Element unserer Lebensqualität begreifen, nach der wir unsere Lebensgestaltung und unsere Entscheidungen ausrichten sollten, wird uns auch ein lebenswertes Alter mit einer hohen Lebensqualität beschieden sein. Das ist mein Wunsch, auch für Sie.

7.4 Können wir bald ewig leben?

Die beste Medizin ist die Liebe und dafür brauchen Sie kein Rezept. Genehmigen Sie sich auch etwas von der Arznei. Sie ist nicht nur für die Alten da!
(GEORGE VAILLANT)

Der medizinische Fortschritt gibt in vielerlei Hinsicht Grund zur Hoffnung. Die Forscher und Wissenschaftler, die sich mit dem Thema „gesundes Altern" beschäftigen, werden uns wahrscheinlich in den nächsten Jahren und Jahrzehnten noch manchen „Wundercocktail" bescheren. Womöglich gelingt es ihnen sogar, uns durch neue Behandlungsmethoden von einigen Menschheitsgeißeln bzw. chronischen Krankheiten zu befreien. Wir leben auch aus diesem Grund in einer aufregenden und hoffnungsvollen Zeit. Krankheiten, die heute Millionen von Menschen unglücklich machen, werden in Zukunft ihre Schrecken verlieren. Dies gilt insbesondere für chronische Krankheiten wie Diabetes, Krebs, hohen Blutdruck, AIDS oder Rheuma. Akute Erkrankungen (z. B. Knochenbrüche) kann man schon heute exzellent und mit bestem Erfolg behandeln.

Die chronischen Krankheiten sind unser eigentliches Problem. Da wird es die meisten und auch sensationelle Fortschritte geben. Selbst so ungeheuerliche Dinge wie die Regeneration des Sehnervs scheinen nicht mehr unmöglich.[44] Bei bestimmten Fischen funktioniert das schon. Auch beim Menschen wird das in einigen Jahrzehnten möglich sein. Also werden Blinde irgendwann wieder sehen können. Es wächst ihnen einfach ein neuer Sehnerv. Für die Macula-Degeneration, bei der die Netz-

[44] Chen, 2005

haut nicht mehr richtig funktioniert, hat die Schulmedizin heute noch keine guten Behandlungsmöglichkeiten. Hier kann aber manchmal die Naturheilkunde weiterhelfen. Eine Kombination aus fernöstlicher Therapie (Akupunktur), gezielter Nahrungsergänzung und anderen naturheilkundlichen Maßnahmen bewirkt zum Teil Erstaunliches. Damit konnte ich in meiner Praxis schon vielen Menschen helfen.

Der geistige Abbau bei manchen älteren Menschen ist heute noch ein Problem. Aber Alzheimer, Parkinson und andere Demenzerkrankungen werden irgendwann auch ihre Schrecken verlieren. Entweder wird es Medikamente oder eine Impfung gegen diese Krankheiten geben. Künstliche Gelenke sind heute schon so gut, dass sie auch jüngeren Menschen ohne späteren Verlust von Beweglichkeit und Lebensqualität eingepflanzt werden können. Sowohl die Transplantation von lebenden Organen als auch das Züchten von künstlichen Körperteilen (z. B. Haut oder Herzgewebe) machen rasante Fortschritte. Die Entwicklungen in der Forschung mit Stammzellen werden immer fantastischer. Es gibt z. B. die begründete Hoffnung, dass in einigen Jahren Diabetikern „neue" Zellen in die Bauchspeicheldrüse eingepflanzt werden können, damit sie wieder selbst Insulin produzieren können. Sie sind dann keine Diabetiker mehr. Eine bisher unheilbare Krankheit wird damit heilbar. In den Labors der Pharmafirmen und in großen medizinischen Zentren wird daran fieberhaft gearbeitet. In dieser Hinsicht wartet ein Stück Paradies auf uns.

Sie haben in diesem Buch eine Fülle von Vorschlägen und Strategien gelesen, aus denen Sie sich das heraussuchen können, was für Sie und Ihre Lebenssituation am stimmigsten ist. Sie haben erfahren, was die gesunden und fitten Super-Alten dieser Welt vorleben und was wir von ihnen lernen können. Keiner wird all die Vorschläge umsetzen und befolgen. Das ist auch nicht notwendig. Jeder von uns ist in einer spezifischen Lebenssituation und für jeden von uns ist eine individuelle Vorgehensweise am besten. Wenn das Leben ein Kunstwerk ist, an dem man das ganze Leben baut, dann können Sie sich aus diesem Buch Mosaiksteine heraussuchen, die Sie in das große Ganze einsetzen können.

Denken Sie immer an Ihre **Lebensqualität**, denn dieses Buch ist ein einziges Plädoyer, vor allem Ihre Lebensqualität zu erhöhen, soweit das in Ihrer Macht steht. Damit haben Sie die Chance, mit dem Kunstwerk Ihres Lebens zufriedener und glücklicher zu werden: Ernährung, Bewegung, soziales Miteinander, ausruhen, aktiv sein, lernen und lieben. Es ist für jeden etwas dabei. Die Auswahl ist groß. Aber trotzdem ist das alles nur die eine Seite der Medaille.

Wenn Menschen älter werden, blicken sie gerne auf ihr Leben zurück und stellen sich die entscheidenden Fragen. Irgendwann spürt jeder, dass die irdische Zeit begrenzt ist und dass der Tod nicht nur eine ferne theoretische Möglichkeit ist, sondern uns alle ereilen wird. Und nicht nur die anderen, sondern auch uns selbst. Das ist eine harte Wahrheit. Unser ganzes Sinnen und Trachten, unsere ganzen irdischen Bemühungen um ein „gutes Leben", ein Leben mit Freude, in körperlicher Gesundheit und materiellem Wohlstand, ist es am Schluss vielleicht umsonst gewesen? Angesichts des Todes werden alle unsere täglichen Probleme winzig klein. Müsste die Überschrift dieses Kapitels vielleicht anders heißen, nicht „**Können** wir bald ewig leben?", sondern „**Wollen** wir ewig leben?"?

Noch haben wir nicht die Wahl, „ewig" zu leben, zumindest nicht in diesem physischen Leben. Viele wollen das auch gar nicht. Die Jungen vielleicht schon, denn ihre wilde Heißblütigkeit lässt für Gedanken an den Tod keinen Raum. Das gönnen wir ihnen auch von ganzem Herzen. Alles hat seine Zeit. Es gibt eine Zeit für das junge, wilde Leben und es gibt am anderen Ende der Reise hoffentlich eine Zeit für das stille und friedliche Sterben. Wer gelernt hat zu leben und mit Freude und Befriedigung durchs Leben gegangen ist, wer Freunde hatte und Liebe bekommen und gegeben hat, der wird auch bereit sein, in Würde zu gehen, wenn die Zeit dafür gekommen ist.

Wie Sie die Zeit des Sterbens leben werden, hängt entscheidend davon ab, wie viel Liebe Sie empfangen durften und wie viel Liebe Sie geschenkt haben, also ob Sie Ihr Leben wirklich gelebt haben. Deswegen ist es vielleicht die wichtigste Aufgabe in diesem Leben, bereitwillig Liebe anzunehmen, wenn sie uns gegeben wird, und mit der gleichen Hingabe und inneren Freude auch Liebe zu geben – und zwar allen, die für unsere Liebe innerlich bereit sind. Das sind meist mehr Menschen, als wir denken. Man kann im Laufe des Lebens den Kreis der liebevollen Menschen immer größer werden lassen. Wem dies gelingt und wer diese größte aller Energien kultivieren kann, der ist wahrhaft reich und sein Herz wird vor Glück überlaufen. Die Liebe funktioniert paradox, aber auf wunderbare Weise: Je mehr wir sie verschenken, desto mehr sind wir von ihr erfüllt. Wir spüren nach dem Verschenken der Liebe nicht weniger, sondern mehr Liebe in uns.

Manche hadern auch mit ihrem Leben, wenn sie Rückschau halten: „Habe ich wirklich das getan, was ich in diesem Leben tun wollte? Habe ich den Mut besessen, die Gelegenheiten zu ergreifen, die mir das Leben geboten hat? War ich vielleicht zu feige, zu passiv, zu ängstlich, um die großen Chancen zu ergreifen? Habe ich aus Bequemlichkeit den leichten Weg gewählt, der mich aber unbefriedigt ließ? Habe ich Chancen auch selbst geschaffen oder war ich nicht engagiert genug? Habe ich es mir in meiner Komfortzone zu bequem gemacht?" Wenn Sie noch in der Mitte des Leben stehen, ist vielleicht noch genug Zeit, neue Weichen zu stellen, das Steuerrad des Lebens in eine andere Richtung zu lenken. Endlich das zu tun, was Ihnen wirklich wichtig ist. Das geht auch in späten Jahren. Jeder kann sich ab heute in vielerlei Hinsicht anders entscheiden!

Wer meint, nicht mehr in eine andere Richtung gehen zu können, hat trotz allem die Chance, innerlich froh und von Frieden erfüllt zu sein. Dann ist es an der Zeit, die Dinge zu akzeptieren, so wie sie gekommen sind, auch wenn die eigene Vorstellung vom „guten Leben" vielleicht eine andere war.

Wir müssen nicht alles bekommen, was wir uns erträumen, um glücklich zu sein!

Vielleicht erweist sich der unfreiwillige Verzicht sogar als Wohltat, weil weniger oft mehr ist. Wer die vielen kleinen Dinge im eigenen Leben in Dankbarkeit annehmen und sich an ihnen erfreuen kann, macht es richtig. Das Gefühl der Dankbarkeit ist eines der mächtigsten, um unsere Seele mit Frieden zu erfüllen. Wer wirklich und von ganzem Herzen dankbar ist, kann nicht gleichzeitig unglücklich sein!

Wer sich diesen Fragen stellt und für sich eine befriedigende Antwort findet kann, kann am Ende des Lebens mit dem Gefühl der Würde und der Versöhnung Bilanz ziehen. Für den wird der Tod seinen Schrecken weitgehend verloren haben. Der Kreis schließt sich und eine große Ruhe und Gelassenheit stellen sich ein. Ich wünsche Ihnen von ganzem Herzen, dass dies die Situation am Ende Ihres Lebens sein wird und dass zum Schluss nur noch großer Friede Ihr Leben beherrscht. Damit verabschiede ich mich von Ihnen und bedanke mich dafür, dass Sie die Zeit und Mühe aufgewendet haben, dieses Buch zu lesen. Und denken Sie daran: Heute ist der erste Tag vom Rest Ihres Lebens!

8 Literaturverzeichnis

Albom, M.: Dienstags bei Morrie. Die Lehre eines Lebens. Goldmann, München 1997

Beauvoir de, S.: Das Altern. Essay. Rowohlt Taschenbuch, Reinbek 2000

Beyreuther, K.: Pressemitteilung der „Biopro Gesellschaft", Landesregierung Baden-Württemberg Stuttgart, 2004

Binder. F. / Wahler, J.: Zucker – der süße Verführer. Vak Verlag, 2004

Bode-Böger, S.: Einfluss von L-Arginin auf die Arterioskleroseentwicklung: Was ist therapeutisch gesichert? Deutsche Medizinische Wochenschrift, 30, 11, 593-598, 2005

Brand-Miller J. et al.: Low-glycemic index diets in the management of diabetes: A meta-analysis of randomized controlled trials. Diabetes Care 26, 2261–2267, 2003

Brand-Miller J. et al.: Physiological validation of the concept of glycemic load in lean young adults. Journal of Nutrition, 133, 2728-32, 2003

Chen, D. et al.: Re-establishing the regenerative potential of central nervous system axons in postnatal mice, Journal of Cell Science, 118, 863-872, 2005

Cook Islands Half Year Economic and Fiscal Update, Government Publications, 2004

Cordain, L.: The Paleo Diet. Lose Weight and Get Healthy by Eating the Food You Were Designed to Eat. John Wiley and Sons, Hoboken 2002

Cordain, L.: A diet solution based on evolution: the author of the paleo diet explains why we should eat the way our stone age ancestors did. Alternative Medicine, 46, 66-70, 2002

Cordain, L. et al: The paradoxical nature of hunter-gatherer diets: Meat-based, yet non-atherogenic. European Journal of Clinical Nutrition, 56, 42-52, 2002

Erkkila, A. et al.: Omega-3 Fatty acids and 5-year risks of death and cardiovascular disease events in patients with coronary artery disease. American Journal of Clinical Nutrition, 78, 65-71, 2003

Fletcher, S. /Colditz, G.: Failure of Estrogen Plus Progestin Therapy for Prevention. JAMA, 288, S. 366-368, 2002

Franco, O. et al.: The Polymeal: a more natural, safer, and probably tastier (than the Polypill) strategy to reduce cardiovascular disease by more than 75 %. British Medical Journal, 329:1447-1450, 2004

Gesswein, L.: Biologische Befreiung von Krebs – Vorbeugung, Heilung und Nachsorge. Edition Lux, 2004

Giovanelli-Blocher, R.: Das Glück der späten Jahre. Mein Plädoyer für das Altern. Pendo, Zürich 2004

Grönemeyer, D.: Mensch bleiben. High-Tech und Herz – eine liebevolle Medizin ist keine Utopie. Herder, München 2004

Gronenmeyer, R.: Kampf der Generationen. Deutsche Verlagsanstalt, München 2004

Hanefeld, M., et al.: Acarbose reduces the risk for myocardial infarction in type 2 diabetic patients: meta-analysis of seven long-term studies. European Heart Journal 25, 10–16, 2004

Hinohara, S.: Hyaku sai ni naru tame no hyaku no hoohoo. Bungei Shunjuu, Tokio 2004

Hoffmann, J.: Hunza, fifteen secrets of the world's healthiest and oldest living people. Professional Press, Valley Center, 1985

Iwasaki et al.: Cancer Mortality Among Japanese Immigrants and their Descendants. Japanese Journal of Clinical Oncology, 34, 673-680, 2004

International Agency for Research on Cancer (IARC), Cancer Incidence in Five Continents, Vol. 7, 120-135, 2003

Katan, M. et al.: Effects of fats and fatty acids on blood lipids in humans: an overview. Am Journal of Clinical Nutrition, 1994, 1017-1022

Koch, M.: Körperintelligenz. Was Sie wissen sollten, um jung zu bleiben. DTV, München 2004

Koerber et al.: Vollwert-Ernährung. Konzeption einer zeitgemäßen Ernährungsweise, Haug, Heidelberg 2002

König, D.: LDL runter, HDL rauf. Geriatrie Praxis, 10, 15, 2004

Kokkinos, P. et al..: Dietary Influences on Blood Pressure: The Effect of the Mediterranean Diet on the Prevalence of Hypertension, Journal of Clinical Hypertension, 7, 3, 165-170, 2005

Krag, W.: Warum bin ich eigentlich nicht glücklich? Wege zu einem richtig guten Leben. 2. Auflage. Mvg-Verlag, Heidelberg 2004

Krämer, W. / Mackenthun, G.: Die Panik-Macher. Piper Verlag, München 2003

Lane et al.: The Serious Search for an Anti-Aging Pill. Scientific American, August 2002

Lehr, U.: Altern heißt nicht automatisch Abbau und Verlust. Die Gesellschaft der grauen Schläfen. Das Parlament, Nr. 19 – 20, 10, 17.05.2002

Levi-Montalcini, R.: Ich bin ein Baum mit vielen Ästen. Das Altern als Chance. Piper, München 2002

Lewis, R.: A paradigm shift in stem cell research? The Scientist, 14, 5, 1, März 2000

Lewis, T. et al..: A general theory of love. Vintage Books, New York 2000

Libby, P.: Atherosclerosis: The new view. The science of staying young. Scientific American, 14, 3, 50-60, 2004

Ludwig, D.: Glycemic load comes of age. Journal of Nutrition, 133, 2695-2696, 2003

Meek, P.: Tengoku no jumin ga oshiete kureru koto. Shinkigensha, Tokio 2005

Mensink R. et al.: Effects of dietary fatty acids and carbohydrates on the ratio of serum total to HDL cholesterol and on serum lipids and apolipoproteins: a meta-analysis of 60 controlled trials. American Journal of Clinical Nutrition, 2003, 1146-1155

Moyers, S. et al.: Green tea polyphenols and cancer chemoprevention. Nutrition Review, 62, 204-211, 2004

Olshansky, S./Carnes, B.: Ewig jung? Altersforschung und das Versprechen vom langen Leben. Econ, München 2002

Ono, Chiho: Gekiteki na ima. Asahi Sonorama, Tokio 1987

Opaschowski, H.: Der Generationenpakt. Das soziale Netz der Zukunft. Primus, Darmstadt 2004

Ornish, D.: Loving and Survival. The scientific basis for the healing power of intimacy. Harper Collins, New York 1998

Pahlow, M.: Das große Buch der Heilpflanzen. Gräfe & Unzer, München 2001

Perls, T. et al.: Validity of reported age and centenarian prevalence in New England, Age and Aging, 28, 193–197, 1999

Pratt, S. / Matthews K.: Superfoods. Fourteen foods that will change your life. Harper Collins, New York 2004

Rimpler, M.: Shiitake und Krebs. Biologische Medizin, Heft 3, 139-142, 2002

Roth, G.: Fühlen, Denken, Handeln. Suhrkamp, Frankfurt 2003

Roth, G.: Aus Sicht des Gehirns. Suhrkamp, Frankfurt 2003

Sears, B.: The Omega Zone. The miracle of the new high-dose fish oil. Regan Books, New York 2002

Schirrmacher, F.: Das Methusalem-Komplott. Karl Blessing, München 2004

Schwartz, B.: The Paradox Of Choice: Why More Is Less. Harper Collins, New York, 2005

Seligman, M.: Learned Optimism. How to change your mind and your life. Free Press, New York 1992

Seligman, M: Authentic Happiness. Using the New Positive Psychology to Realize your Potential for Lasting Fulfillment. Free Press, New York 2002

Servan-Schreiber, D.: Die neue Medizin der Emotionen. Stress, Angst, Depression: Gesund werden ohne Medikamente. Kunstmann, München 2004

Sharp, H.: Pettotachi wa, shigo mo ikite iru. Nihon Kyobunsha, Tokyo 2002

Sievenpiper J. / Vuksan V.: Glycemic index in the treatment of Diabetes: the Debate Continues. Journal of the American College of Nutrition, 23, 1–4, 2004

Simopoulos, A.: Biomedicine and Pharmacotherapy, Elsevier, New York 2002

Skov, A. et al.: Changes in renal function during weight loss induced by high vs. low-protein low-fat diets in overweight subjects. International Journal of Obesity Related Metabolic Disorders, 23, 11, 1170-1177, 1999

Snowdon, D.: Aging With Grace: What the Nun Study teaches us about leading longer, healthier, and more meaningful lives. Bantam, New York 2001

Strunz, U.: Mineralien, das Erfolgsprogramm. Heine, München 2003

Suarez, E.: C-reactive protein is associated with psychological risk factors of cardiovascular disease in apparently healthy adults. Psychosomatic Medicine, 66, 684-691, 2004

Terry, P. et al.: Fatty fish consumption and risk of prostate cancer. Lancet, 357, 9270, 1764-1766, 2001

Walford, R. / Walford, L.: The Anti-Aging Plan. Strategies and recipes for extending your healthy years. Four Walls Eight Windows, New York, 1995

Wei, S./Levkoff, S.: Aging Well. The complete guide to physical and emotional health. Wiley & Sons, New York 2000

Weiß, R.: Lehrbuch der Phytotherapie. Hippokrates 2001

Willcox, D. et al.: The Okinawa Program. How the world's longest lived people achieve everlasting health and how you can too. Clarkson Potter, New York 2001

Willet C./Skerrett P.: Eat, Drink, and Be Healthy: The Harvard Medical School Guide to Healthy Eating. Free Press, New York 2005

Worm, N.: Low Carb. Die Ernährungsrevolution. So kochen Sie sich schlank. Gräfe & Unzer, München 2004

Yancy, W. et al.: Diets and clinical coronary events: The truth is out there. Circulation, 7, 107, 6-10, 2003

Yamamoto, S. et al.: Soy, Isoflavones, and Breast Cancer Risk in Japan. Journal of the National Cancer Institute, Vol. 95, No. 12, 906-913, 2003

Möchten Sie mehr über Werner Krag erfahren? Auf der folgenden Web-Seite finden Sie die aktuellsten Informationen:
www.werner-krag.de

Stichwortverzeichnis